Pour notre amie Waltraud,
ce livre que j'ai écrit
près d'Elodie et Marie,
dans cette bonne ville de

Jean-Marie Leblanc
gardien du Tour de France

Saint- Malo qui nous accueille
avec nous en cet été 1999.

Viele Grüße

Ch

Jean-Marie Leblanc
gardien du Tour de France

Entretiens auec Christophe Penot

ÉDITIONS CRISTEL
16, avenue Blaize de Maisonneuve
35400 SAINT MALO

© Éditions CRISTEL, 1999
ISBN 2-84421-010-4

Pour Pierre Chany.

*Mais il faudra nous pardonner,
Pierre, s'il vous semble parfois,
dans ces pages, que nos voix
tremblent un peu : nous parlons
de vous...*

AVANT-PROPOS

Ce livre, le deuxième de la collection «Grands témoins», a été voulu, pensé, écrit, comme un document sur un homme et un sport. La première fois qu'il en fut question, lors d'une conversation téléphonique, le 11 juin 1998, l'auteur présenta l'idée d'une biographie orale qui serait un miroir, qui partirait de l'enfant, puis le suivrait jusqu'aux courses. Autrement dit, l'ouvrage ferait le récit d'une vie commencée dans la guerre (Jean-Marie Leblanc est né le 28 juillet 1944), nourrie par le Nord, passée sur les routes, menée à Paris. Il marquerait une pause juste avant de plonger dans le siècle nouveau... «Je vous dis oui tout de suite!» accepta l'intéressé, avec cette voix pleine d'enthousiasme qui devait déjà être la sienne lorsque, répondant à Jean-Pierre Courcol, un jour de 1988, il avait pris les commandes du prestigieux Tour de France. Jean-Marie Leblanc, par nature, est un optimiste. Il n'imaginait pas, ce 11 juin 1998, que le plus grand scandale qu'ait jamais connu le cyclisme fût sur le point d'éclater, que ses propres mémoires en seraient bouleversés...

L'histoire a suivi son cours, et le livre a suivi le sien, porté par des entretiens qui débutèrent le 22 février pour se terminer le 17 juin 1999, au seuil du dernier Tour de France du siècle. À ce moment-là, tandis que les affaires de dopage se multipliaient sans répit, ni l'auteur, ni Jean-Marie Leblanc, n'avaient l'illusion de se montrer exhaustifs sur pareille matière, mais ils continuaient de défendre, chacun, deux aperceptions du problème. Par exemple, arguant du principe qu'on mettait les voleurs de pommes en prison, le premier la réclamait aussi pour les voleurs de gloire et de Tour! Craignant de briser des hommes qui n'ont qu'un vélo pour bagage, le second prônait, à l'inverse, la clémence... De la même façon, il demandait qu'on laissât du temps aux instances chargées de raviver ce cyclisme «fin de siècle». «Je suis placé à un poste éminemment politique», souffla-t-il un soir pour sceller un long tête-à-tête. «J'ai, face à moi, des coureurs formant des pelotons de cultures différentes, mais qu'il faut conduire ensemble dans le XXIe siècle! N'oubliez pas que l'art de la politique consiste à faire ce qu'il est possible de faire dans l'intérêt général...» Après quoi, Jean-Marie Leblanc s'éloigna sous le ciel nordiste qui était clair et doux. On n'aurait su dire s'il semblait heureux, soucieux, épuisé. Une heure plus tôt, photographies à l'appui, il s'était étonné d'avoir pris vingt ans en dix ans! Il avait haussé les épaules et souri, certain qu'il n'en pousserait pas moins son chemin.

On comprit alors pourquoi le journaliste Pierre Chany, ravi de le voir au timon du cyclisme, avait surnommé cet ancien coureur et journaliste «le gardien du temple»[*]. On se souvint également que Jacques Goddet avait estimé : «Tout ce que Leblanc fait, je l'aurais fait. Avec lui, le Tour est bien gardé»[**].

C. P.

---

[*] Témoignage de Pierre Chany à l'auteur.
[**] In *l'Équipe* du 21 juillet 1998.

Premier entretien

Un homme et la droite – Béraud est un maître –
Le grand-père en sabots – Un champ d'artichauts –
Le slip est en plus – Bons repas et whisky – Un
monsieur trop candide – Le père qui couraille – La
voix de Louison – Les gens de la ville – Sylvain et
Sylvette – Le bac au village – Robic fait le cirque –
La fille du lycée – La musique comme un sprint.

Christophe Penot. — «Tout beau parcours d'une vie se fait en prenant soin de méditer et de bien observer les choses et les êtres. Jean-Marie Leblanc n'a pas oublié la leçon», écrivait Louis Nucéra en 1982[1], dans la préface du premier de vos livres[2]. Jean-Marie Leblanc, comment mieux débuter, sinon qu'en vous demandant quelles leçons vous avez apprises en chemin?

Jean-Marie Leblanc. — C'est comme si vous me demandiez un bilan, et je ne pense quand même pas qu'il en soit déjà l'heure! Mais si vous voulez savoir ce que j'ai tiré des événements et des hommes à l'âge qui est le mien — cinquante-quatre ans —, je dirai que j'ai acquis une meilleure connaissance des êtres, un certain recul, une certaine capacité à observer le quotidien avec davantage de maîtrise. Par exemple, plus le temps passe et plus j'ai le sentiment, comme directeur du Tour de France, que je mesure mieux les qualités des hommes et des femmes qui travaillent avec moi. C'est normal, au reste : j'ai vécu. Et quoi qu'on fasse, je crois vraiment qu'on est moins con *[sic]* à cinquante ans qu'on peut l'être à vingt-cinq!

C.P. — Si on lit les journaux, du moins si on les lit vite, il apparaît que vous êtes un homme de droite, et que les gens qui vous entourent...

13

Jean-Marie Leblanc. — [Railleur, il coupe.] Sont des hommes de droite ? Non. Franchement : non ! Si vous voulez bien mener des investigations, vous constaterez que les gens qui ont été embauchés à la Société du Tour de France l'ont été pour leur goût du travail et pour leur passion, soit [il appuie sur le *t*] du cyclisme, soit de la presse et de la communication, soit de la logistique. Vous me fâcheriez donc si vous laissiez entendre qu'il faut accepter une espèce de pensée unique, analogue à celle de la direction, pour entrer dans le Tour. Non ! Et je vous dirai même : au contraire ! De la diversité jaillit la lumière.

C. P. — La passion que vous éprouvez pour Béraud [il s'impatiente un peu]... si ! si ! cette passion pour un homme qui titra joliment l'un de ses livres...

Jean-Marie Leblanc. — [Il devine et il coupe.] Qu'as-tu fait de ta jeunesse ?

C. P. — C'est une belle question que Henri Béraud vous pose là. Elle rappelle que Nucéra avait aussi écrit à votre propos : « Ce sacré bougre possède le sens des souvenirs invincibles. »[3]

Jean-Marie Leblanc. — Je ne sais pas s'ils sont invincibles parce que, si j'ai le sens des souvenirs, vous vous rendrez compte qu'il m'arrive fréquemment de mélanger les dates...
Mais Béraud, d'abord. Je veux passer rapidement pour dire que ce n'est pas une passion, mais une curiosité. C'est une curiosité qui a été éveillée par une lecture, il y a une vingtaine d'années, à une époque où l'on ne parlait pas de Béraud — j'en comprends aujourd'hui les raisons. Reste qu'il m'a paru être, pour ses qualités de plume, un écrivain remarquable, et si j'ai appris, par la suite, qu'il s'était fourvoyé durant la deuxième guerre mondiale, il me semble que j'ai le droit de garder une curiosité strictement littéraire pour un homme qui avait le don de bien raconter des histoires.

C. P. — À proprement parler, c'était un maître, et Michel P. Schmitt, dans le Dictionnaire des littératures de langue française évoque «un des romanciers les plus marquants du premier demi-siècle»[4].

Jean-Marie Leblanc. — Oui, j'ai moi aussi ce dictionnaire... Là, dans la vitrine... [Il le montre du doigt.] Vous avez une copie de la page? Faites voir. [Il lit.] «Ses articles parus dans *Gringoire* pendant la guerre entraînèrent sa condamnation à mort pour intelligence avec l'ennemi (1944), alors qu'il n'avait jamais collaboré. Gracié par De Gaulle, il meurt en 1958, après une longue agonie. Ne pas avoir été du côté des vainqueurs coûta à Béraud l'oubli dans lequel l'après-guerre rejeta ses œuvres. On ignora de la sorte un des romanciers les plus marquants...» Oui, cela rejoint ce que je vous disais : une plume remarquable.

Il a signé un autre très bon livre : *La Gerbe d'or. La Gerbe d'or* conte l'histoire d'un petit garçon qui parle de la boulangerie de son grand-père et de son père, et cette histoire pose la question, qui me paraît fondamentale, des racines. Quelle est notre extraction? Est-elle bourgeoise, ouvrière, rurale, citadine? Qui étaient nos aïeux et que nous ont-ils apporté en matière de formation, de culture, de bien-être? Moi, je crois au déterminisme héréditaire...

[Songeur.] Évidemment, vous voulez que je vous parle du mien?

C.P. — Dites-nous d'abord, par association d'idées, quel sort vous auriez réservé à Robert Brasillach. Comment jugez-vous la responsabilité d'un intellectuel?

Jean-Marie Leblanc. — J'avoue que je ne m'attendais pas à la question... [Il réfléchit longuement.] C'est difficile, hein? d'exiger la mort d'un homme, mais je trouve, personnellement, qu'il est normal, et même moral, qu'il ait été fusillé. Je pense, en effet, que les individus qui ont reçu beaucoup doivent rendre beaucoup. Il n'aurait donc pas été juste, au motif qu'il avait du talent, que Brasillach ne fût pas tenu pour responsable de ses actes.

C.P. — Et de vos aïeux, alors, qu'avez-vous reçu ? Si l'on vous demande, du plus loin que vous remontiez, votre premier souvenir...

Jean-Marie Leblanc. — Mon premier souvenir ? Je devais avoir quatre ou cinq ans — et votre question tombe à pic parce qu'il s'agit précisément de mon grand-père. Je le revois très bien : en sabots, un costume d'une toile rugueuse qui était celui de tous les paysans, il m'emmène sur ses épaules, et nous parcourons les cent mètres qui séparent la ferme, où j'ai dormi, de la petite maison où ma mère vient d'accoucher de mon deuxième frère... Par conséquent — il est né en 1949, moi en 1944 —, j'ai un peu moins de cinq ans. C'est mon plus vieux souvenir.

C.P. — Donc, vous étiez un fils de paysan...

Jean-Marie Leblanc. — Oui, mes racines sont rurales, nordistes et précisément avesnoises puisque nous sommes d'un petit village de six cents habitants qui s'appelle Fontaine-au-Bois. À l'époque dont je vous parle, la ferme de mon grand-père a brûlé dans un bombardement, au début de la guerre ; il en a construit une autre, juste en face de la première ; il a une fille aînée qui est ma mère, laquelle a épousé un homme du bourg d'à côté (Landrecies) qui est mon père. S'il est un peu fermier, mon père est d'abord un petit marchand de bestiaux. Naturellement, nous vivons — non... En vérité, je ne m'en souviens plus, mais j'imagine que nous vivons avec l'assistance de mes grands-parents. J'ai la chance, et de cela je me souviens très bien, j'ai la chance d'avoir une arrière-grand-mère érudite qui m'apprend les fables de La Fontaine avant même que j'aille à l'école. Et son fils (le grand-père qui m'a pris sur ses épaules), lui, possède une culture livresque très forte pour l'époque, si bien que j'en viens à me demander s'il n'était pas plus épris de littérature que d'agriculture. [Sourire.] Enfin, je me le demande aujourd'hui... J'enjolive peut-être un peu, mais je veux dire par là que nous avons toujours eu, du côté maternel, le goût de la lecture, de la bonne orthographe, de la belle écriture.

16

C. P. — Et du côté paternel ?

Jean-Marie Leblanc. — Mon grand-père paternel est décédé lorsque je suis né. Ma grand-mère paternelle est morte trop tôt, elle aussi, pour que je puisse beaucoup en parler. Mais, bon ! c'étaient des agriculteurs de l'Avesnois, des agriculteurs comme les autres.

C. P. — Plutôt riches ? plutôt pauvres ?

Jean-Marie Leblanc. — Dix hectares, quinze vaches, un peu de volailles. Grosso modo, voilà comment se présentait l'agriculture dans l'Avesnois à l'époque. C'était une agriculture de petit calibre, une agriculture que je pourrais qualifier d'autarcie. Évidemment, elle n'avait rien à voir avec l'agriculture d'aujourd'hui.

C. P. — Savez-vous que Jean-Pierre Carenso a dit un jour que, des trois mille cinq cents personnes présentes chaque année sur le Tour, vous étiez « le seul, avec Bernard Hinault, à pouvoir mettre un nom sur un champ d'artichauts » ?[5]

Jean-Marie Leblanc. — [Ravi.] Il exagère un peu... Non, je pense qu'il voulait simplement dire que Bernard et moi sommes intéressés par l'agriculture, ce qui est exact. Je me souviens que certains matins, sur le Tour, avant l'étape, quand nous faisions ensemble un footing, il me parlait des variétés de maïs. Parfois, il s'arrêtait : « Regarde celui-là ! » Puis, tout en courant, il m'expliquait les nouvelles méthodes de jachère et les applications génétiques au niveau de l'élevage. Et moi, bien sûr, j'étais passionné parce que l'élevage, c'est mon enfance et mon adolescence. D'ailleurs, dans le petit livre que j'ai écrit sur le Quesnoy et le bocage avesnois[6], j'évoque la « Bleue du Nord », une race de vaches qui avait pratiquement disparu au temps de mon père, mais que la génétique a relancée pour la viande de boucherie. Demandez à Hinault : la sélection des meilleurs taureaux, des meilleures vaches : il est très calé là-dessus.

C. P. — Sauriez-vous encore traire une vache ?

Jean-Marie Leblanc. — En tout cas, je l'ai fait... [Songeur.] J'allais traire les vaches avec ma grand-mère qui attelait un cheval avec une carriole pour mettre les bidons... Mon grand-père, lui, s'occupait des pommes. Il récoltait, il faisait le cidre. J'ai le souvenir aussi du stockage des pommes de terre. C'est drôle, mais j'ai encore dans les narines les odeurs, l'odeur des écuries, des pommes et du cidre... J'allais aux moissons, naturellement. Je crois que je ne vous l'ai pas dit, mais j'ai connu l'époque où l'on battait à l'ancienne avec une batteuse qui passait dans les petites fermes à tour de rôle. Quelquefois, un lièvre ou un lapin se faisait prendre par la faucheuse, et on le mangeait ensuite.

Oui, j'ai des bons souvenirs...

C. P. — Vous êtes un olfactif, n'est-ce pas?

Jean-Marie Leblanc. — Oui.

C. P. — Confirmez-vous (c'est Philippe Brunel qui le rapporte[7]) que vous vous souvenez encore de l'eau de toilette que portait José Samyn?

Jean-Marie Leblanc. — Je peux même vous dire que je l'ai tellement gardée dans les narines que, bien des années après sa mort, dans un magasin, j'ai essayé de la retrouver — en vain, parce que je ne me souvenais plus du nom de la marque.

C. P. — Et l'odeur des courses, cette odeur d'embrocation, de sueur et de frites plus entêtante que l'odeur des pommes et du cidre, vous en souvenez-vous? Vous souvenez-vous de la première fois?

Jean-Marie Leblanc. — Je crois que la première odeur, celle qui fait penser fondamentalement au cyclisme, c'est, comme vous le dites, l'odeur d'embrocation. À mon époque, c'était l'Embrocation Siamoise, une espèce de liniment qui chauffait un peu les muscles. Ce qui doit remonter à 1961... En 1961, j'ai disputé quelques courses de non-licenciés, mais ce n'est qu'en 1962, l'année de la deuxième partie de mon bac, que j'ai véritablement débuté.

Je ne sais pas s'il faut que je le dise maintenant : j'ai commencé à courir assez tard parce que mon père ne voulait pas que je fasse de la compétition sans lui avoir donné auparavant le gage que je suivrai des études convenables. J'ai donc couru l'année de la philo. J'étais au lycée Dupleix à Landrecies (Dupleix est né à Landrecies), et je me souviens que j'ai gagné ma première course en mai 1962, à Bousies. Je vous laisse deviner comme j'étais fier le lundi !

Mais — j'enchaîne — tout cela restait rudimentaire. J'avais un club, certes, mais il n'y avait pas d'entraîneur et pas de conseiller. Figurez-vous que personne ne m'avait dit qu'il ne fallait jamais mettre de slip sous un cuissard, si bien que j'ai couru ma première course avec un slip *plus* [il insiste] le cuissard et la peau de chamois ! En fait, tout ce que je savais du vélo, je l'avais appris en lisant le livre de Louison Bobet, *Champion cycliste*, dans la « Bibliothèque verte ».

C. P. — Mais quel âge aviez-vous : dix ans ?

Jean-Marie Leblanc. — Non, quinze. Eh ! nous étions beaucoup moins précoces à l'époque — enfin, vous avez peut-être raison : je devais être un peu plus jeune... Mais c'est sans aucune importance ! Ce qui compte, c'est que ce petit livre m'a été très utile, et qu'il m'a suffi de le lire pour comprendre comment Bobet était devenu un champion. La préparation physique, la préparation mentale, la tactique en course : ce petit livre me semblait tellement bien ficelé qu'à la mort de Louison, mon premier réflexe a été d'en redonner des extraits dans *Vélo Magazine*. Et ces extraits, trente ans après, avaient gardé la même actualité !

C. P. — De son côté, Pierre Chany écrivait, dans un article superbe : « On ne devrait pas mourir à cinquante-sept ans quand on a tout donné de soi-même pour le plaisir et le bonheur des autres. Car, Louison Bobet, garçon avide de gloire et de considération, aura vécu essentiellement en fonction d'autrui, animé par la projection que lui renvoyait la multitude »[8], etc. Magnifique, hein ? Et si juste !

Jean-Marie Leblanc. — Oui, magnifique! Je me souviens parfaitement de cet article... [Songeur.] Quel âge? Cinquante-sept?* Aïe! c'est jeune... Mais à propos de mourir jeune, faites-moi penser, au cours de nos entretiens, à dire à M. De Mondenard et à un journaliste du *Nouvel Obs'* (j'ai oublié son nom), que si d'aventure je devais mourir dans un an, dans deux ans, dans trois ans, bref! à moins de soixante ans, faites-moi penser à leur dire qu'ils ne me fassent surtout pas figurer dans le catalogue de ceux qui sont morts à cause du dopage! Non, messieurs, non!

Non! messieurs les journalistes du *Nouvel Observateur*, il ne faut pas mettre «à la une» un squelette revêtu d'un maillot jaune pour laisser croire que le cyclisme est un sport qui tue! Non! il ne faut pas écrire qu'Éric De Vlaeminck est mort du dopage. Éric De Vlaeminck — je le vois de temps à autre — est l'entraîneur national du cyclo-cross belge, et il court comme un lapin! Ce n'est pas lui qui est mort, c'est son fils, Gert. Et Gert n'est pas mort du dopage; il s'est tué accidentellement lors d'un cyclo-cross en chutant contre un arbre. Mais, bien sûr, on écrit n'importe quoi, on cherche n'importe quel prétexte, pour tirer à boulets rouges sur le cyclisme! Alors, surtout, si je meurs l'année prochaine, je compte sur vous pour passer le message! Vous direz ce que vous voudrez, que c'était le stress, que c'était la pression, la pression terrible de la presse, ou bien le whisky, les trop bons repas et le cholestérol, mais, je le proclame très fort : pas le dopage!

C. P. — Vous revient-il toutefois qu'Éric De Vlaeminck s'est dopé durant des années, qu'il en devint toxicomane et qu'il dut être longuement soigné dans un hôpital psychiatrique?

Jean-Marie Leblanc. — Oui, je le sais, et c'est précisément parce que je le sais que je suis aujourd'hui heureux — ô combien! — de pouvoir lui serrer la main et de lui parler. Que ce

---

* En réalité, Louison Bobet, né le 12 mars 1925, mort le 13 mars 1983, venait d'avoir cinquante-huit ans.

20

type ait obtenu la guérison et la rédemption après avoir expié ce qui n'était que des péchés de jeunesse, qu'il ait su devenir entraîneur auprès des jeunes et qu'il se soit parfaitement réinséré dans la société, je trouve cet exemple magnifique.

C. P. — Vu la permanence du dopage, vous nous permettrez d'y mettre une condition : qu'il sache bien éduquer les jeunes.

Jean-Marie Leblanc. — Je n'ai aucun doute là-dessus.

Oui, ce n'est qu'une conviction, je n'ai aucune preuve, mais je crois qu'un homme, un sportif en tout cas, qui a fauté puis expié, je crois que cet homme a compris. Je n'imagine donc pas Éric De Vlaeminck réitérant à travers les autres ses erreurs du passé. [Un rien sarcastique.] M. Penot, suis-je trop candide ?

Et si j'ajoutais, comme une espèce d'éclairage supplémentaire, que je ne suis pas certain qu'au bout de la route, la vie d'Éric De Vlaeminck ne vaudra pas celle de son frère, Roger De Vlaeminck ! Pourtant, Roger a reçu de sa carrière cycliste plus d'argent et plus de gloire. Pour beaucoup de choses, il avait sans doute reçu plus de talent, mais il me permettra de considérer qu'il a gaspillé une partie de ce qu'il avait reçu. Est-ce un bien ? est-ce un mal ? Si vous me posez la question, je vous répondrai tout simplement que c'est la vie, et qu'il est heureux que la vie réserve des surprises, sinon ce serait toujours les riches qui seraient riches, les pauvres qui seraient pauvres, les doués qui seraient les premiers. Or, moi, je suis un tenant farouche de l'ascenseur républicain : il faut laisser une chance au travail. Il faut que les cartes puissent être redistribuées au gré des vertus de chacun.

Pardon ! je me suis éloigné. Où en étions-nous restés ?

C. P. — À votre enfance. À votre découverte du cyclisme.

Jean-Marie Leblanc. — Personnellement, j'avais peut-être un penchant plus naturel pour la course à pied, mais il a été inhibé par le goût que mon père portait au cyclisme. Il avait d'ailleurs lui-même couru juste avant la guerre.

C. P. — « Couraillé » avez-vous précisé un jour[9].

Jean-Marie Leblanc. — Oui, c'est le bon mot : « couraillé » une année ou deux, et d'une manière à peine officielle d'après ce qu'il m'a expliqué. En tout cas, à la maison, il écoutait le Tour et les autres courses à la radio. J'imagine, sans bien m'en souvenir, que notre radio était posée sur une tablette, dans la cuisine. Je me souviens mieux, en revanche, qu'il rapportait de temps en temps des journaux car il avait plus ou moins les moyens, et que ces journaux me faisaient rêver. Vous voyez de quels journaux je parle : *Miroir-Sprint, Miroir des Sports*, avec des photos magnifiques. Et les titres ! Bobet, Bartali, Astrua, De Bruyne... Comme tous les gosses, pour faire des courses qu'on dirait « virtuelles » aujourd'hui, j'ai bien sûr joué avec des dominos sur lesquels étaient inscrits des noms de coureurs. Allez savoir pourquoi ? j'avais un penchant pour les coureurs italiens.

C. P. — Vous aviez quinze ans lorsque Fausto Coppi est mort, le 2 janvier 1960. Vous rappelez-vous l'émotion suscitée par sa disparition ?

Jean-Marie Leblanc. — Je suis de ceux qui ont passé et repassé sur leur électrophone le petit disque en plastique souple enregistré par Louison Bobet. D'abord, on entendait un tintement de cloches, puis la voix lente de Louison qui disait : « Je me souviendrai toujours du clocher de Castellania ». Ensuite, Louison racontait Fausto. J'ai écouté ce disque jusqu'à satiété.

C. P. — « Plus ou moins les moyens » disiez-vous en parlant de votre père. Vous souvient-il qu'enfant, vous ayez manqué ?

Jean-Marie Leblanc. — Manqué de quoi ? Pas manqué d'alimentation, c'est sûr. Pas manqué du minimum qu'il fallait aux gamins de ce temps-là. En revanche, je n'ai jamais connu de superflu, parce qu'à la campagne on avait pour habitude de vivre assez chichement sur les vêtements et sur les loisirs. Comment vous expliquer ?... Lorsque nous allions au cinéma, à Avesnes, à quinze kilomètres de chez nous, c'était une très belle sortie. Lorsque nous allions au catch, à Valenciennes, c'était une encore plus belle sortie.

C. P. — Et la mer ? Alliez-vous souvent à la mer ?

Jean-Marie Leblanc. — Ah ! non, jamais. C'était trop loin. D'ailleurs, je ne suis jamais parti en vacances avec mes parents. Lorsque je suis allé à la mer pour la première fois, c'était avec mon frère Claude ; nous étions invités par notre oncle qui avait pris une location du côté du cap Gris-Nez. J'avais treize-quatorze ans, ou peut-être douze-treize ; je ne sais plus.

Je m'arrête un instant, car c'est l'occasion pour moi de dire un mot — j'y tiens beaucoup. À l'époque dont je vous parle, il y avait en effet une espèce de sentiment d'infériorité partagé par tous les paysans, lesquels croyaient que « le fin du fin » était d'avoir un fils, un cousin, travaillant à la ville. Eh bien ! ce sentiment jouait aussi chez nous, et je me souviens de mes cousins venant à la maison avec une chemise blanche et une cravate : au seul titre qu'ils arrivaient de la ville, mes parents et grands-parents les considéraient comme des gens qui avaient réussi ! Or, moi, je ne voyais pas les choses de la même façon, et aujourd'hui encore, j'en recherche les ressorts psychologiques, parce qu'il me faut bien avouer que je garde un souvenir ravi, comblé, de toutes les années que j'ai passées à l'école primaire du village. Ces années d'études avec l'instituteur en blouse grise, façon IIIe ou IVe République, qui nous a appris tout ce qu'il fallait nous apprendre : le calcul, la lecture, l'orthographe, le petit cours de morale et d'instruction civique... Je ne voudrais pas passer pour un vieux con, mais il faut quand même que je vous le dise : je représente cette génération qui a connu l'Afrique-Équatoriale française et l'Afrique-Occidentale française. Moyennant quoi, l'instituteur nous apprenait à dessiner le Congo, le Niger, à positionner les fleuves et les villes, le lac Tchad et Madagascar, bref ! toutes ces choses dont on pense un moment qu'elles sont inutiles, mais qui, en vérité, ne le sont jamais complètement. Voilà pourquoi je voue un infini respect à cet homme simple et dévoué qui a été mon instituteur. Il m'a éveillé à la curiosité. De la curiosité, je suis passé à la connaissance, puis j'ai essayé de passer à la culture...

C. P. — Cet homme simple et dévoué, est-ce Robert Barbry auquel vous avez dédié *Les pavés du Nord* ?

Jean-Marie Leblanc. — Oui, Robert Barbry, mon instituteur de village... Il œuvrait main dans la main, si je puis dire, avec le curé de campagne qui nous faisait bien sûr le catéchisme, mais qui nous faisait aussi le patronage, c'est-à-dire qu'il nous apprenait à chanter et nous emmenait en camping, qu'il organisait des jeux de piste et nous apprenait à reconnaître les arbres. Je me souviens aussi qu'il avait un projecteur et nous donnait à voir des Tintin, des Sylvain et Sylvette à une époque où il n'y avait pas la télévision. Bref ! j'ai grandi entre ces deux hommes complémentaires l'un de l'autre, et si l'on pouvait extrapoler, si l'on pouvait chercher les causes de la rupture des différents liens sociaux telle qu'on la voit aujourd'hui, je vous dirais qu'elles se trouvent dans la disparition des instituteurs et des curés dont l'action prolongeait l'action des parents.

C. P. — Faut-il comprendre que vous viviez dans une famille où la morale était sévère ?

Jean-Marie Leblanc. — Oui, je crois qu'on peut le dire ainsi : chez nous, la morale était sévère dans le sens où nous avions une conception assez rigoriste de la politesse, du devoir, de l'éducation. Savez-vous que pour mes vingt ans — je change un peu de sujet, mais l'exemple est parlant —, pour mes vingt ans, donc en juillet 1964, j'ai disputé une course et je n'ai pas été bon (je crois que j'ai abandonné). Eh bien ! le soir, parce que je n'avais pas été bon, mon père ne m'a pas autorisé à sortir.

C. P. — Pourquoi n'aviez-vous pas été bon ? À vingt ans, on ne vous imagine pas autrement qu'en jeune paysan éclatant de santé, volontaire et dur au mal — un peu comme Poulidor, pour prendre une image...

Jean-Marie Leblanc. — Il y a plusieurs choses dans ce que vous dites. D'abord, la santé ? Oui, je l'avais. Gamin, dans nos ruelles, je me souviens que je courais un peu plus vite que les

Souvenir du Lycée Dupleix, à Landrecies (au deuxième rang, deuxième à partir de la droite). Plus tard, Mario Cotti le présentera avec une voix de stentor : «Jean-Marie Leblanc, le bachelier du peloton !»

Au temps des premières victoires, sous le maillot du V.-C. Landrecies. Jean-Marie Leblanc a dix-neuf ans. Il sera bientôt sacré champion de France universitaire.

25

autres. Je me souviens aussi qu'en revenant du collège, nous étions quelques-uns à faire la course avec des adultes qui, eux, revenaient de l'usine, et le grand jeu consistait évidemment à les battre.

Moi, j'allais tous les jours à l'école à vélo. Forcément, j'étais entraîné, endurci.

C. P. — Savez-vous que Bernard Hinault a toujours estimé qu'il devait sa carrière à la côte d'Yffiniac? Lui aussi allait à l'école à vélo : six kilomètres à l'aller, six kilomètres au retour.

Jean-Marie Leblanc. — Eh bien! peut-être que s'il y avait eu une bonne côte à Fontaine-au-Bois, je serais devenu un champion. [Rires.] Cela dit, et c'est ce que je voulais expliquer, je n'ai jamais eu le sentiment d'être doué. Même après, même plus tard, lorsque je suis passé chez les pros, j'ai toujours pensé que je ne serais jamais qu'un bon artisan qui s'entraînait plutôt bien, et qui avait de ce fait la possibilité d'accomplir des progrès. Mais la classe, la classe d'un Poulidor ou d'un Hinault, j'en étais évidemment très loin.

Je vais vous le dire franchement : j'ai toujours été moyen en tout! Au début, à l'école, parce que j'avais terminé premier à l'examen d'entrée au collège, pour la sixième, j'aurais pu croire que j'étais parmi les meilleurs, mais, une fois mélangé aux autres gamins des autres villages, je n'ai plus été le premier. En revanche, des vingt-quatre ou vingt-cinq élèves qui ont démarré avec moi en sixième, j'ai été le premier à obtenir le bac. Alors, j'en conclus quoi? Que j'étais moyen en tout, c'est sûr, mais que la culture générale acquise grâce à la lecture des livres, l'ouverture d'esprit acquise grâce à la lecture des journaux, m'avaient permis de ne pas perdre de temps. Et figurez-vous que c'était, à l'époque, un événement : seule une fille, avant moi, dans le village, avait obtenu son bac! D'ailleurs, cette fille a eu sur moi une grande influence puisque, sitôt diplômé, s'est posée la question de mon orientation. Le bac, oui, mais pour faire quoi? Lettres? droit? sciences? Je n'avais aucune vocation; je savais seulement que je ne voulais pas faire l'École normale parce que je ne voulais pas devenir enseignant. Alors, quoi ? La fille qui avait eu le bac avant moi faisait sciences économiques à la faculté catholique de Lille : par imitation, je suis entré en sciences économiques à la Catho de Lille ! Vous connaissez sûrement la suite : ce ne fut pas une réussite ; j'ai abandonné la fac au bout de deux ans. C'était l'année de mes vingt ans, et, à cet âge, la compétition cycliste m'occupait de plus en plus. Bref ! entre la fac et le cyclisme, j'ai choisi le cyclisme.

C. P. — Mais vos parents ? Mais votre père ? Le paysan qu'il était (les paysans ont toujours les pieds sur terre) ne pouvait pas ne pas penser que cycliste, ce n'était pas un métier...

Jean-Marie Leblanc. — Ils ont pourtant accepté. En fait, nous nous étions mis d'accord sur le programme suivant : en 1965, je faisais mon service militaire ; en 1966, je sacrifiais tout au cyclisme pour voir exactement quelles étaient mes possibilités dans ce sport.

Je vous l'ai dit : mon père aimait le cyclisme au moins autant que moi ; il était dirigeant du Vélo-Club de Landrecies où j'avais pris une licence — je me souviens : nous avions des maillots jaune et rouge que sponsorisait Minifix, une chaîne de petits supermarchés locaux. Mon père, je vous l'ai dit aussi, m'avait acheté mon premier vélo de course, un vélo jaune, marqué Louison Bobet, avec le dérailleur des plateaux à l'ancienne, au bas du cadre, parce que c'était ce qui coûtait le moins cher. Mon père, pour autant que je me resouvienne, n'était pas « supporter » dans le sens où il n'a jamais eu d'idole, mais quand Édouard Delberghe, qui habitait Solesmes, à onze kilomètres de chez nous, a terminé treizième de son premier Tour de France — vous vérifierez, mais je crois que c'était en 1957*— je me rappelle que mon père a participé à la souscription qui avait été lancée pour fêter le beau Tour du coureur régional. Et vous savez quoi ? La souscription a tellement bien marché que ses supporters ont pu lui offrir une voiture, une Aronde !

---

* Édouard Delberghe a terminé troisième du Tour en 1958.

[La voix enjouée par tous les souvenirs qui lui reviennent.] Je vous ai parlé du catch tout à l'heure, mais je n'ai pas pensé à vous dire que mon père m'emmenait aussi voir les critériums. Nous allions à Hautmont, à Rousies, à Solesmes, à Cambrai ; nous allions surtout au vélodrome Nungesser, à Valenciennes, où il y avait, chaque lundi de septembre, le jour de la foire, une épreuve sur piste. Et là, comme je vous vois, j'ai vu courir tous les grands de l'époque. J'ai vu courir Van Steenbergen que ma mère n'aimait pas, et Darrigade, Stablinski, et puis beaucoup d'autres. J'ai même vu, un jour, Jean Raynal, un spécialiste du demi-fond, courir avec un vélo caréné qui serait aujourd'hui interdit, mais, dans la circonstance, c'était presque du cirque — à propos de cirque, je vous raconterai autre chose après... Raynal, tout seul, avait pris le départ d'une poursuite contre quatre des meilleurs régionaux. Eh bien ! grâce à son vélo caréné, il les a rattrapés tous les quatre !

C. P. — Le cirque ?

Jean-Marie Leblanc. — C'est un autre très bon souvenir : le jour de mon certificat d'études (j'avais donc quatorze ans), le cirque Amar était au Cateau, la ville natale de Matisse, à dix kilomètres de chez nous, et mes parents m'avaient pris un billet. Parmi toutes les attractions, il y avait, devinez... une compétition sur home-trainer avec Robic, Caput, Chupin je crois, et un quatrième dont j'ai oublié le nom. Évidemment, j'ai demandé un autographe à Jean Robic. Je gardais tous mes autographes dans un petit carnet rouge.

C. P. — L'avez-vous encore ?

Jean-Marie Leblanc. — Bien sûr. Vous voulez le voir ? [Il le trouve aussitôt — «Hé ! il faudra que je vous montre aussi mes cahiers de citations.» — puis revient, triomphant, tenant un petit carnet à la main qu'il feuillette pour annoncer, page après page, le nom des différents signataires.] 1958, au vélodrome Nungesser, la réunion dont je vous parlais : Gaul. 1958, toujours au vélodrome Nungesser, mais pour l'arrivée de Paris-Valenciennes : Darrigade. Oui, ce jour-là, c'est Dédé qui gagne. Il arrive tout seul... 1959, au départ du Grand Prix d'Orchies : autographe de Bobet. Toujours ce même Grand Prix d'Orchies : autographes d'André Le Dissez, de Jean Forestier, d'Albert Bouvet — je vous en reparlerai, d'Albert —, de mon copain Stablinski, de Seamus Elliott, de Joseph de Bakker (un pistard, lui) et de Fred De Bruyne. Pas mal, hein?

Et là! regardez : 1958, coulisses du cirque Amar : signatures de Jean Robic, de Louis Caput, de Roger Chupin — non, je n'ai pas le quatrième... [Il continue de tourner les pages.] Rousseau. Vous vous souvenez du sprinter Michel Rousseau? Mon ami Jean-Paul Brouchon lui a consacré un bon papier*... Graczyck, Scodeller, Raphaël Geminiani, Roger Rivière. Et là : Tom Simpson, Pierre Everaert, Rik Van Looy, Jacques Anquetil!...

C. P. — En quelle année?

Jean-Marie Leblanc. — En 1960. J'ai donc seize ans; je n'ai évidemment pas l'idée de devenir coureur cycliste, mais je suis suffisamment passionné pour faire la chasse aux autographes... En quelle année Poulidor gagne-t-il Milan-San Remo?

C. P. — En 1961.

Jean-Marie Leblanc. — Ce jour-là, je suis dans la cuisine, avec mon père. Nous écoutons la retransmission de la course à la radio.

Heureusement que j'ai gardé ce carnet, car il me permet de m'y retrouver dans les dates. D'ailleurs, lorsque Albert Bouvet, qui a été mon collaborateur à la Société du Tour de France, est parti en retraite, j'ai sorti ce petit carnet et j'ai pu dire au public : «Mon admiration pour Albert Bouvet n'est pas nouvelle. Déjà, en 1959, au Grand Prix d'Orchies, je lui réclamais un autographe!»

Vous le comprenez : il y a une suite logique dans tout cela, et j'ai très tôt aimé le cyclisme. J'ai d'abord lu les magazines et chassé les autographes, j'ai commencé à courir, à gagner quelques

---

* Allusion au Prix Pierre-Chany 1991 que le journaliste Jean Paul Brouchon a reçu pour un article intitulé : «On a retrouvé Michel Rousseau».

courses. Maintenant que je vous en parle, j'ai un tas de souvenirs qui me reviennent. Par exemple, la première fois que je cours, en non-licenciés, j'abandonne sur crevaison, mais après avoir gagné deux primes. La première fois que je gagne, je bats au sprint un certain Félicien Rousseau. En fait, je prends ma revanche parce que, le dimanche précédent, nous avions déjà terminé tous les deux et il m'avait devancé...

C. P. — Devenu cyclotouriste, Jean Bobet, se souvenant de toutes ses courses, aimait à parler d'une « mémoire musculaire »[10]. Cette mémoire, l'avez-vous éprouvée ?

Jean-Marie Leblanc. — Jean a raison : il existe une mémoire musculaire. Je peux vous dire, de la même façon, que je me souviens de toutes les côtes qui s'élevaient sur mes routes d'entraînement. Personnellement, je roulais beaucoup en forêt de Mormal parce que j'y étais tranquille et parce que j'y roulais à l'abri du vent. À une époque, c'est très présent dans mon esprit, la route avait été recouverte d'un asphalte neuf, et je me souviens que j'éprouvais une sensation de facilité ; j'entends encore le bruit des feuilles mortes sous mes boyaux : clac ! clac ! Et l'odeur des petits matins ! L'odeur de la reine des prés — si ! vous savez : cette plante qui pousse dans les endroits humides : magnifique... Certains vont rigoler en vous lisant, mais je vous jure que c'est vrai : je m'arrêtais pour respirer du chèvrefeuille ou de l'églantine...

Vous ne connaissez pas l'églantine ? C'est une petite rose sauvage. Elle dégage un parfum délicat qui ne dure hélas qu'un ou deux jours au soleil, mais qui est absolument formidable. [Ravi, il imagine, il inspire puissamment.]

C. P. — À dix-huit ans, Pierre Chany, somme toute un espoir du cyclisme, avait remarqué qu'il était plus facile d'aller au bal que de faire du vélo. Ce constat, l'avez-vous fait à votre tour ?

Jean-Marie Leblanc. — Non, jamais. Comment je l'analyse ? Sans doute parce que, chez nous, il n'y avait pas de fille (nous étions trois frères). Non, vraiment, nous ne parlions jamais des filles, si bien que l'idée de la mixité ne nous semblait pas évidente.

J'ajoute — c'est le bal qui m'y fait penser — j'ajoute que si je suis bon musicien, de tout temps, j'ai été un piètre danseur. Donc, pour les bals, c'était non !

Les seules filles que je fréquentais, c'était celles du lycée ou de l'Harmonie municipale de Landrecies où je jouais.

C. P. — Votre femme ?

Jean-Marie Leblanc. — J'allais une fois par semaine au solfège, une autre fois à la répétition de musique, et puis, le dimanche, lorsqu'il y avait une fête patronale, l'Harmonie municipale mettait sa casquette et l'on jouait. Alors, pourquoi je vous le raconte ? Pour dire que j'ai rencontré une fille qui était à la fois de mon lycée et de l'Harmonie municipale ; elle est devenue ma femme.

C. P. — Dans *Les pavés du Nord*, vous soulignez ce que vous appelez « l'apophtegme » d'Émile Masson fils : « Je pense que le monde serait bien meilleur si chaque fils aimait et respectait son père comme j'aime et respecte le mien, et si chaque père éduquait son fils comme le mien m'a éduqué. » Ces mots écrits pour un autre ne résument-ils pas, finalement, ce que fut votre jeunesse ?

Jean-Marie Leblanc. — Voyez-vous : ce que Masson écrit là, j'espère qu'il a eu l'occasion de le dire à son père de vive voix, parce que moi, avant que mon père ne disparaisse, je n'ai pas eu l'occasion de le lui dire, et cette occasion que je n'ai pas eue me hante, me poursuit...

Maintenant que je suis père moi-même, je suis confronté à la nécessité d'être rigoureux, pour ne pas dire sévère, et en même temps humain et généreux, et... comment dire ?... C'est très difficile un rapport père-fils, mais si mon fils devait juger plus tard que j'ai été un bon père, je ne voudrais pas qu'il n'ait pas l'occasion de me le dire, une fois, avant ma disparition, sinon j'aurais l'impression que tout ce que j'ai ressenti pour mon père n'a servi à rien.

C. P. — Du certificat d'études à la direction du Tour de France, vos parents vous ont vu franchir les marches quatre à quatre. Ils vous ont vu gagner des courses, ils ont lu vos articles. Ne vous ont-ils jamais dit, eux, quelle fierté ils éprouvaient?

Jean-Marie Leblanc. — Un peu fiers, oui, bien sûr... Mais, vous savez, sans fausse modestie, je n'ai connu que des réussites... [il cherche le mot] moyennes! J'ai été coureur professionnel, certes, mais je ne suis pas devenu un champion de mon sport. J'ai été journaliste, certes, mais je n'ai jamais été un auteur à succès. J'adore la musique, la musique est ma seule passion, j'en joue avec Philippe Sudres, Philippe Gaugnon et Bernard Chevalier — je suis le clarinettiste de ce groupe qui se réunit une fois par mois...

C. P. — «Certaines phrases musicales sont parfois aussi exigeantes qu'un sprint en côte»[11], avez-vous un jour écrit dans un conte de Noël...

Jean-Marie Leblanc. — Oui, je l'ai écrit, mais, hélas, sans être un grand musicien! Ce qui confirme, à mon regret, que je suis moyen en beaucoup de choses, mais génial nulle part. Je vous préviens : vous allez faire un livre sur un type moyen!

Deuxième entretien

Bernard Sainz dans la roue – Un grand type dans la rue – La santé sans la classe – Cotti rafle la mise – M. Magne a dit non – L'encens et les orgues – Souffrances au Verdon – Poulidor ou Anquetil – Pénez incarné – Parmentier est en ligne – Beaucoup d'amour propre – Janssen mon ami – Chany à l'éther – Des biscottes à vingt ans – Une flèche dans le cul – Sept victoires chez les pros.

Christophe Penot. — Donc, votre père aimait le cyclisme, et il vous emmenait, le dimanche, au bord des routes ou des pistes. Est-ce à dire que, gamin, vous n'avez jamais fait d'autres rêves que des rêves de coureur?

Jean-Marie Leblanc. — Mais non! Enfant, et même plus tard, adolescent, je n'ai jamais rêvé à rien, et la meilleure preuve, c'est qu'après le bac, je n'avais aucune idée de ce que je pourrais faire. D'ailleurs, c'est drôle, hein? parce qu'aujourd'hui, je reproche à mon fils de ne pas savoir ce qu'il veut faire, alors qu'à son âge, j'étais exactement comme lui! J'ai eu la chance, finalement, que la voie du cyclisme s'ouvre devant moi...

C. P. — Le déclic, est-ce votre victoire dans le championnat de France universitaire, en 1964?

Jean-Marie Leblanc. — Oui et non. Oui pour la valeur symbolique, parce que j'étais fier de recevoir un titre officiel de champion de France — j'ai d'ailleurs conservé la coupe que m'a remise à Dinard Yvon Bourges pour l'occasion; c'est la petite sur mon bureau. [Il la désigne d'un signe de tête.] Non, parce qu'il n'y avait qu'une quarantaine de coureurs au départ, et ce n'était donc pas assez pour donner une signification sportive à mon titre. Par contre, avec le recul, je suis très fier d'avoir battu, ce jour-là, un étudiant en médecine qui s'appelait... vous ne devinerez jamais... [Il rit.]

C. P. — Jean-Pierre De Mondenard?

Jean-Marie Leblanc. — Non, Bernard Sainz!

C. P. — Celui qui a été mêlé à plusieurs affaires de dopage et qui gagne tous ses procès pour diffamation*?

Jean-Marie Leblanc. — Oui, celui-là. Mais vous ne m'en faites pas dix pages, hein? Je vous le dis juste pour l'anecdote... Plus sérieusement, je préfère me souvenir qu'avec ce titre de champion de France universitaire, je rejoignais Jean Bobet au palmarès.

C. P. — À l'époque, si l'on en croit Pierre Bilic[1], vous aviez pour ami Philippe Crépel, un futur professionnel lui aussi. Comment est-il entré dans votre vie?

Jean-Marie Leblanc. — Toujours lors d'un championnat de France universitaire, mais l'année précédente, à Reims. Nous sommes logés en collectivité, dans un CREPS je crois, et je vois arriver, avec le maillot vert de l'A.C.B.B., un grand type qui dépasse tout le monde — Crépel —, un type que je ne connais pas, et à qui je ne parle pas. Mais, bon! je le vois... Et puis voilà que l'hiver suivant, dans Lille, je croise ce type. Je me dis aussitôt: «Mais je le connais, lui...» J'appelle: «Crépel!» Crépel se retourne. Je lui demande: «C'est toi qui étais au championnat de France universitaire l'an passé?» Depuis, nous sommes toujours restés liés.

Il suivait des études à Lille, et lorsque j'étais stagiaire à *La Voix du Nord*, je logeais chez sa mère à qui je payais une petite

---

* Le jour de ce deuxième entretien (22 mars 1999), le nom de Bernard Sainz n'était plus d'actualité. Il le redeviendra de manière brutale le 7 mai 1999, au terme d'une opération de police, conduite par la brigade des stupéfiants, qui lui vaudra d'être mis en examen et aussitôt écroué.

pension. De son côté, Philippe dormait chez moi quand nous partions pour une course, ce qui fait que nous sommes devenus inséparables. Il était plus jeune que moi d'une année, mais nous avons signé ensemble à l'U.S. Dunkerque, en 1966. Je me souviens même qu'une fois, nous avons passé la ligne d'arrivée ensemble, bras dessus, bras dessous, pour ne pas être départagés! [Il sourit et raconte, la voix mi-émue, mi-exaltée par les souvenirs.] C'était un lundi, au mois de septembre, lors du Grand Prix de Lapugnoy, une course internationale très prisée chez nous parce que de grands coureurs comme Barry Hoban, Claude Neuts, Claude Rigaut défendaient les couleurs de la ville. Bref! un grand club et une belle course. Crépel et moi, nous faisons quarante ou cinquante kilomètres d'échappée. Nous prenons bien sûr une amende parce qu'il est interdit de ne pas disputer sa chance à l'arrivée! Finalement, il est désigné comme vainqueur au motif que sa roue a franchi la ligne avant la mienne.

C. P. — Chez les amateurs, surclassiez-vous souvent vos rivaux?

Jean-Marie Leblanc. — Souvent, non, mais il va de soi que j'ai réussi quelques «trucs» sinon je ne serais jamais passé professionnel. J'ai eu — je fais bien attention à ce que je vous dis — j'ai eu, certains jours, l'impression que j'étais manifestement moins fatigué que les autres, que j'étais plus puissant dans le final, et donc que je pouvais manœuvrer à ma guise. Cette impression-là, qui est quand même une impression formidable, c'est sûr : je l'ai connue! Mais je ne l'ai pas connue souvent.

Je n'avais pas une grande classe, du moins pas la classe de mon copain Samyn qui, par surcroît, allait très vite au sprint. Un coureur comme Roger Milliot, plus âgé que moi (il avait fait le Tour), montrait lui aussi plus d'aisance, en un mot : plus de classe, mais parce que j'avais lu *Champion cycliste* de Louison Bobet, je savais qu'il fallait d'autres qualités, en sus de la classe, pour réussir une carrière. Il fallait quoi? La résistance physique? Je l'avais. Le sérieux? Je l'avais. Le courage et l'opiniâtreté? Je m'efforçais de les cultiver. Donc, chaque fois que j'échouais, j'étais sans regret parce que j'avais pleine conscience de mon manque de classe. Je ne pouvais manifestement pas mieux faire.

C. P. — Cela dit, de semaine en semaine, l'on trouvait votre nom dans les pages des journaux. Comment avez-vous vécu cette première reconnaissance — même si, bien sûr, ce n'était encore qu'une reconnaissance locale?

Jean-Marie Leblanc. — Je crois que j'étais naturellement fier et content, mais que je restais mesuré, prudent, réservé, réfléchi, cartésien... Je ne dirai pas que je prenais goût au fait qu'on parlât de moi; je dirai que je trouvais légitime qu'on parlât de moi puisque j'obtenais de bons résultats. Il y a une nuance.

C. P. — Mais le héros, le jeune vainqueur, comment votre femme le jugeait-elle?

Jean-Marie Leblanc. — Là, nous parlons de l'année 1966, hein? la dernière que j'ai faite avant de passer chez les pros. En 1966, j'étais encore célibataire; nous nous sommes mariés à la fin de 1967.

Bon! écoutez! pour ma femme, vous lui poserez la question, mais je crois me rappeler qu'à l'époque, elle se préparait à épouser un jeune homme et non pas un cycliste. C'est clair : elle n'était pas supportrice, et même par la suite, même aujourd'hui, elle ne l'est pas devenue. C'était une jeune femme qui travaillait déjà, et qui considérait le sport professionnel non pas comme un aboutissement, mais comme une profession atypique, incongrue et, surtout, pleine de risques.

Pour moi, à l'inverse, devenir professionnel, c'était un premier aboutissement et la preuve que j'avais progressé. C'était aussi la possibilité de participer à des courses plus grandes, plus relevées, et de continuer peut-être à progresser. Et puis, quand même, c'était un salaire garanti!

C. P. — À quel moment avez-vous compris que vous aviez les jambes pour devenir professionnel?

Jean-Marie Leblanc. — Les choses sont allées progressivement, je dirai : naturellement. Après mon service militaire — je crois que je vous l'ai raconté —, j'avais décidé de consacrer toute l'année 1966 au vélo pour voir, justement, ce que j'avais dans les jambes. Et comme j'ai tout de suite commencé à « marcher », j'ai compris que je n'étais plus très loin du niveau d'un jeune pro.

C. P. — Mais de quoi avez-vous vécu durant toute cette année ?

Jean-Marie Leblanc. — Ah ! là... [Surpris, il met une évidente bonne volonté pour se souvenir, hésite et se reprend plusieurs fois.] De mémoire... Recevais-je une petite indemnité de l'U.S. Dunkerque ? Je ne crois pas... Non, non, pas d'indemnité ; nous ne touchions que des prix et des primes de victoire. Mais, bon ! je vivais chez mes parents, je n'avais pas de gros besoins.

Vous me faites dire deux choses : premièrement, lorsqu'on était un bon coureur amateur, les prix et les primes permettaient de vivoter ; deuxièmement, ces mœurs d'antan ne seraient aujourd'hui plus envisageables puisque le moindre amateur régional reçoit, paraît-il, un morceau de salaire *[sic]*.

C. P. — Vous revient-il de vous être « dépouillé » (les cyclistes comprendront) pour aller chercher une prime ?

Jean-Marie Leblanc. — Bien sûr. Voulez-vous une anecdote ? 1966 : nous sommes au critérium de Boulogne-sur-Mer qui est alors un des plus importants rendez-vous du printemps. Il y a une côte redoutable et, plus redoutable encore, tout le monde sait qu'il y a chaque année, sur ce critérium, la prime du million (on parle évidemment d'un million de centimes à l'époque). L'affiche est belle puisque sont présents des coureurs comme Van Looy, Janssen, Altig, Stablinski. Le speaker, très connu, très brillant, avec de grands effets dans la voix, s'appelle Mario Cotti. Tout à coup, il annonce : « La prime du million ! 500 000 ! 300 000 ! 200 000 ! » Moi, je me dépouille, je m'échappe et parviens à faire trois. Autrement dit, en passant sur la ligne, je crois que j'ai gagné les 200 000, quand j'entends Mario Cotti qui annonce : « Au pro-

chain tour, la prime du million! 500 000! 300 000! 200 000!»
[Rires.]

C. P. — Vous vous étiez trompé d'un tour?

Jean-Marie Leblanc. — Non! Dieu ait son âme, mais je pense
que Cotti était en cheville avec les pros, et qu'il touchait une part
sur leurs primes. Et comme moi, petit amateur, je n'étais évidemment pas dans le coup, il a reporté le pactole sur le tour suivant!

Si je me souviens bien, Janssen, qui était en tête, a refait un
tour de plus et a gagné les 500 000. Mais moi, j'ai payé mes efforts,
j'ai été repris, et les 200 000, hein? [Il rit de bon cœur.] Je vous
jure que c'est vrai! Si j'avais été pro, il aurait pris sa part, et puis,
moi, j'aurais touché le pactole!

C. P. — Êtes-vous allé voir Cotti?

Jean-Marie Leblanc. — Bien sûr! J'étais remonté! Hé! 200 000
balles *[sic]*! «Quel salaud!» me suis-je dit. Mais, bon! c'était
Cotti! Avec sa faconde habituelle, il m'a démontré que je m'étais
trompé, alors qu'en vérité, il avait fait sa petite cuisine. [Rires.]

Mais je ne lui en ai jamais voulu! et dès l'année suivante, je
crois pouvoir dire que nous nous sommes bien entendus. Je l'aimais bien, il m'aimait bien. À chaque fois, pour me présenter au
public, il m'appelait [il cherche à imiter et prend une voix de
stentor] : «Jean-Marie Leblanc, champion de France universitaire,
le bachelier du peloton!» Oui, des années durant, je suis resté
pour lui [même voix de stentor] «le bachelier du peloton», tandis que Rudi Altig, je m'en souviens, était baptisé [même jeu]
«l'or du Rhin». Entre nous soit dit, j'aurais préféré qu'il annonce
[même jeu] «Jean-Marie Leblanc, vainqueur la semaine dernière
d'une étape du Tour». Mais je n'ai jamais gagné d'étape du Tour!
[Rires.]

Bon! tout cela pour dire que les primes, à l'époque, nous allions
les chercher! En 1966, quand je le pouvais, j'allais les chercher.
Et en 1967, j'ai continué d'aller les chercher parce que vous savez
sans doute que mon premier salaire n'était pas très élevé : j'ai

commencé à 500 francs par mois chez Pelforth, ce qui devait représenter le SMIG.

C. P. — En 1966, couriez-vous souvent contre les pros ?

Jean-Marie Leblanc. — Assez souvent dans la mesure où j'étais indépendant et où l'U.S. Dunkerque servait de réserve à l'équipe professionnelle Pelforth. À cette époque, vous savez, une course comme le Grand Prix d'Isbergues était ouverte aux indépendants, une course comme... [Il cherche et subitement s'illumine.] Eh ! 1966, je participe au Tour de l'Hérault. Au matin de je ne sais plus quelle étape, je cherche à m'asseoir ; je trouve un bout de banc libre et m'assieds... devinez auprès de qui ? Tom Simpson, champion du monde professionnel en titre. Aussitôt, il me regarde et me demande : « Comment tu t'appelles ? Tu viens d'où ? Ah ! t'es du Nord... » Très gentil, quoi ! Vous rendez-vous compte ? Vous êtes un petit amateur indépendant, et le champion du monde professionnel, avec son maillot arc-en-ciel sur le dos, vient vous parler en copain ! Inoubliable !

C. P. — Et le Merckx de cette année-là, vous en souvenez-vous ?

Jean-Marie Leblanc. — Merckx n'était pas chez les pros cette année-là.

C. P. — Si ! Il était chez les pros et il gagne le premier de ses sept Milan-San Remo.

Jean-Marie Leblanc. — [Sincèrement ennuyé.] Je n'ai pas la mémoire des dates. Comme ça, en parlant, j'ai des souvenirs qui me reviennent, mais ils forment un ensemble ; le détail et la chronologie m'échappent. Je vous le dis parce que vous aurez souvent à me corriger.

C. P. — Pour un homme fâché avec les détails, comment se fait-il que vous vous souveniez que la chaîne d'André Darrigade « couinait » dans le Grand Prix d'Isbergues 1966 ?

Jean-Marie Leblanc. — Et vous, comment le savez-vous ?

41

C. P. — Philippe Brunel l'a écrit dans un article[2].

Jean-Marie Leblanc. — Ah? Je ne me souviens pas de lui avoir dit... Mais c'est vrai : sa chaîne couinait. Allez savoir pourquoi? j'avais remarqué ce détail, et le souvenir m'en est resté. Je me rappelle aussi que ce grand champion était en fin de carrière et qu'il a disparu dans le final, tandis que moi, le jeune régional, je réalisais une belle course puisque j'étais le seul indépendant de la bonne échappée. Évidemment, le lendemain, René Deruyk, dans *La Voix du Nord*, avait écrit des lignes très aimables sur moi...

Il faut dire que j'étais très motivé : c'était en septembre, je terminais une bonne saison «amateur», et je savais que je jouais mon passage chez les pros. Finalement, les choses se sont déroulées comme je l'espérais et Maurice De Muer, quelques jours plus tard, m'a fait signer pour Pelforth.

C. P. — Dans un article qui lui valut le 9e Prix Pierre-Chany, Jean-Emmanuel Ducoin a raconté l'histoire de Pascal Lance, un coureur qui, somme toute, vous ressemblait, et qui vint annoncer à son père qu'il avait signé chez les pros. «Il est sorti et je crois qu'il est allé lâcher une larme dans son coin, pour que je ne le voie pas, par fierté»[3], a raconté à son tour Pascal Lance. Votre père, lui, comment a-t-il réagi?

Jean-Marie Leblanc. — Probablement, il a été très heureux, mais il ne me l'a pas montré, ce que je conçois parfaitement parce que lui et moi, grosso modo, étions faits du même bois. Il y avait dans la famille entre lui et moi, et de façon générale entre mes parents et nous, les enfants, beaucoup de pudeur. Nous ne nous épanchions pas. Nous n'étions pas démonstratifs. Tout était intérieur.

C. P. — Avant de signer chez Pelforth, votre candidature avait été refusée par Antonin Magne, certainement le directeur sportif le plus rigoureux et le plus exemplaire de l'époque. Comment avez-vous vécu cet échec?

Jean-Marie Leblanc. — Une parenthèse, d'abord : quand De Muer m'a confirmé qu'il me prenait chez Pelforth, je me souviens d'avoir été très heureux, mais je n'ai pas fêté l'événement. Pourquoi ? Parce qu'un homme du Nord, un homme d'extraction modeste, qui a reçu une éducation encadrée et rigoureuse, est façonné de telle manière qu'il n'est pas expansif. Il est « profil bas », si je puis dire.

Alors, pour Magne, oui, j'ai été un peu déçu, parce qu'effectivement, je le prenais pour un exemple. Comme tout le monde, j'ai gardé en mémoire la fameuse devise de son papier à lettre (car il m'a écrit) : « La gloire n'est jamais où la vertu n'est pas ». Et dans le mot « vertu », vous imaginez tout ce qu'il mettait de rigueur, de morale et d'honnêteté.

En fait, j'aimais toute l'équipe Mercier*, son maillot, son survêtement, ses couleurs, et je me souviens qu'adolescent, j'ai dit un jour à mon père : « Tu sais, papa, le maillot violet des Mercier, j'aimerais bien l'acheter... » Ce à quoi il m'a répondu qu'il me l'offrirait à l'occasion de ma prochaine victoire, et, bien sûr, il l'a fait peu après.

C. P. — « C'est étrangement la couleur du clergé »[4], notait encore Philippe Brunel en 1997, à propos de votre goût pour le violet...

Jean-Marie Leblanc. — Et alors ? Vous n'êtes quand même pas sans savoir que je suis de ceux qui accordent non seulement une importance à la religion, mais aussi au décorum qui entoure la religion. Pour moi, la méditation nécessite un environnement, quelque chose qui rappelle l'odeur de l'encens et la musique d'un orgue. Eh ! qu'est-ce que vous croyez ? que j'ai peur de le dire ? Non ! Et je peux vous dire que j'ai lu comme une révélation *Le Rouge et le noir* de Stendhal...

Mais je reviens à Antonin Magne... J'étais allé le voir à l'occasion du passage du Tour du Nord, à Valenciennes, au Grand Hôtel,

---

* C'était le nom de l'équipe que dirigeait Antonin Magne.

son habituel quartier général. J'avais sollicité un rendez-vous pour lui dire : «Je m'appelle Jean-Marie Leblanc. Vous me connaissez peut-être; voilà mon palmarès». Il m'a posé quelques questions, mais j'ai senti assez vite que mon cas ne l'intéressait pas au motif — il me l'a expliqué — que j'étais un étudiant. Un étudiant, à ses yeux, ne pouvait pas faire un bon coureur cycliste parce qu'il n'était pas assez habitué à souffrir. Donc, il a repoussé ma candidature. D'où la nécessité pour moi de marcher dans le Grand Prix d'Isbergues, quinze jours plus tard, et de convaincre De Muer.

C. P. — Cette analyse d'Antonin Magne, qui semble un peu courte aujourd'hui, l'avez-vous partagée?

Jean-Marie Leblanc. — Autrement dit, ai-je le sentiment que j'aurais été un meilleur coureur si je n'avais jamais été étudiant? Non! Et j'ajoute même : au contraire! parce que durant toute ma carrière, j'ai dû vous le dire, j'ai eu plutôt l'impression de bien m'entraîner.

C. P. — Mais souffrir?... Saviez-vous vraiment souffrir?

Jean-Marie Leblanc. — En tout cas, j'ai le souvenir d'en avoir bavé! Un exemple : 1966, avec Crépel — non, je me trompe : en 1966, nous avions fait autre chose; nous étions partis, Crépel et moi, du côté de Grasse faire un camp d'entraînement. C'était la première fois que je voyais la Méditerranée.

Je fais une autre digression : à la fin des années quatre-vingt, avec Crépel, je suis retourné faire en voiture un circuit de deux cents kilomètres sur la route des gorges du Verdon. Pourquoi? Parce que ce circuit, en 1971, nous l'avions fait à l'entraînement, sous le soleil, et nous en gardions une impression... Comment dire? Nous avions été courageux ce jour-là. Un moment, j'avais même voulu rentrer en stop tellement j'étais fatigué, mais personne ne s'était arrêté, et nous avions dû finir en vélo, la nuit quasiment tombée. Je me souviens des cinquante derniers kilomètres... Si c'est répondre à votre question, je crois pouvoir dire que nous les avons faits dans la souffrance.

C. P. — Durant toutes ces sorties, de quoi parliez-vous avec Crépel ?

Jean-Marie Leblanc. — D'abord, on ne parlait pas beaucoup. Je ne suis pas très bavard, et lui non plus.

C. P. — Avait-il plus de classe que vous ?

Jean-Marie Leblanc. — Non.

C. P. — Plus de hargne ?

Jean-Marie Leblanc. — Oui.

C. P. — Dites ? est-ce trop parfaire le décor que vous imaginer tous les deux, descendant sur la côte en 1966, dans une ambiance à la Godard, dans les lumières et l'insouciance de *Pierrot le Fou*, par exemple ?

Jean-Marie Leblanc. — Il y avait un peu de cette ambiance, oui. Pour ne pas dépenser d'argent à l'hôtel, nous étions descendus de nuit, avec ma vieille DS, puis nous avions pris pension dans une petite auberge qui avait pour habitude d'accueillir des coureurs (figurez-vous que j'avais fait mon armée, l'année précédente, avec un coureur qui m'avait donné cette adresse). D'ailleurs, quand nous sommes arrivés, je me souviens très bien que l'auberge était pleine de coureurs. Il y avait Jean-Pierre Genet, Pierre Bouton qui devait signer chez Mercier, un dénommé Giscos aussi, qui avait été champion de France de demi-fond et qui était un peu farfelu. [Nostalgique, il parle doucement, à voix presque basse.] Bref ! nous formions un petit groupe ; le patron et la patronne nous aimaient bien ; j'en garde vraiment un bon souvenir... Et puis, surtout, nous roulions ! Cette année-là, Crépel et moi, nous nous sommes entraînés comme des fous, si bien que j'ai commencé par gagner une course dans le Var, puis une autre à Tourcoing, juste quand nous sommes rentrés. J'en ai même gagné une en Belgique. Ouais ! ouais ! je marchais...

45

C. P. — Êtes-vous souvent, par la suite, retourné sur ces routes ? je veux dire : êtes-vous de ces hommes qui aiment revenir sur leurs pas ?

Jean-Marie Leblanc. — J'aime à la fois retrouver les gens et les lieux. Pour ce qui était de notre hôtel, il s'appelait, en 1966, l'Hôtel de la Source (c'était à Magagnosc), et quand j'y suis retourné, bien des années plus tard, j'ai éprouvé ce petit pincement au cœur que vous pouvez deviner parce qu'il avait été transformé en pizzeria. Mais, bon ! j'ai mangé une pizza, puis, d'un coup de voiture, je suis allé remonter le Gourdon, une côte terrible — un vrai col ! — située juste au-dessus de Magagnosc. J'y suis allé uniquement pour me souvenir, parce que Crépel et moi nous l'avions montée des dizaines de fois...

C. P. — En 1966, tandis que vous rouliez sur la côte, Jacques Anquetil et Raymond Poulidor se déchiraient dans un Paris-Nice de légende. Pour lequel des deux étiez-vous ?

Jean-Marie Leblanc. — Pour personne. Si ! si ! franchement... Et j'en profite pour vous dire que jamais de ma vie je ne me suis senti « supporter ». En matière de sport, j'ai toujours été dépassionné. Je l'étais du temps où je courais ; je l'étais comme journaliste ; je le suis resté comme directeur du Tour de France ! Qu'un Belge, un Italien, un Français ou un Espagnol gagne le Tour m'est complètement égal du moment que l'équité sportive est respectée.

Je vous jure que c'est vrai : en football, en rugby, en cyclisme, en tout ce que vous voudrez, je ne prends jamais parti ! C'est ce que j'appelle mon côté raisonné, et peut-être même raisonné à l'excès, cartésien en somme ! C'est d'ailleurs un côté en moi qui m'étonne parce que je n'ai jamais oublié qu'Albert Vidalie a écrit : « C'est le cœur qu'il faut suivre et non pas l'esprit. Sinon on se crée une montagne d'obstacles là où il n'y a rien. » (Je cite de mémoire, mais c'est quelque chose comme ça.)

C. P. — Mais le cœur, justement, que vous soufflait-il ? Que soufflait-il à vos frères, vos parents ? Depuis 1964, toute la France cycliste était coupée en deux, et vous ne pouviez pas ne pas prendre position...

Jean-Marie Leblanc. — Peut-être mes parents avaient-il un sentiment légèrement plus marqué pour Poulidor parce qu'il était campagnard comme nous, mais c'était très léger, hein?... Si vous me forciez, je dirais bien que j'étais, moi aussi, un peu plus poulidoriste, mais, la vérité est que j'éprouvais plus d'admiration pour Jacques, et plus d'affection pour Raymond. Au reste, lorsque Raymond est renversé par la moto, durant le Tour de France 1968 (là, je suis évidemment chez les pros), je me rappelle qu'avec mes petits moyens, j'ai tenu à lui donner un coup de main pour signifier combien j'étais touché par autant de malchance, par autant d'injustice. Parce qu'il faut quand même que je vous le dise : je reste persuadé, aujourd'hui encore, que Poulidor aurait gagné le Tour sans cette chute.

Remarquez! si Anquetil était tombé à sa place et dans les mêmes conditions, j'aurais roulé pour lui de la même façon. C'est peut-être contradictoire avec ce que je viens de vous dire, mais les seules fois, dans ma vie, où j'ai été «supporter» entrait toujours en jeu un sentiment d'injustice. Par exemple, lors du Tour de France 1998, j'ai ressenti un petit pincement au cœur quand Jacky Durand, après un travail magnifique, a perdu l'étape du Cap d'Agde : si près de l'arrivée, il m'a semblé qu'il aurait mérité de gagner.

C. P. — Le journalisme, n'est-ce pas aussi en 1966 — une année décidément bien remplie — que vous l'avez découvert?

Jean-Marie Leblanc. — Si, mais tout à la fin de l'année, quasiment pendant l'hiver. D'ailleurs, Crépel est encore dans le coup. [Enjoué.] Je vous raconte?...

Je vous ai déjà dit qu'en 1962, juste après mon bac, je n'avais aucune idée du métier que je voulais faire. Eh bien! deux ans plus tard, en 1964 (j'avais vingt ans), j'avais enfin trouvé : je voulais être journaliste sportif. Si bien qu'en avril 1964, à Liévin, à l'arrivée du Grand Prix des Flandres françaises que je viens de

terminer en deuxième position, quand René Pénez me demande :
«Quel métier voulez-vous faire plus tard?» je lui réponds du tac
au tac : «Le vôtre!» Pour la première fois, j'exprimais l'idée que
le journalisme sportif me plairait bien.

C. P. — Coup de foudre?

Jean-Marie Leblanc. — Non, plutôt une incarnation. Comment
dire? René Pénez, l'un des journalistes de *La Voix du Nord* que
j'admirais le plus, que je lisais depuis des années sans l'avoir
jamais vu, Pénez, tout à coup, était devant moi, et m'interrogeait!
Il était intéressé par le coureur insolite que j'étais (aucun autre
coureur n'allait à l'université), et moi, en fait, je restais subjugué
par ce type à qui je pouvais enfin donner un visage. Bref! René
Pénez ne m'a pas donné la vocation, mais je crois pouvoir dire
qu'il m'a donné l'aspiration, l'aspiration à devenir journaliste sportif.

C. P. — S'il avait eu une autre tête, une autre mise, mettons :
des mains sales, un visage peu sympathique, auriez-vous eu un
autre destin?

Jean-Marie Leblanc. — Non, je ne crois pas. J'avoue que je ne
me suis jamais posé cette question, mais il me semble que, même
avec une autre tête, il serait resté pour moi l'incarnation de
l'homme qui signait les articles que j'aimais.

C. P. — La logique aurait pourtant voulu que, dans l'euphorie
d'une deuxième place, vous lui répondiez...

Jean-Marie Leblanc. — [Il devine.] Coureur professionnel?
Exact. Mais non! Tant que je n'en ai pas eu le niveau, je n'ai
jamais exprimé l'intention de passer chez les pros.
J'arrive maintenant à la fin de l'année 1966. Depuis le Grand
Prix d'Isbergues, je sais que j'ai un contrat professionnel pour
l'année suivante, mais il me reste à passer l'intersaison, d'octobre
à février environ. Que faire? Crépel me propose de le rejoindre
dans la chocolaterie où il a trouvé un petit «job» saisonnier. Et

c'est ainsi que nous nous retrouvons tous les deux, en train de livrer des cartons :

« Merde ! (je vous le raconte sans fioritures) quand même, j'aimerais bien devenir journaliste à *La Voix du Nord*, mais je n'ose pas demander.

— Mais t'es con ! me répond Crépel. Téléphone à Émile Parmentier, le chef des sports. » Et puis, clac ! il m'arrête au pied d'une cabine téléphonique. (C'est drôle : je n'ai jamais oublié cette cabine. Je pourrais la retrouver. Je revois exactement l'endroit où nous nous sommes arrêtés.)

Je prends mon courage à deux mains, j'appelle Émile Parmentier :

« Monsieur Parmentier ? Je m'appelle Jean-Marie Leblanc. Vous me connaissez peut-être, je suis un coureur régional ?

— Oui, oui, je vous connais.

— Est-ce que je pourrais vous rencontrer ?

— Oui, tel jour, telle heure. »

Je suis évidemment aux anges. Tel jour, telle heure, j'y vais. Je lui explique ce que je fais et ce que je voudrais faire. Il sait, bien sûr, que je vais passer professionnel, mais je lui dis que le journalisme me tente. Peut-il me prendre en stage ? « OK ! vous commencerez la semaine prochaine. »

C. P. — Un vrai stage ? Rémunéré ?

Jean-Marie Leblanc. — Oui, rémunéré. Et un vrai stage : je signais mes papiers ! J'ai fait mon premier papier sur un cyclo-cross qui se disputait à Seclin, et je peux vous certifier que la première fois que vous lisez votre signature dans le journal, c'est comme si vous gagniez une course ! Je vous jure : c'est le même bonheur ! Bref ! j'ai travaillé en octobre, novembre et décembre à plein temps. En janvier, j'ai travaillé à mi-temps, puis, en février, j'ai recommencé à courir.

C. P. — Vous parlez comme si tout s'était enchaîné...

Jean-Marie Leblanc. — [Surpris.] Oui. Qu'est-ce qui ne va pas ?

C. P. — L'impression, le climat... N'étiez-vous pas plus énervé, plus excité, à l'idée de passer enfin chez les pros, de courir Paris-Nice, de faire peut-être le Tour?

Jean-Marie Leblanc. — D'abord, Paris-Nice, cette année-là, je ne l'ai pas fait, et je n'ai pas fait le Tour non plus... Excité? non... J'étais heureux, j'étais motivé, j'étais plein de bonne volonté, mais si vous voulez me faire dire qu'à ce moment-là, j'ai rêvé de gagner le Tour de France, c'est non! Non! je n'ai jamais rêvé de gagner le Tour de France. Je vous avouerai, en revanche, que, jeune pro, à la veille de Paris-Roubaix ou à la veille du championnat de France, j'ai imaginé qu'avec un petit peu de chance, je pourrais profiter d'une bonne échappée. Autrement dit, j'y ai cru un peu, mais un peu seulement, parce que j'ai toujours su que Jean-Marie Leblanc n'était pas de taille à gagner Paris-Roubaix. Je vous l'ai dit : je manquais de classe.

C. P. — De classe ou d'orgueil?

Jean-Marie Leblanc. — Dans la mesure où il y avait des gens comme Simpson, comme Merckx, comme Ocaña dans le même peloton que moi, je suis obligé de répondre, par comparaison, que c'est bien de classe que je manquais.

L'orgueil, c'est autre chose. Je crois que tout le monde en a, ou du moins, que tout le monde a de l'amour-propre, mais cet amour-propre se traduit de façon différente selon les individus, les métiers. En tout cas, je n'imagine pas qu'on puisse devenir un champion, en quelque sport que ce soit, si l'on n'a pas un minimum d'orgueil.

C. P. — Et peut-on devenir directeur du Tour de France sans un minimum d'orgueil?

Jean-Marie Leblanc. — Autrement dit, dans la vie de tous les jours, l'orgueil conduit-il à l'esprit de compétition, ou l'esprit de compétition nécessite-t-il de l'orgueil? Parce que j'ai l'esprit de compétition, c'est sûr!

[Il réfléchit comme on réfléchit devant une menace, puis se lance d'un bloc.] Dans l'exercice de mon métier de journaliste et aujourd'hui dans l'exercice de mon métier de directeur du Tour de France, j'ai mis et continue de mettre beaucoup d'amour-propre et, probablement, un peu d'orgueil. Cet orgueil consiste à essayer de faire le mieux possible ce que j'entreprends et, je le confesse, à essayer de le faire mieux que les autres. Alors, est-ce de l'amour-propre ou de l'orgueil ? Appelez ça comme vous le voulez, mais ce n'est pas un hasard si, tout au long de ma vie professionnelle, je me suis efforcé d'arriver le premier au bureau et, si possible, d'en repartir le dernier.

C.P. — Vous n'êtes jamais fatigué ?

Jean-Marie Leblanc. — Si ! Très ! Et comme je suis très fatigué, il m'arrive, le matin, de me rendormir sur mon bureau, ce qui oblige Fabienne, ma collaboratrice, à me réveiller doucement : «Monsieur Leblanc ?! Monsieur Leblanc ?!» C'est comme je vous le dis !

C.P. — Un critique sévère ajouterait quand même que vous n'avez pas eu de chance : deuxième des Quatre Jours de Dunkerque comme cycliste ; comme journaliste, deuxième du Prix Martini et deuxième homme de la rubrique, en prestige, derrière Pierre Chany...

Jean-Marie Leblanc. — [Bon joueur.] Et deuxième, aujourd'hui, de la Société du Tour de France derrière Jean-Claude Killy ! [Goguenard.] Mais vous ai-je dit, cher monsieur, que l'orgueil conduisait à vouloir être, de manière irrépressible, toujours le premier ? Non ! Et ne pas être toujours le premier ramène aussi à la réalité des choses.

C.P. — Justement, cette réalité des choses, comment se traduit-elle en 1967 ? Jeune professionnel, par exemple, comment vivez-vous ? Vous levez-vous déjà de bonne heure ?

Jean-Marie Leblanc. — Il faudrait que je relise mes carnets (car je notais tout), mais, de mémoire, il me semble qu'on cou-

51

rait une centaine de jours par an, et qu'on couvrait, au total, 35 000 kilomètres par saison — à vélo, hein ! Nous, les Nordistes, nous courions peut-être plus souvent que les autres parce que nous étions près de la Belgique, et que nous en profitions pour disputer des kermesses*. Et les jours où nous ne courions pas, c'était rendez-vous à 8 heures, à tel carrefour, pour partir à l'entraînement avec Crépel, Mortensen et Santy. J'ai suivi rigoureusement cette vie-là durant les cinq années qu'a duré ma carrière.

C.P. — Philippe Crépel, c'était votre meilleur ami ?

Jean-Marie Leblanc. — Oui.

C.P. — L'est-il resté après les années cyclistes ?

Jean-Marie Leblanc. — Oui. Je suis le parrain de son fils et, confidence pour confidence, sa femme et la mienne continuent, depuis cette époque, à partir toutes les deux, chaque année, en vacances une semaine.

C.P. — Et les Robert Lelangue, les Jean-Christian Biville qui couraient avec vous, que vous avez retrouvés par la suite, après votre carrière**, quels coureurs étaient-ils ?

Jean-Marie Leblanc. — Des gars comme moi : des coureurs moyens. Mais je les aimais bien.

C.P. — Comme commentaire, c'est un peu sec...

Jean-Marie Leblanc. — [Avec le ton que devait prendre M. Barbry, son instituteur.] Lorsqu'on demandait à Montaigne le pourquoi de son amitié avec La Boétie, il répondait : « Parce que c'était lui, parce que c'était moi. »

---

* Petites courses traditionnelles en Belgique.

** Robert Lelangue est le chauffeur de Jean-Marie Leblanc sur le Tour de France ; Jean-Christian Biville est devenu photographe de presse.

C. P. — Leif Mortensen, champion du monde amateur en 1969, était-il de vos amis?

Jean-Marie Leblanc. — Leif? oui. J'ai un peu ressenti vis-à-vis de lui, quand il est passé chez les pros, l'amitié que j'avais spontanément ressentie pour Jan Janssen en arrivant chez Pelforth. Concernant Janssen, je dirai même que je me suis senti tout de suite en osmose avec lui, et qu'il incarnait à mes yeux une sorte d'homme parfait. D'abord, c'était un grand coureur qui avait déjà gagné, lorsque je l'ai connu, un championnat du monde, et qui allait encore gagner Paris-Roubaix, le Tour de France, Bordeaux-Paris. Bref! un grand coureur et, plus encore, un chic type avec lequel il m'est arrivé plusieurs fois de faire chambre commune. Jan, que je tiens toujours en estime, était l'anti-thèse du hâbleur; il était honnête, rigoureux, travailleur, et son caractère, sa bonne éducation, sa culture quasi anglo-saxonne, en un mot: sa personnalité, m'allaient bien. C'est un peu de cette culture anglo-saxonne que j'ai aussi appréciée, plus tard, chez Leif Mortensen.

C. P. — Saviez-vous que Mortensen était un tricheur? Il se dopait...

Jean-Marie Leblanc. — J'ai côtoyé Leif Mortensen pendant deux ans: il ne se dopait pas.

C. P. — Pierre Chany écrit dans *La Fabuleuse histoire du Tour de France*: «Leif Mortensen, rouleur efficace, dont la carrière fut compromise par un mode de préparation trop audacieux.»[5] Voulez-vous dire que Chany s'est trompé?

Jean-Marie Leblanc. — Je vais être clair: Mortensen, je l'ai côtoyé pendant deux ans. *J'affirme* [il insiste] que, pendant ces deux années, il ne connaissait rien aux préparations et qu'il ne s'est pas dopé! J'ai suffisamment fait chambre avec lui pour en être certain!

Mais Pierre Chany a raison, car Leif a effectivement vécu une fin de carrière difficile, médiocre, fin de carrière qu'il ne méritait pas. Et j'ai su peu après, par des témoignages de copains, que cette fin de carrière, il l'avait précipitée avec des pratiques douteuses, autrement dit : le dopage. Ai-je besoin d'ajouter que je n'ai pas pris ces informations pour de bonnes nouvelles ? Leif était mon ami, j'avais beaucoup d'estime pour lui, et je peux vous dire que j'ai été très heureux, bien des années plus tard, quand les hasards de la vie m'ont donné l'occasion de renouer avec lui.

C.P. — En sa qualité d'historien, Pierre Chany, « l'homme aux cinquante Tours de France », n'hésitait pas à témoigner que le dopage — je cite — « a toujours existé »[6]. Pour sa part, il expliquait l'avoir découvert chez les amateurs, du temps qu'il courait. Avez-vous fait, amateur, la même découverte ?

Jean-Marie Leblanc. — Quasiment pas. Notre dopage à nous, c'était une tablette de glucose qu'on glissait dans notre poche.

C.P. — Celui de Chany, en 1940, c'était de la strychnine et de l'éther. En comparaison, vous n'étiez pas très armé...

Jean-Marie Leblanc. — [Catégorique.] Mais je n'ai jamais connu ça ! [Atterré.] On parle des amateurs, hein ? Amateurs pour amateurs ? [Rageur, il martèle chaque mot.] La dopette *[sic]* des amateurs, et d'ailleurs des premières années pros, c'était ce qu'on appelait « la topette » — vous vous souvenez ? des petits flacons en plastique blanc dans lesquels on mettait du café, et dans ce café, de la noix de cola, produit autorisé bien évidemment ! Oui, c'était tout, et je vous saurais gré de l'expliquer à M. Menthéour[*] !

C.P. — Dans *Secret défonce*, livre paru en janvier 1999, Menthéour assure que le dopage moderne, pour un grand nombre de coureurs, relève d'une pratique quasi quotidienne...

Jean-Marie Leblanc. — Eh bien ! de mon temps, le dopage ne relevait pas d'une pratique quasi quotidienne !

---

[*] Erwann Menthéour, ancien coureur professionnel.

C. P. — Vous êtes pourtant devenu professionnel à une époque où presque tout le monde se dopait.

Jean-Marie Leblanc. — Mais non! Ce n'est pas vrai! C'est vous qui le dites, mais ce n'est pas vrai! Sur quelles preuves vous appuyez-vous pour avancer des choses pareilles?

C. P. — Sur les faits, sur les livres, sur l'histoire. En 1960, dans *Les Rendez-vous du cyclisme*, Pierre Chany, dont vous ne contesterez pas les écrits, rapportait exactement ceci : «La nervosité du coureur puise parfois à d'autres sources, "à des plus secrètes", aurais-je dit il y a encore quelques années. Mais le secret a été levé depuis, sur une réalité qui n'est plus pour surprendre le moins avisé des débutants : ils se dopent. Entendons-nous : ils se dopent, pour la plupart, d'une manière dangereusement empirique, et souvent inefficace.»[7] Dans une autre page, il ajoutait : «Maintenant les jeunes routiers acceptent une piqûre ou un comprimé comme ils accepteraient une biscotte ou une tasse de tilleul. L'idée que cette piqûre, ou ce comprimé, leur fait courir un risque, la notion de tricherie que comporte l'emploi du doping, ne les effleure plus.»[8]
Voilà les preuves que vous demandez. Et vous devinez, Jean-Marie Leblanc, ce qu'elles ont de non contestable...

Jean-Marie Leblanc. — Je ne les conteste pas; je dis que je ne me souviens plus — ou pas — d'avoir été marqué par ces pages des *Rendez-vous du cyclisme*, un livre que j'ai pourtant lu — c'est quelle année, dites-vous?

C. P. — 1960.

Jean-Marie Leblanc. — [Il réfléchit.] Oh non! C'est trop loin. J'avais seize ans en 1960; comment voulez-vous que je m'en souvienne? [Douloureux.] Vous rendez-vous compte? J'avais seize ans! Et même quand j'en ai eu vingt, je vous l'ai dit plusieurs fois, le cyclisme était pour moi synonyme de persévérance, de rigueur, de santé autant physique que morale. Alors, prendre une

55

piqûre comme j'aurais pris une biscotte? non! C'est non! non!
non!
Vous imaginez les réactions si j'avais été pris positif? Pour mes
parents? pour moi? Quelle honte!...

C. P. — Non pas en 1960, mais en 1967, justement l'année de
vos débuts chez les pros, Anquetil déclarait — formule mille fois
reprise depuis : «Je me dope parce que tout le monde se dope.»

Jean-Marie Leblanc. — Jacques Anquetil ne pouvait pas savoir
ce que le cinquantième ou centième coureur français avait dans
ses poches! Je suis formel là-dessus.

C. P. — Pour trouver la juste mesure, pour être certain de ne
pas se tromper, faut-il alors écrire qu'à l'époque où vous couriez,
quatre-vingt-dix pour cent des coureurs professionnels se dopaient?

Jean-Marie Leblanc. — C'est là que je ne suis pas d'accord
avec vous. Qu'il y eût du dopage : oui, bien sûr! Qu'il touchât la
majorité des coureurs : sûrement pas. Vous ne me ferez jamais
dire, car ce ne serait pas vrai, qu'au départ de Bordeaux-Saintes
où je fais deux*, il y avait, sur cent soixante coureurs au départ,
cent cinquante coureurs avec une flèche dans le cul**. *[sic]*!

C. P. — Quand avez-vous vu pour la première fois — de vos
yeux vu — des coureurs se doper?

Jean-Marie Leblanc. — [Il répond instantanément.] Je vous ai
parlé du Tour de l'Hérault où Simpson me demande comment je
m'appelle, d'où je viens, etc. Je suis donc indépendant, mais j'ai
eu la chance d'être pris à l'essai par l'équipe Pelforth. Dans la
chambre, les Pelforth*** se déshabillent....

---

* En 1968.
** Comprendre : qui s'étaient dopés.
***Comprendre : les professionnels, salariés permanents de l'équipe.

C. P. — Sans doute y avait-il parmi eux un homme comme Henri Anglade qui attestera volontiers qu'il eut recours au dopage : il est de ces rares retraités du peloton qui s'expriment avec courage sur la réalité d'une carrière.

Jean-Marie Leblanc. — En tout cas, dans cette chambre, il y a le petit jeune comme moi qu'ils ne connaissent pas, qui est là en bouche-trou pour être essayé... Et je vois, tout à coup, les anciens qui cassent une ampoule. Ne me demandez pas ce qu'il y avait dans cette ampoule : je ne l'ai jamais su, mais il ne faut pas être grand clerc pour deviner qu'elle contenait un produit dopant.

[Subitement découragé, avec on ne sait quoi de souffrance dans la voix.] Dites ? vous rendez-vous compte que nous ne sommes qu'au deuxième entretien, et que nous parlons déjà de dopage ? J'aurai fait toute mon année 1998, toute mon année 1999, avec ce seul mot à l'esprit : le dopage, le dopage, le dopage... C'est épuisant ! C'est à devenir fou !

C. P. — Personne n'en parlait, en 1967, lorsque vous partiez sur les courses ?

Jean-Marie Leblanc. — [Même ton.] Non ! On ne parlait que d'entraînement, que de course ! On rêvait à telle ou telle victoire possible... On voulait faire carrière...

C. P. — Cette carrière, vous l'avez faite, Jean-Marie Leblanc. Vous êtes resté cinq ans chez les pros, vous avez gagné sept courses.

Jean-Marie Leblanc. — [Requinqué.] Sept ? Ah ! non, plus ! Huit ou neuf...

C. P. — Sept. Vous avez gagné le Grand Prix d'Aix-en-Provence en 1968, le circuit de l'Armorique, le prix de Rousies et le prix de La Couronne en 1969, le critérium de Guesnain et le circuit du port de Dunkerque en 1970, la treizième étape du Tour du Portugal en 1971.

57

Jean-Marie Leblanc. — Oui, je me souviens de cette victoire au Portugal : c'était un contre-la-montre qui se terminait sur piste. D'ailleurs, j'ai toujours pensé que j'aurais pu faire un bon poursuiteur, mais, vous n'allez pas me croire : jamais de ma vie je n'ai disputé une poursuite !

C. P. — Jamais ?

Jean-Marie Leblanc. — Jamais ! Il y a des regrets, comme ça, qu'on traîne toute une vie.

Troisième entretien

Anquetil au whisky – Un jeu pour mon corps –
Bonne franquette et combines – De Muer passe à
table – Malraux pour demain – Un homme de fric
– Chany chez les Suisses – Killy en cuissard –
Anquetil dans ses champs – Une ambassade pour
Hinault – Réveillon préféré – Le patron après moi
– Un avenir dans le Nord – Daniel Baal en héraut –
Militant au travail – Scob comme Hugo – De
Vlaeminck en liquide.

Christophe Penot. — Sous le beau titre suivant : «Le cyclisme redécouvre la guerre de mouvement», Pierre Chany affirmait en mars 1967[1] : «Actuellement, une mutation s'opère, le clivage des pelotons est en train de changer. La terrible "garde rouge" de Van Looy a été dissoute. Les grandes ambitions de Jacques Anquetil ont été assouvies. Les jeunes s'expriment plus librement, sans complexe.» Jean-Marie Leblanc, en prenant le départ du Grand Prix de Cannes, le 19 février de cette année 1967, le néo-pro que vous étiez avait-il l'impression de vivre une nouvelle époque ?

Jean-Marie Leblanc. — Non, j'étais un trop jeune coureur ; je ne pouvais pas comparer. Et puis, je vais être honnête : je ne me souviens même pas d'avoir couru ce Grand Prix de Cannes. Qui gagne ?

C. P. — Paris, un Breton. Si l'on en croit *l'Équipe*, c'est vous qui le ramenez sur les hommes de tête en vue de l'arrivée[2]. Vous faites cinq.

Jean-Marie Leblanc. — Ah ? Franchement, je ne m'en souviens plus. En revanche, je me souviens que j'ai réalisé ce qu'on appelle une belle course au Critérium National — je termine onzième —

et que Louis Vincent, le journaliste du *Figaro*, un chroniqueur respecté, m'a consacré quelques lignes.

C. P. — Ce National — il faut le rappeler — avait été conclu par la victoire d'Anquetil, victoire fameuse et inattendue puisque le Normand s'était couché à 2 heures du matin, après avoir bu consciencieusement du pommard et des verres de whisky! Quel autre souvenir gardez-vous de cette journée si particulière? le premier grand acte de votre carrière, dirons-nous.

Jean-Marie Leblanc. — Non. Vous direz : «la première chose intéressante que vous avez faite chez les pros», car ce sera plus exact! Il n'y a jamais eu de «grand acte» dans ma carrière.

C. P. — Correction pour correction, vous n'avez pas terminé onzième mais treizième. Treizième après plusieurs échappées, ce qui vous valut une autre mention, celle de Chany dans *l'Équipe* du lendemain[3]. Était-ce la première fois qu'il vous saluait d'un coup de plume?

Jean-Marie Leblanc. — Non, il avait déjà parlé de moi l'année précédente, à l'occasion de Paris-Tours amateur où je m'étais aussi échappé. Et cette fois-ci, c'était la toute première fois que mon nom était imprimé dans *l'Équipe*. Par Chany! Imaginez comme j'étais fier...

C. P. — Dans la foulée de ce Critérium National, vous rappelez-vous les lignes flatteuses que vous a consacrées Michel Thierry, un autre journaliste de *l'Équipe*[4]?

Jean-Marie Leblanc. — Non, mais... [Inquiet subitement, il regarde les photocopies d'articles de presse qui s'ajoutent une à une sur la table.] Eh! vous n'allez quand même pas refaire toute ma carrière! Ah non! non!... vous allez me gêner... Franchement! Franchement! J'ai été un tellement petit coureur que ma carrière ne mérite pas qu'on en fasse cinq pages.

C. P. — Michel Thierry ne vous regardait pas comme un petit coureur. Il disait :

Jean-Marie Leblanc. — [Il coupe.] Si ! j'ai été un petit coureur, et mon passé de coureur n'a aucune importance... Comprenez : ce n'est pas que je méprise ce que j'ai vécu, parce que si je suis aujourd'hui le directeur du Tour de France, je le dois *aussi* [il insiste] à mon passé de coureur. Mais, avec le recul, ce passé me paraît à la fois très loin et de peu d'importance...

Comment bien me faire comprendre ?... J'avais vingt-deux ans. J'avais déjà en tête la conviction que je deviendrais journaliste sportif puisque mon premier stage à *La Voix du Nord* avait été concluant, et je considérais mon métier de coureur... [il cherche le mot] — Ah ! je le considérais non pas en dilettante puisque je vous ai dit, au contraire, que j'avais le sentiment de m'entraîner plutôt bien, mais je le voyais vraiment comme une transition. Autrement dit, je jouais avec mon corps un jeu pour lequel il me semblait que j'étais doué, mais avec la pleine conscience, en même temps, que si ce jeu rapportait la gloire et la fortune à certains, il était impossible que je fisse partie des élus. Donc, je ne pouvais faire autrement que de considérer le cyclisme comme un jeu sans beaucoup d'importance.

J'ajoute — et là, c'est très important —, j'ajoute que j'ai eu la chance d'avoir pour directeur sportif, durant toute ma carrière, un homme comme Maurice De Muer. De Muer, c'est sûr, n'était pas aussi vertueux qu'Antonin Magne, mais il était rigoureux et savait motiver ses coureurs. D'ailleurs, c'est lui qui a tiré la quintessence de Janssen. C'est lui qui, au bon moment, a su lui faire faire les bonnes courses pour qu'il devienne un champion total capable de gagner le Tour... Eh bien ! De Muer, avec son solide bon sens, ne cessait de nous répéter : « N'oubliez pas que votre vraie vie commencera lorsque vous ne serez plus coureurs ! » Évidemment, il avait raison, et j'imagine que des Antonin Magne, des Brik Schotte, des Luciano Pezzi, ou encore un directeur sportif comme Raymond Louviot, prônaient la même chose à leurs hommes. En d'autres termes, ces directeurs sportifs étaient — allez, je vais dire le mot : des instituteurs.

Durant la seizième étape de son premier Tour de France, en 1968, Jean-Marie Leblanc, boyau avant éclaté, chute dans la descente du col de l'Espezel. « Vous pourrez écrire que, comme tout le monde, j'en ai bavé sur le Tour ! » commente-t-il.

C. P. — Ludovic Feuillet écrivait chaque mercredi à ses hommes : c'était un instituteur. Paul Ruinart — « comme éducateur, chapeau ! » notait à son propos André Leducq[5] —, Ruinart ne renvoyait jamais un petit coureur sans conclure au passage : « Je lui ai du moins appris à tenir une fourchette et à se récurer les ongles. »[6] Oui, ceux-là étaient des instituteurs, mais êtes-vous bien certain qu'on puisse dire la même chose de ceux qui leur ont succédé, de Maurice De Muer et de Raphaël Geminiani ?

Jean-Marie Leblanc. — Vous avez l'air d'en douter...

C. P. — Antonin Magne excepté, les directeurs sportifs des années soixante-soixante-dix laissent une image de bonne franquette portée sur les petites combines...

Jean-Marie Leblanc. — Vous exagérez ! Qu'ils combinassent un peu, probablement, mais pas plus que ceux d'aujourd'hui. Et puis, ce n'est pas le problème...

Si vous me demandiez : De Muer méritait-il qu'on lui obéît, je vous répondrais qu'à l'époque où je l'écoutais, la réponse était : oui ! Nous étions jeunes, nous étions avides d'apprendre — ce n'est qu'un exemple qui me vient tout à coup à l'esprit, mais si aujourd'hui encore, malgré mes obligations, j'arrive à l'heure à mes rendez-vous (en général), je le dois à Maurice De Muer, car c'est lui qui m'a appris la ponctualité. D'ailleurs, le jour où l'on m'a remis la Légion d'honneur[*], j'ai tenu à le citer parmi les professeurs qui ont compté dans ma vie, au même titre que l'instituteur et le curé de mon village, au même titre que René Deruyk, le journaliste qui m'a appris le métier.

C. P. — Par parenthèse, Jacques Goddet n'a-t-il pas été l'un de vos professeurs ?

Jean-Marie Leblanc. — Non, il n'a pas été mon professeur, mais j'ai été, moi, son élève attentif. Tout ce que je sais de lui, je l'ai appris par mimétisme.

---

[*] Le 30 juin 1997. Elle lui fut remise par Jacques Goddet.

C. P. — Est-il exact qu'après le dîner, au soir d'étape, vous développiez des tactiques de course avec De Muer, ou n'est-ce qu'une figure de style que la presse a inventée par la suite pour patiner votre image ?

Jean-Marie Leblanc. — Ce n'est qu'une semi-réalité, même s'il est vrai que De Muer dînait chaque soir à la table de l'équipe, et qu'il ouvrait ensuite une carte pour nous parler du parcours, nous parler du vent et des possibles adversaires. Alors, mon rôle ? Tout simplement celui d'un bon élève : j'écoutais. J'écoutais comme écoutaient d'ailleurs les autres coureurs.

C. P. — Dans ces moments-là, vous est-il arrivé de penser que vous pourriez aussi bien devenir directeur sportif que journaliste sportif ?

Jean-Marie Leblanc. — Franchement : non ! Je manque trop de patience, et j'aurais fait un mauvais pédagogue.

C. P. — Mais le fait d'être le seul bachelier du peloton, le fait d'apporter une sensibilité différente dans un monde qu'on devine assez brut, comment l'avez-vous vécu ?

Jean-Marie Leblanc. — Je ne me suis jamais senti différent — enfin, si, peut-être une fois, en juillet 1968, durant le Tour de France, parce que j'écrivais tous les soirs le compte rendu de mon étape pour qu'il paraisse en feuilleton dans *La Voix du Nord*. Évidemment, ce n'était pas très ordinaire pour un coureur, mais ce n'était pas non plus quelque chose qui me mettait à l'écart. Au contraire, c'était une singularité qui me rendait sympathique, car si j'étais réservé, réfléchi, j'étais aussi très convivial.

Je suppose que tout le monde vous a dit que, journaliste, j'étais quelqu'un de très convivial. Eh bien ! coureur, j'étais pareil. J'étais complètement et parfaitement intégré.

C. P. — Reste que vous étiez quasiment le seul du peloton à savoir de quoi votre avenir serait fait. Confusément, ne pensiez-vous pas qu'il était plus important de faire un bon papier que de gagner une course ?

Jean-Marie Leblanc. — Votre question m'ennuie parce que j'ai envie de répondre oui et non. Je veux dire que, lorsque j'étais dans une échappée, mes états d'âme n'allaient pas jusqu'à m'inhiber, jusqu'à me faire perdre la course. Par contre, que j'aie pris du recul, oui...

J'ai eu l'occasion de revoir, il y a peu, ce qui a dû être l'une de mes premières interviews télévisées puisqu'elle datait de ma carrière cycliste. J'avais donc vingt-cinq ou vingt-six ans, et j'ai été surpris, en me réécoutant trente ans plus tard, par les pôles d'intérêt que j'exprimais à l'époque. Toute modestie gardée — car je ne m'en souvenais plus —, je me suis trouvé, je ne dirai pas : un côté intellectuel, mais, bon ! ce n'était pas sot... En tout cas, c'était très « hors course », ce qui m'a rappelé que je lisais beaucoup après chaque étape.

[Il fait un signe de la main pour dire qu'il procède par association d'idées.] Je pense à De Muer, et j'imagine qu'il aurait du mal, aujourd'hui, à s'entendre avec les nouvelles générations de coureurs. Pourquoi ? Parce que le monde a changé — et ce que je dis du cyclisme, je pourrais le dire à propos de la société tout entière, car je suis obligé d'admettre, comme tous les gens de ma génération, que les rapports sociaux ont changé... Quand les directeurs sportifs nous parlaient, nous répondions : « Oui, M. De Muer... Bien, M. Louviot. » En d'autres termes, nous étions déférents et très respectueux de l'autorité qu'ils nous semblaient logiquement incarner... Connaissez-vous aujourd'hui des coureurs qui parleraient de la sorte ? Est-ce que Frank Vandenbroucke, par exemple (c'est le premier nom qui me vient à l'esprit), vouvoyait M. Lefévère* ? À mon avis, il l'appelait Patrick, et il l'envoyait paître quand il avait envie de l'envoyer paître !

Alors, est-ce un bien ? est-ce un mal ? Lorsque j'ai vu arriver des coureurs plus indépendants, au début des années quatre-vingt, j'ai pensé que c'était un bien, car ils gagnaient en maturité, en autonomie. Ils sortaient, en un mot, de l'« *assistanat* » [il insiste]

---

* Patrick Lefévère était le directeur sportif de Frank Vandenbroucke quand celui-ci courait dans l'équipe Mapei.

qui règle traditionnellement la vie des cyclistes puisqu'un professionnel est nourri, blanchi, massé, et qu'on lui porte même sa valise. Bref! j'ai pensé que cette évolution était positive jusqu'au jour où j'ai compris — et je confesse que je l'ai compris assez tard — jusqu'au jour où j'ai compris que les directeurs sportifs avaient perdu beaucoup de leur autorité. Certains, même, n'avaient plus la moindre autorité, et je vois dans ce constat l'une des causes majeures du dopage. Je suppose que nous en reparlerons, mais je profite du sujet pour le dire : la crise que connaît le cyclisme moderne n'est pas sans rapport avec celle que connaît la société. Autant que d'un problème de dopage, il s'agit d'un problème de valeurs.

[Soupir.] Mais je ne sais plus pourquoi je vous raconte ça... Je ne sais plus du tout où nous en étions restés...

C. P. — À Michel Thierry qui ne vous considérait pas comme un petit coureur...

Jean-Marie Leblanc. — Ah oui! Et je vous expliquais, moi, que c'était de peu d'importance... En tout cas, c'est beaucoup moins important que cette crise des valeurs dont je vous parle, et qui fait mon quotidien aujourd'hui. Autrement dit : je ne me sens plus du tout coureur; je me sens dirigeant, je me sens responsable, et je n'ai plus envie de me souvenir de telle ou telle course... Non, ce que j'ai envie de vous dire, c'est ma confiance, c'est ma certitude que le dopage n'est pas une fatalité, et que le cyclisme a encore un avenir. [D'une voix puissante, gaie, qui jette tout son optimisme dans la balance.] Moi, monsieur, je crois en l'homme! Je ne crois pas que tout est pourri, que tout est pourri à jamais! Je crois en l'avenir!

C. P. — L'homme que vous êtes, passionné de citations, se souvient-il que Malraux écrivait : « Le passé ne nous fascine pas dans la mesure où il ressemble à notre temps; ce qui nous fascine, ce sont les formes que l'homme a prises sur la terre, et à travers lesquelles nous tentons de le connaître. »[7] ? Jean-Marie Leblanc, pour connaître le dirigeant que vous êtes devenu, ne faut-il pas retrouver ce que Malraux appellerait «les formes que vous avez prises sur la terre»?

Jean-Marie Leblanc. — Si, bien sûr, mais... [Il s'arrête, pris par une autre pensée.] Vous ai-je déjà dit que je ne suis pas un amateur de Malraux, mais que j'ai été marqué par ce qu'il a écrit sur le XXIᵉ siècle. Je ne me rappelle plus exactement ses termes, mais il a parlé d'un regain, et si ce regain n'est pas nécessairement religieux, je suis persuadé, au fond de moi, qu'il sera d'ordre spirituel et moral... Je ne vois pas le monde continuer sur ce train, monde qui tourne de plus en plus vite comme une toupie, monde hédoniste, sans foi ni loi, follement consommateur et américanisé! Non, il y aura forcément ce coup d'arrêt que prévoyait Malraux, et ne serait-ce que dans le domaine politique, je vois déjà poindre à l'aube du XXIᵉ siècle ce qu'il faut bien appeler une meilleure déontologie.

C.P. — Savez-vous que vous venez de faire le procès de Coca-Cola, l'un de vos principaux sponsors sur le Tour?

Jean-Marie Leblanc. — Bien sûr que non! C'est une chose que d'avoir des sponsors et une autre que d'avoir des convictions! [Un peu outré.] Oh! M. Penot, quoique nous n'en ayons pas encore parlé, vous savez bien que le conseiller municipal que je suis*, s'est beaucoup impliqué dans la défense du bocage. J'ai pensé et continue de penser que le productivisme agricole n'est pas une bonne solution, comme je pense que la multiplication des grandes surfaces n'est pas une bonne solution... Or, vous trouverez, parmi les sponsors du Tour de France, la marque Champion, qui est précisément une marque de grandes surfaces. Est-ce un reniement de ma part? Bien sûr que non!

C.P. — Voyez, cependant, comme Malraux a raison : l'homme a plusieurs formes sur la terre, et ceux qui n'aiment pas le directeur du Tour de France, ceux qui vous accusent de n'avoir pas su

---

* Jean-Marie Leblanc est conseiller municipal de Fontaine-au-Bois.

lutter contre le dopage, aimeront peut-être en vous le petit coureur ou le défenseur du bocage...

Jean-Marie Leblanc. — Je comprends ce que vous dites. Je le comprends parce que je suis meurtri de voir combien de gens aujourd'hui me critiquent, alors que ces mêmes gens, lorsque j'étais coureur, criaient partout que j'étais un chic type. Et je ne vous parle pas de ce qu'on disait de moi quand j'étais journaliste : «Excellent! sympa! compétent! convivial! un confrère avec lequel on est heureux d'aller boire une bière!» Et puis voilà subitement, au motif que je suis nommé responsable du Tour de France, au motif que je porte une casquette de directeur, voilà que je deviens l'ennemi de classe, le vilain capitaliste, le...

C. P. — Sans méconnaître les critiques qui vous ont été adressées, Pierre Le Bars remarquait que la famille du cyclisme, dans son immense majorité, vous savait gré d'avoir ramené le Tour de France 1998 à Paris, lui donnant ainsi la possibilité de mieux repartir au siècle suivant.[8]

Jean-Marie Leblanc. — Je ne vous ai pas dit que *tous* [il insiste] les journalistes me clouaient au pilori, et je sais que Pierre Le Bars est de ces anciens compagnons qui me vouent une amitié, je dirai : rassurante, une amitié que j'aime bien, avec tout ce qu'elle comporte d'un peu rude et viril. Mais je sais aussi que, sous prétexte que je gère une entreprise florissante, je suis tenu par certains comme un homme suspect, sans autre conviction que des convictions financières. Et vous ne pouvez pas savoir combien cette suspicion me hérisse, combien... [il ne parle plus qu'à voix basse] — non, je ne suis pas hérissé, je suis malheureux. Je suis malheureux lorsque je lis dans *Libération* que je suis un homme de droite et le tenant d'un système capitaliste, sous-entendu : un homme de fric! Homme de fric, moi? Mais vous voyez où j'habite! [Il balaie d'un geste circulaire l'appartement familial situé dans le XXe arrondissement parisien.] Des appartements comme le mien, Dieu merci! des centaines de milliers de Français en ont un!

C. P. — Dans *Libération* du 20 juillet 1998, Philippe Rochette écrivait : « Ceux qui l'ont connu dans ses deux vies répètent les mêmes mots : rigoureux, droit, convivial, fidèle en amitié. Les plus désabusés disent que c'est pour ça qu'il souffre cette année. » Il ajoutait pour conclure : « Parce que, avec tout ce qu'il est (réactionnaire, ancien cycliste, ancien journaliste, croyant et même clarinettiste de jazz), Leblanc est le dernier rempart contre le tout-commercial. La foi du catholique, c'est qu'une âme, même pourrie, peut-être sauvée. Jean-Marie Leblanc est persuadé que le vélo a une âme. » Dites ! pour un journal qui ne vous aime pas, c'est tourné gentiment...

Jean-Marie Leblanc. — [Faussement maussade, car ravi sur le fond.] Je vous parlerai un jour des étapes des 18 et 19 juillet, avec tous les gens qui tapaient sur ma voiture et me traitaient de « salaud » en demandant ma démission ! [Gaillard.] Mais, bon ! revenons à Thierry. Que racontait-il sur moi ?

C. P. — Dans *l'Équipe* du 28 mars 1967, Michel Thierry pariait qu'avec votre arrivée chez les pros, le cyclisme nordiste aurait de beaux jours. Il complétait par les précisions suivantes : « Pour sa part, Leblanc, qui fait partie de l'U.S. Dunkerque, a été formé à la rude école des courses en Flandre. Âgé de vingt-deux ans, il est particulièrement solide. Janssen et Guyot auront en sa personne un bon équipier. » Savez-vous que, sur la foi de cette seule mention, un coureur des années quatre-vingt serait allé voir De Muer pour réclamer une augmentation ?

Jean-Marie Leblanc. — Sous-entendu : ai-je demandé une augmentation à De Muer ? Non, bien sûr. J'avais conclu avec De Muer pour 500 francs par mois, et tout ce que je vous ai déjà expliqué : mon éducation, ma formation, mes parents, l'instituteur et le curé, fait que je savais respecter un contrat. Mais puisque l'on parle d'argent, je vais vous faire une confidence : De Muer m'a augmenté une fois, après les Quatre Jours de Dunkerque que Vasseur a gagnés — bien augmenté d'ailleurs, car j'étais passé de 1 000 francs à 1 500 francs par mois ! Mais je ne lui avais rien demandé. C'est lui, de son propre chef, qui avait décidé de récompenser un bon travail d'équipier.

Alors, effectivement, quand je vois aujourd'hui qu'il suffit d'avoir terminé premier Français du Tour, quitte à n'être que quinzième, pour revendiquer des fortunes... Insensé! C'est évidemment insensé! Et c'est un libéral social qui vous le dit!

C.P. — Toujours pour votre gloire, Pierre Chany pronostiquait, à la veille du prestigieux Tour des Flandres 1967 [il se concentre, visiblement impatient d'entendre la suite] : «si l'on peut prévoir un excellent comportement de Poulidor, d'Aimar, de Leblanc, de Chappe, l'objectivité nous impose d'envisager avec mesure leurs possibilités de victoire.» Vous rendez-vous compte, Jean-Marie Leblanc, qu'un mois après vos débuts, vous étiez placé sur le même rang que Poulidor et Aimar?

Jean-Marie Leblanc. — Oui, mais tous les journalistes savent bien que ces papiers de présentation n'ont qu'une valeur relative : on relève simplement le nom des gars qui ont marché la semaine précédente! Moi-même, tant à *La Voix du Nord* qu'à *l'Équipe*, je me suis plié cent fois à la règle.

J'y pense : pendant des années, je me suis demandé pourquoi Chany citait toujours des coureurs suisses parmi les outsiders. Eh bien! j'ai eu la réponse en février 1978, lorsque je suis entré à *l'Équipe* : le même papier, il l'envoyait ensuite à *La Tribune de Lausanne*! [Rires.]

C.P. — Évidemment tenu pour la bible du sport, *l'Équipe*, en 1967, multipliait les effets d'annonce, les gros titres blancs sur fond noir. Le lisiez-vous déjà tous les jours?

Jean-Marie Leblanc. — Je le lisais plus assidûment qu'aujourd'hui, sans doute parce que j'avais plus de temps. En tout cas, j'étais très «omnisports»; je lisais presque toutes les rubriques.

C.P. — Si l'on vous dit, par exemple... Une rubrique prise au hasard : «Ils ont marqué 66 par leurs exploits»...[9]

Jean-Marie Leblanc. — [Il coupe.] Oui, oui. Citez-moi les noms pour voir...

C. P. — Erika Schinegger ?

Jean-Marie Leblanc. — C'était une skieuse. Qui est devenu Erik, d'ailleurs.*

C. P. — Schollander ?

Jean-Marie Leblanc. — Donald Schollander. Un nageur.

C. P. — Michèle Valéry (une femme) ?

Jean-Marie Leblanc. — Non, elle ne me dit rien.

C. P. — Vous êtes excusable : elle était championne de France de tir au skeet.
Évidemment, Walter Spanghero...

Jean-Marie Leblanc. — Évidemment. Remarquez qu'à cette époque, je m'intéressais moins au rugby que je ne m'y intéresse aujourd'hui. C'était une question de culture : on ne parlait pas beaucoup de rugby dans le Nord. [Il jette un regard sur la coupure de presse.] Trentin, après ?

C. P. — Oui. Vous souveniez-vous qu'en 1966, sur la piste de Francfort, exploit phénoménal à l'époque, il avait couvert le kilomètre arrêté en 1 minute 7 secondes 29 ?

Jean-Marie Leblanc. — Non. Et comme pour le rugby, je vous dirai que c'était une question de culture. Néo-pro, je n'avais pas la culture de la piste, alors qu'aujourd'hui, la piste me passionne. D'ailleurs... [Il veut parler de la piste mais se reprend, attiré par une coupure de presse signée Jacques Goddet. Affectueux aussitôt.] Qu'est-ce qu'il voulait, notre bon vieux Jacques ?

---

* Transsexuel, Erik Schinegger obtint par la suite un passeport masculin.

C. P. — Il annonçait que le Tour de France 1967 serait disputé par équipe nationale. Et sous le titre : «Le Tour, conducteur», il ajoutait : «Le sport cycliste ne va plus pouvoir, en effet, échapper à prendre en considération les faits qui menacent son existence telle qu'elle se manifeste sous sa forme actuelle. L'usage de routes ne peut plus lui être accordé sans restriction. »[10], etc.

Jean-Marie Leblanc. — Oh! déjà! Il l'écrivait déjà en 1967... Mais quel rapport avec les équipes nationales?

C. P. — À la vérité, ce n'est pas le meilleur billet qu'ait signé Jacques Goddet.

Jean-Marie Leblanc. — Il n'y en a pas? [Rires.] C'est peut-être ce qui explique que je ne me souvienne plus de ce papier. Parce que je l'ai lu. Forcément : en janvier 1967, je faisais mon stage à *La Voix du Nord*, et je lisais *l'Équipe* tous les jours.

C. P. — Alors peut-être vous souvenez-vous de cette «une» : «Killy... Killy... Killy...» sur huit colonnes? Et ce sous-titre : «À Kitzbuehel, patrie de Sailer, après avoir gagné la descente à plus de 95 de moyenne il surclasse ses concurrents dans le slalom»?[11]

Jean-Marie Leblanc. — Non, honnêtement, je ne m'en souviens pas. Je vous disais, tout à l'heure, qu'habitant du Nord, je n'avais pas la culture du rugby; il va de soi que je n'avais pas non plus celle du ski. Mais pour ce qui est de Killy, bien sûr, j'étais fier, de cette fierté cocardière, qu'un skieur français atteignît à la dimension internationale.

C. P. — Avec les autres skieurs de l'équipe de France (c'est Robert Silva qui le rapporte[12]), il roulait beaucoup pour se préparer. Au hasard de vos camps d'entraînement, l'aviez-vous croisé sur les routes?

Jean-Marie Leblanc. — Non. Je ne me souviens plus exactement de la date de notre première rencontre, mais c'était beaucoup plus tard, quand j'étais rédacteur en chef de *Vélo Magazine* (grosso modo le début des années quatre-vingt)... Je suis alors en vacances à Morzine, et comme tout près de Morzine, aux Gets, se déroule une épreuve de gentlemen, je décide d'aller jeter un coup d'œil. Je m'en souviens très bien : Pierre Jodet avait couru, de même que Pierre Brambilla qui n'était pourtant plus très jeune... Et donc il y a Killy, M. Killy auquel je vais me présenter, et que je vouvoie bien sûr.

Oh ! je ne lui ai parlé que très peu : deux-trois minutes. Je me souviens qu'il m'a dit qu'il me connaissait, et moi je lui ai répondu que je savais, par les journaux, qu'il pratiquait le vélo.

C. P. — Était-il déjà l'homme austère, sinon froid, qu'il est devenu ?

Jean-Marie Leblanc. — Il ne m'a paru ni austère ni froid pour la simple et bonne raison qu'il était habillé en coureur, et qu'il évoluait dans un climat de chaleureuses retrouvailles. Non, franchement : ni austère, ni froid ; plutôt décontracté et souriant.

C. P. — Déjà prestigieux ?

Jean-Marie Leblanc. — Ah oui ! oui ! On ne pouvait le rencontrer, même au début des années quatre-vingt, sans avoir à l'esprit qu'il était une grande star. D'abord, il était une grande star du sport, car je connaissais, comme tout le monde, ses trois médailles d'or des Jeux Olympiques de Grenoble. Mais, surtout, je crois qu'il représentait pour moi ce qu'il continue de représenter aujourd'hui, c'est-à-dire l'archétype d'un reclassement exceptionnel dans la société civile. Du reste, qu'un sportif français — français ! — soit allé réussir dans le business aux États-Unis me confond encore aujourd'hui.

C. P. — Justement, aujourd'hui, avec le recul, comment comparez-vous cette reconversion par rapport à la reconversion, exemplaire elle aussi, de Louison Bobet* ?

---

* Louison Bobet a relancé la mode de la thalassothérapie en France.

Jean-Marie Leblanc. — Il y a dans leurs trajectoires un caractère commun puisque l'un et l'autre ont été deux champions, intrinsèquement doués sur le plan physique, qui ont mis, par la suite, leur ambition naturelle au service d'une intelligence pratique hors du commun. Sur le fond, je ne vois aucune différence, sinon, peut-être (mais c'est une très petite restriction), que la reconversion de Killy, plus internationale, m'a davantage sidéré que celle de Louison, qui était plutôt nationale.

C. P. — Vous semble-t-il, toujours par comparaison, que la vie de Jacques Anquetil, marquée par une reconversion plus modeste, soit une vie moins achevée?

Jean-Marie Leblanc. — Je ne me sens évidemment pas le droit de le dire et, surtout, je crois que ce serait une erreur de le dire. [Il marque un temps de réflexion.] D'abord, j'ai peu connu Bobet qui était d'une génération plus ancienne que la mienne; j'ai mieux connu Jacques puisque j'ai couru avec lui; je l'ai ensuite connu comme chroniqueur à Europe 1 — il tenait aussi une chronique dans *l'Équipe*... En fait, tout dépend de ce que l'on veut faire de sa vie, et sur ce point, Jacques différait complètement de Louison. Il n'avait pas cet appétit de reconnaissance, de notoriété personnelle et commerciale, que Louison possédait... [Il hésite.] C'est toujours difficile de parler à la place des autres, mais j'ai cru comprendre que Jacques, dans sa reconversion, avait été un homme heureux. Il adorait manifestement sa vie d'agriculteur, sa vie à l'air libre; grâce au journalisme, il restait au contact des pelotons; franchement, je crois qu'il n'avait aucune raison d'être insatisfait ou frustré.

C. P. — Jugez-vous le Bernard Hinault reconverti comme vous jugez Jacques Anquetil?

Jean-Marie Leblanc. — Pareil! Bernard, que je connais encore mieux que Jacques Anquetil, a suivi grosso modo le même chemin. Grâce à ses fonctions que je qualifierai d'ambassadeur auprès de la société du Tour de France, il garde un contact avec le milieu cycliste qui lui a tout apporté; il est en costume-cravate, il est reconnu, interviewé : cette reconnaissance est à la fois juste pour lui et bonne pour le cyclisme... Après quoi, parce qu'il est viscéralement attaché à sa région et à sa terre, il retourne à cette vie rurale qui colle parfaitement à son tempérament. Comme Anquetil, il est devenu paysan. Il fait le métier qu'il a choisi. Il est libre et complètement épanoui.

C. P. — À une époque de sa vie, poussé par Jean-François Naquet-Radiguet qui avait pris la direction du Tour de France, Bernard Hinault crut qu'il pourrait succéder à Albert Bouvet dans l'organigramme du Tour. Pourquoi avez-vous fermé, sitôt devenu directeur, la porte que votre prédécesseur avait entrouverte ?

Jean-Marie Leblanc. — [Soupir.] Vous m'emmerdez *[sic]* avec vos questions, mais je vais vous répondre ; je vais vous répondre franchement !

[Il marque une pause, rassemblant visiblement ses idées.] Quand je suis arrivé, avec Jean-Pierre Carenso, à la direction du Tour de France, Bernard, effectivement, avait commencé à être présent aux réunions hebdomadaires de la société. Puis, un jour, de son *propre chef* — vous soulignerez propre chef —, parce qu'il s'était engagé dans différentes entreprises personnelles, il a décidé de ne plus y venir. Ipso facto, ceci neutralisait l'idée qu'il devînt le successeur d'Albert Bouvet, chose que, pour ma part, je n'avais pas envisagée. Mais comme nous connaissions sa popularité, nous lui avons signalé, Jean-Pierre Carenso et moi, qu'il s'épanouirait parfaitement dans un poste de relations publiques, ce que j'appelle aujourd'hui «notre ambassadeur numéro un».

Alors, à quoi ai-je fermé la porte ? À rien, parce que Bernard, qui a beaucoup de bon sens, se serait rendu compte, très vite, qu'il ne pourrait pas être heureux à un poste de direction qui était fait pour un autre que lui. En revanche, Bernard, pour rendre au cyclisme un peu de ce que le cyclisme lui avait apporté, se devait d'accepter un rôle qui mît en avant son charisme et sa notoriété. Ce rôle, depuis 1989, il le remplit auprès de nos sponsors, auprès du public et auprès des élus. Je suis fier de constater qu'il est aussi efficace qu'heureux dans ce rôle.

C. P. — Un homme comme vous, un homme qui se lève tôt, qui travaille beaucoup, qui met les bonnes personnes aux bons endroits, comment est-ce coté par un chasseur de têtes ?

Jean-Marie Leblanc. — Ce n'est pas coté parce qu'un homme comme moi ne vaut rien. Je veux dire par là que je suis un prototype, je ne suis pas représentatif d'un métier. Il n'y a qu'un Tour de France, il n'y a, par conséquent, qu'un directeur du Tour de France, et pour tenir mon rôle, il faut des qualités ad hoc qui ne peuvent correspondre qu'au métier de directeur du Tour de France. Bref ! même si je ne suis pas idiot, même si je sais lire un bilan, je ne serai peut-être pas capable, demain, de diriger, par exemple, une société de fabrication.

[Provocateur.] Et puis, M. Penot, croyez-vous déjà que ma succession soit à l'ordre du jour ? Depuis le Tour de France 1998 et depuis qu'on parle, sur toutes les ondes, de dopage, j'entends régulièrement que tel ou tel sera mon successeur...

C. P. — Jean Réveillon ?

Jean-Marie Leblanc. — C'est l'un des noms qui ont été le plus souvent prononcés...

C. P. — Jean Réveillon est un journaliste nordiste qui a débuté, lui aussi, à *La Voix du Nord*, avant d'accéder à de hautes responsabilités dans le sport télévisé. En somme, dans son domaine, Jean Réveillon fut votre égal. Lui avez-vous pardonné... comment dire ? le fait qu'il vous ait été préféré pour diriger, il y a bien longtemps, le service des Sports de *La Voix du Nord* ?

Jean-Marie Leblanc. — Votre question n'a pas de sens si vous la posez en termes de « pardon »... Non, ce qu'il faut dire — j'essaie, hein ? d'être le plus juste possible —, c'est qu'à l'heure de sa retraite, Émile Parmentier* avait clairement annoncé qu'il prendrait un journaliste jeune, et non un journaliste de la génération

---

* Émile Parmentier était chef du service des Sports (rappel).

précédente, pour lui succéder. Deux noms revenaient alors dans les conversations, celui de Jean Réveillon et le mien, mais j'avais confusément senti, en parlant avec Émile Parmentier, que c'est à Jean qu'il donnerait la préférence. Bref! dans ce qui n'était qu'une rivalité professionnelle, je sentais que j'allais être battu; sincèrement, je craignais d'en éprouver un peu d'amertume lorsque, de manière tout à fait inattendue, j'ai reçu un coup de fil de Noël Couëdel. Couëdel, en effet, venait d'être promu à de nouvelles responsabilités, et il cherchait quelqu'un pour diriger la rubrique « Cyclisme » de *l'Équipe*, poste que j'ai évidemment accepté. Je l'ai accepté avant que Jean ne soit nommé chef des Sports de *La Voix du Nord*, ce qui fait que, stricto sensu, nous n'avons jamais été de véritables rivaux. En revanche, nous avons été et nous sommes de véritables amis. Il était à mes côtés lorsque j'ai reçu le Trophée Lumière*; j'ai prononcé son éloge lorsqu'il fut récompensé à son tour, et nous continuons de nous fréquenter régulièrement. Début juin**, nous sommes même partis tous les deux, une semaine, pour aller faire du vélo en Irlande. À ce moment-là, au moins, je peux vous assurer qu'il n'intriguait pas pour me succéder à la tête du Tour! [Rires.]

Mais vous dirai-je néanmoins que pas un seul jour, depuis que l'on m'a confié les commandes du Tour de France, je n'ai oublié que j'aurai un successeur, successeur qu'il me faudra peut-être choisir moi-même. Bien sûr, j'y pense plus aujourd'hui que je n'y pensais il y a dix ans; j'affine le profil; je réfléchis à des noms... [Il fait un geste catégorique de la main pour signifier qu'il ne donnera aucun nom.]

C. P. — Ce profil, est-ce forcément celui d'un journaliste? Autrement dit, croyez-vous, comme Jacques Goddet le croyait,

---

* Trophée qui récompense, tous les deux ans, la personnalité la plus représentative de la région Nord-Pas-de-Calais. Jean-Marie Leblanc a été primé en 1994, Jean Réveillon en 1998.

** 1999.

qu'il faudra nécessairement avoir été journaliste pour diriger le Tour de France au XXIᵉ siècle?

Jean-Marie Leblanc. — Jacques Goddet le croyait, et Jacques Marchand* le croyait aussi, et je pense qu'ils avaient raison de le croire, parce que, dans la fonction de directeur du Tour de France, entraient et entrent toujours, de façon primordiale, les relations avec la presse.

Pourquoi Jacques Goddet organisait-il le Tour de France? Pour le public, pour que ce public de spectateurs achetât son journal. Maintenant, la donne a évolué dans la mesure où le public est avant tout formé de téléspectateurs, mais le principe fondateur reste valable : à travers ce média incontournable qu'est la télévision, on essaie de toucher un public le plus large possible. Aussi est-il plus que jamais nécessaire de connaître les médias, de comprendre leurs besoins en termes de travail et leurs ressorts psychologiques. Si vous ne les comprenez pas — je suis formel —, vous courez à l'échec.

À ce paramètre médiatique, il faut en ajouter deux autres : premièrement, les obligations logistiques, notamment celles touchant au parcours et à la sécurité, qui sont désormais infiniment plus difficiles à remplir qu'à l'époque où j'ai pris les commandes du Tour** ; deuxièmement, le contexte économique, lui aussi plus lourd, plus complexe, en un mot : plus important. Je ne dis pas, pour autant, qu'il faille un technicien ou un gestionnaire à la tête du Tour ; je dis seulement qu'un technicien ou un gestionnaire qui aurait le sens des médias pourrait s'en sortir...

C. P. — Quand vous ne serez plus à la tête du Tour, quel homme serez-vous : un député? un sénateur? [Il rit.] le président de l'Union cycliste internationale?

Jean-Marie Leblanc. — Mais non! Voyons!

---

* Journaliste. Créateur du Tour de l'Avenir en 1961.
** En octobre 1988.

C. P. — Émile Besson, que nous avons interrogé, parie que vous écrirez vos mémoires[13]. Jean-Paul Vespini est de ceux — ils sont nombreux — qui vous imaginent à la tête de l'UCI[14].

Jean-Marie Leblanc. — Pour mes mémoires, c'est simple : vous les faites à ma place ! Député ? sénateur ? Bien que je sois un homme que la politique passionne, je maintiens — je l'ai souvent dit — qu'on ne commence pas une carrière politique, qu'on ne s'impose pas comme élu, à soixante ans, l'âge que j'aurai sans doute lorsque je prendrai ma retraite ! Quant à l'UCI, c'est non ! et c'est non depuis très longtemps. À ce propos, je me souviens d'un footing que j'ai fait sur le Tour, à Pau, avec Hein Verbruggen* — ne me demandez pas en quelle année ; je ne saurais vous le dire... Toujours est-il que lui et moi allions doucement, ce qui nous permettait de parler en courant. Je me souviens que je lui expliquais que j'avais, pour ma reconversion, des aspirations autres que des aspirations cyclistes. Je lui disais que je souhaitais retourner dans mon Nord et m'engager comme homme de terrain pour avoir une vie plus sociale et plus culturelle, plus sociale surtout... Et figurez-vous qu'il était très intéressé, parce qu'il m'a répondu : « Moi aussi, je veux me reconvertir loin du cyclisme. »

[Voix songeuse, comme s'il parlait pour lui-même.] C'est drôle comme la vie, parfois, vous entraîne... Je ne vous cacherai pas que s'il est une fonction qui m'aurait plu, c'est bien celle de président de la Fédération française de cyclisme. Longtemps, j'ai pensé qu'être à la tête de ma famille pour m'occuper des cadets, des juniors, des parents bénévoles et des supporters, bref ! pour m'occuper de toute ma famille, professionnels compris, longtemps j'ai pensé que je pourrais le faire. Et parce que j'ai rempli ma vie d'une autre façon, je me console en me disant que la Fédération est aujourd'hui dirigée par un excellent président, un président qui est peut-être meilleur que ce que j'aurais été !

[Solennel.] Je voudrais, s'il vous plaît, pouvoir témoigner de mon admiration pour Daniel Baal qui est tout de suite devenu le

---

* Président de l'Union cycliste internationale depuis 1991.

héraut de la lutte antidopage lorsqu'il a compris, en juillet 1998, combien le dopage était présent dans le cyclisme ! Moyennant quoi, Daniel Baal, que tout le monde imaginait, avant son intervention, élu prochain président de l'UCI, a couru le risque de déplaire. Il a préféré ses convictions à des ambitions qui étaient légitimes. Je ne sais si d'autres le lui ont dit avant moi, je ne sais si d'autres le lui diront après moi, mais, moi, je lui tire mon chapeau !

C. P. — Pourquoi avez-vous tenté, durant les mois de février et mars 1999, de le réconcilier coûte que coûte avec Hein Verbruggen, celui-ci manifestement incapable de suivre le bon rythme adopté par Daniel Baal dans la lutte contre le dopage ?

jml : Parce que ce sont deux hommes intelligents, et parce que le cyclisme n'a ni le droit ni les moyens, s'il veut affronter le XXIe siècle, de gaspiller une intelligence ! Il faut faire marcher de concert l'expérience de Hein Verbruggen et la foi de Daniel Baal. Ceux qui refusent de le comprendre ne sont, à mes yeux, que des boutefeux !

C. P. — D'où vient ce besoin de prendre toujours des responsabilités et de vous mettre en avant ? Vous étiez à peine chez Pelforth qu'on vous retrouvait secrétaire de la Commission des professionnels, siégeant auprès de Michel Scob et Félix Lévitan...

Jean-Marie Leblanc. — J'espère que parmi tous les gens que vous avez interrogés, aucun ne vous a répondu que j'étais mégalomane ?

C. P. — Mégalomane, non. Mais certains disent : carriériste.

Jean-Marie Leblanc. — [Touché.] Oui, je sais qu'il est des gens, qui ne m'aiment pas, qui me disent carriériste. Ils disent aussi que je suis un homme à fric — nous en avons parlé...
Écoutez ! à vingt ans, sans rien demander à personne, je prenais de mon temps pour entraîner les gamins de mon club : étais-je déjà carriériste ? Et j'avais vingt-trois ans lorsque Michel Scob, qui savait que je sortais de la fac, m'a proposé de le rejoindre à

Sous le maillot de l'équipe Bic, avec Ocaña pour leader (à l'extrême gauche sur ce document), Jean-Marie Leblanc emmène le peloton du Tour de France 1970. Dans sa roue, l'illustre Eddy Merckx est aux aguets.

Un jeune journaliste débarque à La Voix du Nord *en compagnie de Claude Laplaud. Image des premiers reportages.*

l'UNCP* : était-ce aussi du carriérisme ? Et quand je me suis engagé dans l'USJSF** était-ce encore du carriérisme ? Pourtant, je vous assure que je ne me suis pas amusé tous les jours à l'USJSJ, parce qu'on m'y demandait de défendre, contre les patrons, les intérêts de confrères qui étaient parfois médiocres ou parfois marginaux. Bref ! je me battais pour des causes qui n'étaient pas essentielles, qui, bien sûr, ne me touchaient ni de près ni de loin, mais je me battais quand même, car tel était mon devoir de militant.

Ah ! militant... Je vais quand même vous en dire deux mots du militantisme, parce que le militantisme coûte toujours beaucoup de temps et toujours un peu d'argent... Même quand vous habitez à Lille (c'était mon cas lorsque j'étais pro), il faut venir à Paris. Il faut préparer les réunions, prendre des notes, rédiger les synthèses ! Militer, voyez-vous, cela signifie : travailler. Mais pendant ce temps-là, il se trouve qu'on ne fait pas son véritable travail ! Pendant ce temps, effectivement, on n'est ni à l'entraînement, ni à la maison ; on ne s'occupe pas de ses enfants ou de ses petits-enfants. D'ailleurs, parlez-en à Jacques Marchand : c'est de lui, plus encore que de Michel Scob, que je tiens le goût du militantisme... Et puis, et c'est fondamental, je voudrais dire que militer, c'est aussi s'exposer. C'est confronter ses propres idées avec les idées d'autres personnes qui n'ont pas forcément les mêmes objectifs ! En un mot, militer, c'est être courageux...

Mais qu'est-ce que les gens imaginent ? Que nous étions toujours d'accord, en 1968, à la Commission des pros ? Que nous sommes toujours d'accord, Roger Legeay, Daniel Baal et moi, lors des réunions de la Ligue ? Non ! nous ne sommes pas toujours d'accord parce qu'il arrive un moment où nos intérêts corporatistes s'affrontent, mais notre militantisme consiste précisément à trouver des solutions.

C. P. — « Son analyse a du souffle comme des vers de Victor Hugo, du flamboiement comme une toile de Gauguin, de la déme-

---

* Union nationale des coureurs professionnels.
** Union syndicale des journalistes sportifs de France.

sure comme une musique de Wagner», écriviez-vous en 1983 à propos de Michel Scob[15]. Plus prosaïquement, quel genre de militant était-il ?

Jean-Marie Leblanc. — Scob ? ah ! Vous savez qu'il est mort, hein ?[*] [Enthousiaste.] C'est bien que vous me fassiez parler de Scob ! C'est bien ! Quand même, lui et moi n'étions pas toujours d'accord, mais, lorsqu'il est venu me frapper sur l'épaule en disant : «Tu devrais venir avec nous à l'UNCP», nous avons immédiatement sympathisé. Par la suite, la vérité m'oblige à dire que, sans rien perdre de notre amitié, nous nous sommes plusieurs fois affrontés, car il était d'obédience de gauche, ce que je n'étais pas. Mais comme je crois que nous étions assez intelligents, lui et moi, pour éviter les querelles stériles, nous avions fini par convenir qu'un militant de droite et un militant de gauche étaient, en somme, deux croyants, deux croyants d'églises légèrement différentes, mais des croyants tout de même !

C. P. — Vous souvenez-vous qu'il vous avait raconté un jour que, coureur, il «fourguait», autrement dit qu'il vendait sa chance, souvent avec humour, à des sprinters plus «vites» que lui ?

Jean-Marie Leblanc. — Oui, je m'en souviens très bien. Ancien champion de France de vitesse amateur, il n'allait pas assez vite pour atteindre un podium mondial chez les pros, et il arrondissait chaque année ses petits revenus (coureur, il ne faisait que vivoter) en facilitant la qualification d'un favori.

Mais vous avez bien compris, hein ? que je n'étais pas choqué. Dans tous les pelotons, ce sont des choses qui se font, et quand un coureur est fatigué, il arrive — il m'est arrivé — qu'un favori lui propose un peu d'argent, soit pour assurer définitivement sa neutralité, soit pour solliciter un relais.

---

[*] Michel Scob est mort le 8 septembre 1995.

C. P. — Dans votre cas...

Jean-Marie Leblanc. — [Il coupe.] Dans mon cas, c'était un coureur dont je ne vous dirai pas le nom, encore que j'en sois fier, parce que c'était un grand coureur...

C. P. — Merckx?

Jean-Marie Leblanc. — Non, pas Merckx... Allez! je vous le dis : Roger De Vlaeminck. En 1971, dans les Quatre Jours de Dunkerque qu'il a remportés, il m'a demandé un coup de main pour assurer sa victoire. Moi, j'étais chez Bic, mais l'équipe n'avait pas marché et nous n'avions plus rien à gagner. Bref! j'ai roulé pour De Vlaeminck, lequel m'a payé ensuite l'équivalent de 1 000 francs, ce qui était une belle somme parce que j'en gagnais 3 000 par mois à l'époque. [Un peu nostalgique.] Oui, oui, je m'en souviens très bien... Même qu'il m'a payé en lires italiennes!

Quatrième entretien

Samyn à tue-tête – La montée en puissance – Aimar
en retard – Merckx, le grand con – Ocaña en
musique – Gimondi dans la chute – Des drapeaux
dans le vent – Épaté par Hinault – Merckx est un
chef – Le mouchoir de Van Looy – Jan Raas à bout
de bras – Poussé sans tricher – La peine et l'horreur – « Et toi ? Tu te dopes ? » – Pisser sans problème – La psychologie du dopage – Désiré se suicide – Faire des bornes pour dimanche.

C. P. — Nous vous avions laissé en 1967 sous les traits d'un coureur solide et ardent qui écoutait De Muer lui parler de tactique. Après quoi, rendu dans votre chambre, vous lisiez des livres et signiez des articles. Vous étiez, gueulait Cotti au micro, « le bachelier du peloton ». « Je jouais avec mon corps un jeu, j'étais très convivial et parfaitement intégré », notiez-vous. Jean-Marie Leblanc, s'il fallait, pour raconter cette époque, ne rappeler qu'une image, quelle image serait-ce ?

Jean-Marie Leblanc. — Vous me prenez de court, hein ? Une image ? Une seule ? Attendez, je cherche...
Si ! une : Samyn. Avons-nous déjà parlé de Samyn ?

C. P. — Peu. Faites-le revivre...

Jean-Marie Leblanc. — Oui, revivre, c'est le mot, car le pauvre José s'est tué dans un critérium — c'était dans les Flandres ; gêné par un spectateur, il a chuté ; sa tête a heurté un trottoir, et il est mort après deux jours de coma. Moi, le jour de sa mort, je disputais une kermesse en Belgique, car je finissais ma préparation pour Bordeaux-Paris. Autant vous dire que ce Bordeaux-Paris, je n'aurais pas dû le courir. J'ai été minable parce que j'étais brisé*. J'ai appris sa mort en course, par le speaker. Je me souviens que j'étais avec Willy Monty, et que nous pleurions en queue de peloton. Deux jours plus tard, j'étais de ceux qui portaient son cercueil**...

Mais ce n'est pas cette image qui m'est revenue. Non, l'image que je garde est toute simple : nous sommes lui et moi dans sa voiture, nous partons ou revenons d'une course, nous chantons à tue-tête...

[Il s'arrête, nostalgique, un peu ému.] Je me souviens également que nous étions allés courir la Route de France dans l'équipe de Flandre-Artois***. Il avait marché du tonnerre de Dieu ; il avait gagné deux étapes... Je le revois aussi plus jeune (José avait deux ans de moins que moi) parce que j'avais d'abord couru avec son frère...

Et puis, je le répète, nos retours en voiture... José, qui avait gagné beaucoup d'argent chez les amateurs, s'était acheté une grosse Ford, et nous traversions la France pour aller faire les critériums. Bien sûr, nous partagions les frais, il conduisait, je conduisais... Vraiment, nous nous entendions très bien parce que nous étions complémentaires. Lui était une espèce de latin du Nord, très gai, très vif, tandis que moi j'étais comme je vous ai dit que j'étais : plutôt sage, plutôt calme. [Songeur.] Ouais, nous chantions à tue-tête en voiture...

C. P. — Chez les amateurs, il avait remporté cent trente-cinq victoires, puis, à vingt et un ans, il avait gagné une étape du Tour de France 1967 pour marquer ses débuts chez les pros (il avait signé pour Pelforth en cours de saison). L'année suivante, der-

---

* Jean-Marie Leblanc a terminé dixième de l'épreuve, très loin de Walter Godefroot, le vainqueur.

** José Samyn avait vingt-trois ans.

***En 1966.

90

rière le légendaire Van Looy, il avait terminé deuxième de la Flèche Wallonne. Sans le fatal accident, quel champion serait-il devenu ?

Jean-Marie Leblanc. — Je ne suis pas sûr qu'il aurait fait un coureur par étapes, mais il aurait été redoutable dans les classiques, c'est sûr. Intrinsèquement, c'était un routier-sprinter. Il avait fait de la piste, il était malin, il était courageux... [Songeur.] Oui, il fait deux de la Flèche Wallonne. Il m'a souvent raconté le final. Il était sorti avec Van Looy...

C. P. — Ce soir-là, Pierre Chany titrait dans *l'Équipe* : « Cette course totale que Van Looy n'avait jamais pu gagner »[1]. Cette course totale, savez-vous par Samyn si Van Looy l'avait achetée ?

Jean-Marie Leblanc. — À Samyn ? Vous rigolez ! José était cuit ! Il m'a raconté cent fois qu'il avait failli être décroché à plusieurs reprises et qu'il pouvait à peine relayer tant Van Looy était puissant ce jour-là. Ah non ! Van Looy n'achète pas ! Et je peux vous certifier que José était content de faire deux. Vous vous rendez compte ? À vingt-deux ans, finir deuxième de la Flèche Wallonne...

C. P. — Et vous repartiez ensuite dans la grosse Ford en chantant... Jean-Marie Leblanc, cette joie de vivre et cette insouciance, dans quelle mesure peut-on dire qu'elles faisaient de vous des aventuriers ?

Jean-Marie Leblanc. — Joie de vivre ? oui... Insouciance ? oui, mais je ne suis pas sûr pour autant que nous étions des aventuriers. Je vous dirais bien qu'il y avait un côté « service militaire prolongé » dans ce que nous vivions ; mais il y avait aussi une espèce d'austérité qui faisait de nous des séminaristes. Je me souviens, par exemple, que, durant le Tour de France 1968, ni Jean-Pierre Ducasse (nous étions dans la même chambre) ni moi ne téléphonions chez nous, d'abord parce qu'il n'y avait pas toujours le téléphone, ensuite parce que ce n'était pas dans les mœurs.

Vous comprenez ce que je veux dire : malgré les franches rigolades, nous avions la conviction de vivre une épreuve physique et morale, et nous aurions perçu comme un signe de faiblesse le

91

besoin de nous épancher. Du reste, je me souviens qu'à l'arrivée de mon premier Tour, j'ai eu le sentiment d'être devenu, non pas un... [Il cherche le mot.]

C. P. — Un héros?

Jean-Marie Leblanc. — Non, pas un héros, mais j'ai eu le sentiment d'avoir surmonté une *vraie* [il insiste] épreuve physique. J'ai eu le sentiment d'être devenu un *vrai* [il insiste] coureur, et même si je n'ai pas gagné en classe du jour au lendemain, j'ai pu vérifier que le fait d'avoir forcé mes limites durant trois semaines m'avait permis de gagner en puissance. C'est simple : après le Tour de France, j'ai eu l'impression de voler! Dans le Tour du Nord, j'ai attaqué tous les jours*.

Par contre, et là je reviens à votre question, oui! nous avions le sentiment de vivre une aventure, ou plutôt de partir à l'aventure, quand nous faisions la tournée des critériums (même si, moi, modeste coureur, je n'en faisais pas beaucoup). C'était une aventure parce qu'il n'y avait évidemment pas beaucoup d'autoroutes, pas beaucoup d'avions et pas de TGV, ce qui nous obligeait à traverser la France de nuit. Donc, nous dormions peu, nous mangions n'importe quoi et à n'importe quelle heure!

C. P. — Gardez-vous un souvenir précis de votre vie à l'hôtel, de certaines soirées?

Jean-Marie Leblanc. — Vous voulez parler des lits en portefeuille? Ce n'était pas trop mon genre, vous savez... Et je ne faisais pas partie non plus des gens qui perçaient les murs à la vrille

---

* Jean-Marie Leblanc a terminé neuvième du Tour du Nord 1968 après avoir effectivement attaqué plusieurs fois. Mais c'est en 1970, à la suite de son deuxième Tour de France, qu'il réalisera son meilleur Tour du Nord, finissant troisième au classement général. Pour être complet sur ses places d'honneur, il faut signaler que Jean-Marie Leblanc a aussi terminé deuxième de Bordeaux-Saintes 1968, cinquième du Grand Prix de Cannes 1967, sixième du Prix d'Antibes 1967, deuxième des Quatre Jours de Dunkerque 1970, septième du Tour de la Nouvelle-France 1971.

pour suivre ce qui se passait dans la chambre d'à-côté! Quitte à vous paraître trop terne, je répète que j'étais un garçon raisonnable.

C.P. — Je voulais parler des hôtels avec Jacques Anquetil, de ces soirs où il mangeait du verre avec Pierre Chany[2], où il se cachait de la presse pour jouer aux cartes avec Poulidor[3].

Jean-Marie Leblanc. — Pierre a eu la chance de fréquenter plus souvent que moi Jacques Anquetil. D'ailleurs, c'est simple : même en 1969, l'année de la fusion de Pelforth avec Bic, je crois que je n'ai jamais couru avec lui. Il faisait sa tournée d'adieux tandis que je disputais des vraies courses.

Franchement, à brûle-pourpoint, je n'arrive pas à me souvenir d'une tablée où je me serais trouvé avec Anquetil. Peut-être en début de saison, à l'occasion du stage de présentation?... Encore que je garde une mauvaise image de ce stage, car la nouvelle équipe Bic n'était pas homogène. Nous étions une trentaine, ce qui faisait trop de coureurs. Nous ne savions jamais qui commandait de Geminiani, De Muer ou Louviot. Par surcroît, l'hôtel qui avait été choisi n'était pas bien et la nourriture n'était pas bonne! Bref! un mauvais souvenir... [Il rit et parle comme s'il se parlait à lui-même.] Et la séance de photos... Le long d'une plage, à Antibes, un jour où il faisait un froid de canard! Lucien Aimar*, *comme d'habitude*, [il insiste] était arrivé en retard, si bien que ses petits équipiers avaient été obligés de l'attendre dans le froid. D'ailleurs, Janssen, qui avait, lui, la ponctualité anglo-saxonne, s'était mis en colère...

C.P. — Cet hiver-là, Anquetil et Poulidor avaient définitivement scellé leur rapprochement. Vous souvenez-vous de ce que fut cette première amitié?

Jean-Marie Leblanc. — Vaguement. Encore une fois : je fréquentais peu Anquetil...

---

* Vainqueur du Tour de France 1966, il était l'un des leaders de l'équipe.

En revanche, j'ai été marqué par le rapprochement entre Merckx et Ocaña qui sont devenus très amis après leur carrière. Pourtant, je peux vous assurer qu'en 1970, l'année où j'ai couru avec Luis*, ces deux-là ne s'aimaient pas, mais vraiment pas du tout ! À table, quand Luis parlait de Merckx, il ne prononçait jamais son nom, il disait : « le grand con » ! Ocaña, vous savez, était un drôle de type qui avait besoin en permanence, je ne dirai pas d'une haine, mais d'une détestation. Il fallait toujours qu'il fût en colère, remonté contre quelqu'un, remonté contre le système, et cette colère lui permettait ensuite de trouver la force d'aller poser ses banderilles. Évidemment, De Muer, habitué au caractère calme de Janssen, a dû composer pour tirer parti d'un tel phénomène... Car Luis était un phénomène ! Dès qu'il arrivait à l'hôtel, il allumait la radio, il faisait hurler des musiques espagnoles... Bref ! c'était (je cherche le mot) un être... impulsif, mais avec le pouvoir de transformer ses impulsions en coups de génie. Ainsi sa victoire dans le Tour de France que j'ai fait avec lui** : alors qu'il ne marchait absolument pas, il est allé gagner l'étape de Saint-Gaudens sur un parcours qui était extrêmement difficile ! Et finalement, avec ce genre d'exploit, il emportait notre admiration, d'autant qu'il avait de grandes qualités de cœur et qu'il était capable de gestes d'une gentillesse incroyable.

C. P. — Savez-vous comment il s'est réconcilié avec Eddy Merckx ?

Jean-Marie Leblanc. — Non.

C. P. — Dans un avion. Roger Bastide raconte[4] que, faute de place, Ocaña avait dû s'asseoir auprès de Merckx, et qu'il avait tout de suite enchaîné (ils partaient pour une course par étapes) : « Ouf ! Huit jours sans ma femme. Je vais enfin avoir la paix ! » Et le champion belge de lui répondre, interloqué : « Tu sais que je

---

* Jean-Marie Leblanc a disputé deux saisons, en 1970 et en 1971, avec Luis Ocaña pour leader.
** En 1970.

me disais exactement la même chose!» Après quoi, se trouvant plus complices, ils seraient devenus plus amis.

Jean-Marie Leblanc. — Je ne connaissais pas l'histoire, mais j'atteste que leur réconciliation a été définitive et sincère, comme celle de Poulidor et d'Anquetil. En revanche, coureur, j'ai pu vérifier que la réconciliation entre Post et Janssen n'en était pas une, car manifestement les deux hommes continuaient à ne pas se souffrir. Je me souviens que ce n'était pas non plus le grand amour entre Merckx et Van Looy, comme ce n'était pas le grand amour entre Merckx et Maertens — journaliste, j'ai été témoin de tout ce que faisait Merckx pour empêcher Maertens de gagner; il ne lui a vraiment pas facilité ses débuts! Mais ce que je vous dis là revient à ce que je vous disais l'autre jour : on ne devient pas un champion sans un minimum d'orgueil.

C. P. — Vous rendez-vous compte, Jean-Marie Leblanc, que vous parlez comme un formidable témoin du cyclisme? Songez-vous qu'au travers de votre triple expérience — coureur, journaliste, organisateur —, vous pouvez raconter Merckx, Van Looy, Janssen, Ocaña et Maertens comme personne avant vous?

Jean-Marie Leblanc. — [Modeste.] Chany les racontait beaucoup mieux que moi.

C. P. — Chany travaillait avec d'autres couleurs. Il n'a pas vu surgir Merckx comme vous l'avez vu surgir en 1967 et 1968.

Jean-Marie Leblanc. — Oui, mais comme je ne disputais pas les classiques en 1967 et 1968, il a dû suivre Merckx plus souvent que moi! [Rires.] Encore que... [Il réfléchit.] Dans ma carrière, je n'ai disputé qu'un seul Milan-San Remo, mais je m'en souviens, parce que c'était la première fois de ma vie que je prenais l'avion. J'ai fait un vol Nice-Milan... C'était en 1968...
[Il hésite et réfléchit à haute voix.] Je me trompe : en 1967 et 1968, je faisais les classiques... J'ai disputé le Tour des Flandres... J'ai bien sûr disputé Paris-Roubaix puisque j'ai toujours couru

95

Paris-Roubaix chez les pros... Mais je me perds dans les éditions. En quelle année ai-je fait tomber Gimondi?

C. P. — En 1967, l'année de vos débuts. En saisissant votre musette sur le pavé glissant, vous tombez et l'entraînez dans votre chute.[5]

Jean-Marie Leblanc. — Et il m'engueule parce qu'il a gagné l'année précédente et qu'il est l'un des favoris! Oui, je m'en souviens, et lui aussi puisque qu'il a dû abandonner! [Rires.] Moi, je termine, hein?

C. P. — Oui, vous terminez soixante-quatrième.

Jean-Marie Leblanc. — Et c'est mon leader, Jan Janssen, qui gagne au sprint devant Van Looy et Altig : j'y suis maintenant... Ce n'est donc pas en 1967, mais en 1968 que je m'échappe, et c'était d'autant plus méritoire que, pour la première fois de l'histoire, on passait par la tranchée de Wallers-Aremberg. Bref! avec Pingeon, avec l'Italien Casalini et Haeseldonckx, un gros Flahute *[sic]**, je passe à Solesmes avec plus de quatre minutes d'avance sur le peloton. Et à ce moment-là, je vous prie de croire que je suis très fier parce que, en haut de la côte de Solesmes, il y a mon père qui est venu, avec nos voisins, applaudir les coureurs. En passant devant eux (ils avaient été prévenus par la radio, ils savaient que je m'étais échappé), j'ai eu le temps de lire sur leur visage l'émotion de me voir en tête de course...

Et puis, parce que Paris-Roubaix restera toujours Paris-Roubaix, juste avant les pavés, je crève! Bien sûr, à l'époque, il n'y a pas d'assistance Mavic**! Je sors donc un boyau de ma poche et je me mets à gonfler. Pendant ce temps, le peloton me dépasse. Qu'à cela ne tienne, je repars! Je fais quelques kilomètres, et paf! je crève une deuxième fois, ce qui me contraint à l'abandon!

---

* L'Italien Neri et le Français Van Der Linde composaient aussi cette échappée.

** Société de dépannage sur les courses.

Autrement dit, à Solesmes, Leblanc passe avec quatre minutes d'avance ; quinze kilomètres plus loin, deux boyaux en moins, il monte dans la voiture-balai !

C. P. — Malgré des malheurs, votre ami Crépel, lui, avait rallié l'arrivée.

Jean-Marie Leblanc. — Oui, il avait rallié l'arrivée, et il avait été cité le lendemain dans l'édito de Jacques Goddet. Il en était très fier.

C. P. — On l'aurait été à moins, car Jacques Goddet avait su y mettre les formes : « Le dernier classé du Paris-Roubaix au parcours le plus dur de tous les temps est également un héros et son nom, le matin encore inconnu, Philippe Crépel, ne doit plus le rester, même si celui qui le porte est arrivé plus de quarante minutes après le vainqueur. »[6] Dites ! pour un peu, vous auriez pu terminer et devenir aussi un héros...

Jean-Marie Leblanc. — Oui, mais j'ai crevé deux fois ! [Rires.]

C. P. — Pourquoi bâchiez-vous* si souvent ?

Jean-Marie Leblanc. — Oui, je bâchais... [Piqué.] Mais comment savez-vous que je bâchais souvent ?

C. P. — Vous étiez au départ, vous n'étiez jamais à l'arrivée.

Jean-Marie Leblanc. — Il ne faut pas exagérer quand même ! J'ai souvent bâché dans les kermesses parce que je les considérais comme de simples entraînements.

C. P. — Vous ne faites qu'un Milan-San Remo et vous abandonnez. Votre premier Tour des Flandres, vous ne le terminez pas. Votre premier Liège-Bastogne-Liège, vous ne le terminez pas...

---

* Bâcher : abandonner, en jargon cycliste.

97

Jean-Marie Leblanc. — Qui gagne ce Liège-Bastogne-Liège ?

C. P. — Godefroot devant Merckx. Pour votre décharge, vous étiez passé à l'attaque au kilomètre 21.

Jean-Marie Leblanc. — Je m'en souviens : il faisait un temps épouvantable ! De la pluie, du froid, du vent !

C. P. — Dans son compte rendu, Pierre Chany évoquait « une course hors mesure, de celles qu'il faudrait ne jamais souhaiter à un homme, fût-il un ennemi ! »[7]

Jean-Marie Leblanc. — C'était ça ! Et en plus, moi, j'ai crevé après deux heures de course, alors que j'étais toujours échappé avec quelques autres — je me souviens que Jean-Claude Wuillemin était dans le coup ; il avait fait le pari, pari tenu, d'attaquer dès le départ pour être le premier à passer devant notre hôtel ! Bref ! je m'échappe, je crève, et j'essaie même de changer mon boyau alors que j'ai les doigts gelés ! [Rancunier.] Hé ! qu'est-ce qu'il vous faut ! J'avais fait mon boulot, quand même ! Je ne le dis pas pour me dédouaner, mais je vous signale que si j'ai abandonné dans les classiques, c'était *aussi* [il insiste] par incapacité, après avoir fait tout ce que je pouvais faire !

C. P. — Parce qu'entre une classique et une autre course, vous sentiez réellement une différence ?

Jean-Marie Leblanc. — Ah oui ! oui ! Je vais vous dire : terminer Paris-Roubaix, ce n'est pas une performance, mais bon ! il faut quand même le faire. Personnellement, j'en ai terminé deux ; je suis content.

Tenez ! j'ai un autre souvenir qui date du Tour des Flandres que Merckx gagne avec plus de cinq minutes d'avance sur Felice Gimondi (vous retrouverez l'année)*... Je crois que nous avions pris le départ à Gand. Je me souviens, mais, était-ce cette année-

---

* En 1969.

98

là ou une autre? des étendards et des drapeaux qui claquaient dans le vent... Je me souviens de la foule sur la place, des champions qui arrivaient, visages fermés sous leur casque... Oui, quand on prenait le départ d'une classique, on se sentait à la fois fier et terrorisé, et au départ du Tour des Flandres dont je vous parle, on se sentait surtout terrorisé parce qu'il faisait un temps épouvantable — pire qu'à Liège-Bastogne-Liège! Moi, transi, j'ai abandonné en même temps que Samyn, et je me rappelle que nous avons regardé l'arrivée dans un bistrot, avant de rentrer à Gand en taxi. [Stupéfait.] Et vous savez quoi? Merckx était en tête! Merckx, que nous avions vu, Samyn et moi, le matin, s'immiscer dans une échappée, eh bien! il était toujours en tête, il s'était débarrassé de tous ses rivaux, et, de voir qu'il tenait, qu'il tenait seul sous un ciel d'apocalypse, nous laissait... [Il souffle, admiratif, ne parvenant pas à trouver d'adjectif suffisamment élogieux.]

Et son échappée vers Mourenx! Cent quarante kilomètres seul en tête alors qu'il porte le maillot jaune et qu'il dispute son premier Tour : personne, dans la caravane, ne pouvait concevoir une attitude aussi inhabituelle, pour ne pas dire suicidaire... Pourtant, il l'a fait! — et cela me fait penser, tout à coup, que Bernard Hinault, lui aussi, m'a épaté deux ou trois fois, notamment lors du Liège-Bastogne-Liège qu'il remporte sous la neige*. Ce jour-là, moi qui ne voulais pas être supporter, je me suis surpris à le devenir un peu tellement j'étais sous le charme.

C. P. — Pour vous, Merckx est-il le plus grand? plus grand que Coppi? le plus grand de l'histoire?

Jean-Marie Leblanc. — Pour moi? oui! Bien sûr, Coppi... [D'un geste de la main, il signifie que Coppi, aussi, était un géant.] Mais je crois sincèrement que Merckx était encore au-dessus, et qu'il est le plus grand coureur de l'histoire.

---

* En 1980. Hennie Kuiper, son dauphin, termina avec 9 minutes 24 secondes de retard.

Il faut que je vous fasse un aveu : bien plus qu'à son palmarès — le plus beau de tous sans conteste —, j'ai été sensible à son charisme qui tenait d'abord, selon moi, à sa position. Sur un vélo, Merckx avait tout de l'athlète. Il était grand, il était posé haut, et sa seule stature nous en imposait, comme s'il était naturel qu'il planât sur la course. Ajoutez à cela qu'il ne quittait jamais les premières places ! Plus qu'un Van Looy, plus qu'un Anquetil, plus qu'un Janssen, il incarnait l'exemplarité du chef, et, à force de le voir toujours à l'attaque, ses équipiers se sentaient des ailes, eux aussi.

C. P. — Jean-Jacques Fussien, en 1973, s'était rendu célèbre en menaçant Merckx du poing, parce que ses équipiers l'empêchaient sans cesse de sortir. Cette main de fer qui éprouvait les plus jeunes, l'avez-vous franchement ressentie ?

Jean-Marie Leblanc. — Tout le monde la ressentait ! Merckx imposait une présence littéralement pesante, une présence qu'on ressentait, je dirai : sitôt qu'il sortait de voiture pour se rendre au départ !

C. P. — Comment arrivait-il : comme un jeune dieu ?

Jean-Marie Leblanc. — Non, il arrivait toujours entouré de ses équipiers, et s'il fallait dire bonjour, il disait bonjour, mais on le sentait déjà tendu, concentré, rigoureux. Déjà, on voyait qu'il ne pensait plus qu'à gagner !
[Sidéré.] Tour des Flandres, kilomètre 5 : boum ! l'équipe Faema, Faemino ou Molteni* prenait les devants avec des types comme Huysmans, Spruyt, Van Schil et Bruyère, et Merckx donnait lui-même l'exemple. Et c'était toujours comme ça, toujours à fond ! Jamais de ma vie je n'ai rencontré un homme pareil, un homme qui, *sans cesse* [il insiste], voulait être le premier, voulait être le meilleur... Vous me direz : Hinault ? Mais Hinault, comme

---

* Eddy Merckx a couru pour Faema en 1968 à 1969, pour Faemino en 1970, pour Molteni de 1971 à 1976.

100

les autres, a laissé filer. Quand un coup partait et qu'il avait cinq minutes de retard, il se faisait une raison. Merckx, lui, ne s'est jamais fait une raison !

C. P. — De ce gagneur, de ce type hors norme, de ce type qui fut un exemple, Jacques Goddet regretta, dans *L'Équipée belle*, son livre de souvenirs, qu'il ait utilisé de la cortisone pour finir sa carrière. Que le plus grand...

Jean-Marie Leblanc. — [Il coupe.] Oui, je sais qu'il l'a écrit, et j'ai d'ailleurs été très étonné qu'il l'écrive.

C. P. — La vérité oblige à rappeler qu'au cours d'un entretien paru en décembre 1995[8], il avait ajouté : « Le mot "doper" ne convient pas à la qualité morale et spirituelle d'un homme comme Merckx, pour qui j'ai vraiment la plus haute estime. Il a fait une carrière admirable. Il l'a faite dans des conditions d'honneur et de loyauté qui restent exemplaires. » Ce regard supplémentaire...

Jean-Marie Leblanc. — [Il coupe encore.] Me ravit ! Il me ravit pleinement, et je suis heureux que Jacques Goddet soit, en quelque sorte, venu à résipiscence, car j'ai, comme lui, la certitude qu'on n'a pas le droit de remettre en question une carrière, un palmarès et un comportement qui ont été majestueux.

[Il sourit, nostalgique, retrouvant sans doute des images d'Eddy Merckx majestueux.] Savez-vous qu'il y en a un autre qui m'a beaucoup impressionné quand j'étais pro ? Van Looy... Bien sûr, je n'ai connu que le Van Looy vieillissant, mais peut-être, justement, parce qu'il était en fin de carrière, peut-être parce qu'il avait déjà tout gagné, il dégageait un charisme extraordinaire. Il faisait beaucoup de kermesses ; j'en faisais pas mal aussi ; je le voyais donc souvent, et je me souviens de chacun de ses déplacements, car il arrivait toujours de la même façon, rigoureusement une minute avant le départ; encadré par deux fidèles équipiers ! Et — vous m'entendez bien — il arrivait *toujours* [il insiste] avec un vélo aussi propre que s'il était neuf, vélo monté avec des boyaux neufs et une guidoline blanche neuve ! J'ajoute, car je m'en souviens très bien, qu'il portait une casquette sous son casque, casquette avec un petit liseré arc-en-ciel pour rappeler qu'il avait été deux fois champion du monde! Bref! c'était M. Van Looy, et il me revient même qu'il était toujours parfumé, qu'il mettait de l'eau de toilette [il inspire] — je la sens encore! — pour courir les kermesses!

Eh bien! une fois, Van Looy — oh! je vous raconte toute la scène... Je vous jure : nous « roulions à bloc » dans le peloton quand, subitement, Van Looy lâche son guidon des deux mains, il enlève son casque, sa casquette, il sort un mouchoir blanc de sa poche — plié, bien sûr! —, il s'essuie le visage, remet sa casquette et son casque, et poursuit. Incroyable! Alors, me direz-vous, peut-être qu'il tentait ainsi de continuer à nous en imposer, mais le fait est qu'il nous en imposait. C'était... oui, c'était une espèce d'empereur, et tous ceux qui ont couru avec lui ont compris pourquoi il était surnommé « l'empereur d'Hérentals »... D'ailleurs, ce n'est pas un hasard non plus si Merckx et lui s'évitaient. C'étaient deux lions, mais un jeune et un vieux...

C. P. — Savez-vous que pour ce seul témoignage, votre carrière de coureur méritait beaucoup plus que cinq pages?

Jean-Marie Leblanc. — Alors je vais encore vous amuser parce que je me souviens qu'en 1968, lors de mon premier Paris-Nice, j'ai pris le maillot du meilleur grimpeur, et que pour le défendre, le lendemain, j'ai fait les sprints en haut des côtes contre M. Van Looy! Ouais!... Et pendant que j'y suis, je vais vous parler de ce Paris-Nice, car je crois pouvoir dire que j'ai réalisé une bonne course. D'abord, j'ai commencé par faire un bon prologue, mais personne ne le sut jamais parce que *l'Équipe* ne donna qu'une petite partie du classement. Assez vexé de ne pas être dans le journal *[sic]*, j'ai donc attaqué le lendemain avec Christian Robini, et nous avons mené une longue échappée qui n'a été reprise que dans les derniers kilomètres. Mais, bon! j'avais été leader virtuel de la course, et René Deruyk, l'envoyé spécial de *La Voix du Nord*, avait gentiment conclu son papier par cette phrase : « Ce soir, nous sommes fiers d'être nordistes. » Inutile de vous dire que, moi aussi, j'étais fier qu'il l'écrive!

C. P. — Sans autre transition que l'ordre chronologique, le directeur du Tour de France que vous êtes devenu se souvient-il qu'en juin 1967, au Tour d'Italie, « fait sans précédent dans les annales du cyclisme (je lis Jacques Marchand qui parle plus loin d'"'étape de la honte"), une course tout entière a été mise... hors course. »[9]

Jean-Marie Leblanc. — Non, je ne m'en souvenais plus. [Intéressé.] Montrez le compte-rendu... Là, c'est Chany qui écrit... [Il lit à haute voix.] « Adorni, qui avait perdu le contact avec les premiers par suite d'un changement de roue, et qui accusait une terrible défaillance, passait des concurrents par dizaines, poussé à bout de bras ; Motta, accroché à la portière d'une voiture, doublait l'Espagnol Gonzalès... » [Méprisant.] Tiens donc ! En voiture... [Il pose l'article.] Qu'est-ce que vous voulez que je vous dise ? Que je ne supporte pas ces pratiques ? C'est l'évidence, et vous vous souvenez que l'une des premières mesures que j'ai prises à la tête du Tour de France fut précisément de donner aux commissaires des moyens techniques pour qu'ils puissent : primo, repérer les tricheurs ; secundo, les sanctionner sévèrement.

C. P. — Vous étiez journaliste en 1979 lorsque Jan Raas, régulièrement poussé par ses équipiers, a décroché le titre mondial. Pourquoi ne l'avez-vous pas flétri d'un billet bien senti ?

Jean-Marie Leblanc. — Il y a plusieurs raisons. D'abord, je n'étais pas à Valkenburg, j'étais resté au siège, à *l'Équipe.* Comment vous dire ?... [On sent qu'il pèse ses mots.] Je n'ai été que moyennement choqué par le fait que Jan Raas soit poussé par ses équipiers ; j'aurais été choqué bien davantage s'il avait été poussé par le public hollandais, car je vous rappelle que la course avait lieu devant son public. Alors, pourquoi n'étais-je pas choqué ? Parce que, coureur, moi, Jean-Marie Leblanc, j'ai vu Van Springel se faire pousser dans les cols par ses équipiers. Je n'étais pas choqué parce qu'il m'est arrivé, bien caché dans le peloton, de donner des poussettes à Janssen.

C. P. — Van Springel, Janssen : deux leaders ! Trouvez-vous moral qu'en sport, on pousse toujours les mêmes gens ?

Jean-Marie Leblanc. — Mais non ! vous vous trompez ! On ne poussait pas que les leaders, et si vous voulez savoir si, moi *aussi* [il insiste], j'ai été poussé, la réponse est oui — je vous l'expliquerai après...

Voilà pourquoi, en tout cas, j'ai été moins choqué que les téléspectateurs auxquels la télévision — télévision qui, si je me souviens bien, avait une dent contre Jan Raas —, passait et repassait les images de la «faute» (vous mettrez des guillemets). Reste que l'anecdote est bien plus qu'une anecdote, car elle était révélatrice du pouvoir terrible de la télévision, pouvoir qui, depuis 1979, n'a cessé d'augmenter. Vous vous rappelez peut-être les images : ralentis, gros plans, ralentis ! Au bout d'une heure de ce jeu-là, les poussettes étaient quasiment devenues, j'allais dire : un fait de société, et Jan Raas était discrédité.

Ce n'est évidemment pas que je veuille défendre Raas, même si Jan Raas était un coureur que, virgule [il ponctue à voix haute], journaliste, virgule [même jeu], j'estimais. Mais cette estime ne m'empêchait pas de faire mon métier, et je me souviens que l'année suivante, dans Paris-Nice qu'il avait abandonné sous prétexte qu'un cheval avait traversé le peloton, j'avais écrit un article très sévère sur ce que j'appelais «le petit champion et le petit cheval».

Non, je ne défends pas Jan Raas ; je souligne simplement l'influence de la télévision sur le sport, et en particulier sur un sport comme le nôtre. Je rappelle qu'il lui suffit de presque rien pour introduire non seulement l'émotionnel, mais aussi le passionnel, l'irrationnel dans chaque foyer. Et moi, je me méfie de l'irrationnel... Je m'inquiète lorsque que je vois que le téléspectateur, sans information préalable ou sans information suffisante, peut devenir voyeur et juge...

C. P. — Qui vous a poussé lorsque vous étiez coureur ?

Jean-Marie Leblanc. — Ah ! Je vous raconte... C'était au Tour de Majorque, en 1968, durant la « révolution » (là aussi vous mettrez des guillemets). De Muer avait décidé d'aligner une équipe Pelforth sur cette course qui durait quatre jours... J'en suis, et Janssen en est. C'est lui, bien sûr, notre leader, mais il se fait surprendre le premier jour, tandis que moi, je termine devant, dans la bonne échappée, avec une confortable avance. Le lendemain, scénario différent parce qu'il y a un grand col. Comme j'ai une place à défendre au classement général, je m'accroche, je m'accroche, je m'accroche, du reste encouragé par Janssen. Puis, à... je ne sais plus, disons : un kilomètre, un kilomètre et demi du sommet, je lâche prise ! Alors, Janssen m'a encouragé : « Accroche-toi, petit ! Accroche-toi ! » Et quand il a vu que je n'accrochais vraiment plus, il m'a poussé — enfin, il m'a donné des poussettes pendant un kilomètre et demi, si bien que j'ai pu basculer avec le groupe de tête. [Royal.] Pas beau, ça ?

C. P. — Parce que, bien sûr, vous n'aviez pas le sentiment de tricher...

Jean-Marie Leblanc. — Bien sûr que non ! Non, je n'avais pas le sentiment de tricher, même si je reconnais que le geste, stricto sensu, est un peu répréhensible.
[Bon joueur.] Oui, je devine où vous voulez en venir : si le directeur du Tour de France, que je suis devenu, voyait tel ou tel coureur se faire pousser pour basculer avec les premiers, je ne serais pas content du tout ! Mais, je suis néanmoins prêt à considérer, et je crois que je m'en suis bien expliqué dans le cas de Jan Raas, je suis prêt à considérer que dans l'accomplissement de son métier, pour certains gestes *bénins* [il souligne], le coureur a besoin d'un peu de tolérance.

C. P. — En 1967 (je reviens à votre carrière), malgré les bons débuts que nous avons évoqués, votre honorable Critérium National, votre pugnacité dans Paris-Roubaix, vous n'avez pas été sélectionné pour le Tour de France, alors que votre copain Samyn le fut. Avez-vous le souvenir d'avoir été déçu ?

Jean-Marie Leblanc. — C'était par équipe nationale, hein ? Sincèrement, je n'y avais pas ma place ; j'étais encore un peu tendre.

C. P. — Mais vous rappelez-vous ce mois de juillet ? Par exemple, que faisiez-vous le jour...

Jean-Marie Leblanc. — [Il devine et coupe.] Le jour où meurt Simpson ? J'étais à Gistel, le village de Museeuw, en train de disputer une kermesse. J'ai appris à l'arrivée que Simpson était mort.

C. P. — Le soir de cette mort, Jacques Goddet écrivait cette première phrase sibylline : « Un cycliste est mort, et notre peine est aussi forte que notre horreur. »[10] La peine et l'horreur, sont-ce les deux premiers sentiments que vous avez ressentis ?

Jean-Marie Leblanc. — La peine, surtout ! Je vous ai raconté qu'il m'avait abordé au Tour de l'Hérault, alors que je n'étais qu'un petit amateur, et je m'en souvenais, bien sûr... Je ne veux pas avoir l'air de le dire parce qu'on parle de sa mort, mais, très franchement, je garde de ce type le souvenir d'une extrême gentillesse ; je me rappelle qu'il était aimé de tout le monde.

C. P. — Dans un raccourci dont lui seul avait le génie, Antoine Blondin expliqua : « il s'était fait naturaliser cycliste. »[11]

Jean-Marie Leblanc. — [Soufflé.] C'était tout à fait ça ! Tout à fait ça !

C. P. — Après la peine, Jacques Goddet, donc, parlait d'horreur. Et pour être parfaitement compris, il ajoutait ces lignes qui ont pesé lourd, et qui continuent de peser, sur l'histoire du cyclisme : « Il était aussi un champion. Mais il désirait trop fort la victoire, avec tout ce qu'elle pouvait apporter à son bonheur de mari et de père. Nous nous étions demandé *[sic]*, déjà, si cet athlète qui, dans l'effort, prenait un aspect douloureux, ne commettait pas des erreurs dans la manière de se soigner.

Le doping? Les médecins diront si Simpson en usait, et dans quelles conditions, à quel degré. Le refus du permis d'inhumer établissant une présomption grave, nous pouvons craindre la révélation publique d'un drame provoqué par un tel fléau.

Le sport cycliste, le sport, mais aussi la vie moderne, sont atteints par lui. Il n'est de jour où la presse ait à en dénoncer les méfaits, méfaits qui atteignent la personnalité propre de l'être humain autant que sa santé. Le cas Simpson risque d'intervenir au moment où toutes les forces, légales, morales, spirituelles, scientifiques doivent se conjuguer pour ramener le bon ordre moral.»[12]

Vous le savez : la révélation publique que craignait Jacques Goddet a eu lieu. A eu lieu aussi, trente ans plus tard, la révélation publique que, sur les derniers Tours de France du siècle, sur les Tours de France que vous avez dirigés, le dopage continuait de truquer les cartes et d'user la morale. Jean-Marie Leblanc, pourquoi la mort de Simpson n'a-t-elle servi à rien? Pourquoi les cyclistes professionnels, dans une écrasante majorité, sont-ils des tricheurs?

Jean-Marie Leblanc. — [Meurtri.] Ne dites pas, s'il vous plaît, que les cyclistes professionnels sont des tricheurs; dites, car ce sera plus exact, qu'il y a dans ce milieu, comme dans tous les milieux, un certain nombre de tricheurs. Il y en avait hier, au temps de Jacques Goddet. Il y en a aujourd'hui, au temps de Jean-Marie Leblanc. J'espère... [Il s'arrête et se reprend.] Non, pas j'espère : je crois — il faut dire «je crois», sinon ce que je fais n'aurait plus aucun sens —, je crois que l'homme qui dirigera le Tour de France après moi sera confronté à moins de dopage.

[Il marque une pause, réfléchit.] Il y a beaucoup de choses dans ce que vous venez de dire et dans ce que dit Jacques Goddet. D'abord, Simpson, d'abord l'horreur... Oui, j'ai ressenti, moi aussi, un sentiment d'horreur lorsqu'il a été avéré que Simpson avait des amphétamines dans sa poche, et qu'il était mort d'un collapsus cardiaque dû à l'absorption massive de ces amphétamines.

Mais ce sentiment n'est venu qu'après, qu'après la peine, car, pour le dopage, nous n'avons pas su tout de suite*.

C. P. — Mais vous le supposiez... Vous étiez quasiment sûr qu'il s'était dopé...

Jean-Marie Leblanc. — Écoutez! à Gistel, immanquablement, j'étais avec Crépel, et... [Il soupire.] Avons-nous vraiment parlé de dopage? Je n'en sais plus rien... Franchement! Mais quelle importance que nous en ayons parlé le jour même ou le lendemain? Parce que le lendemain, c'est sûr, tous les journaux en parlaient!

C. P. — Lorsque vous êtes rentré chez vous, le soir, le lendemain, dans les jours qui suivirent, que vous ont dit vos parents? Que vous a dit votre femme?

Jean-Marie Leblanc. — Rien! Ils ne me disent pas : « Et toi? Tu te dopes? » parce qu'ils pensent et qu'ils savent qu'en 1967, nouveau venu chez les pros, je ne me dope pas! Mes parents et ma femme savent que j'ai une armoire à pharmacie qui est libre d'accès. Elle contient des vitamines mais elle ne contient, évidemment, aucun produit dopant.

C. P. — Pierre Chany l'avait bien expliqué dès le début des années soixante : la culture du milieu induisait un dopage empirique. Pouviez-vous échapper à la culture d'un milieu dans lequel vous vous sentiez si parfaitement intégré?

Jean-Marie Leblanc. — J'y ai échappé. [Il marque un temps d'arrêt.] Écoutez! posez-moi la question franchement : « M. le directeur du Tour de France, vous êtes-vous déjà dopé? »

---

* Effectivement, la confirmation officielle du dopage de Simpson, suite à l'autopsie pratiquée par le professeur Vuillet, de Marseille, n'a été rendue publique qu'au matin du 3 août par M. Palavesin, procureur de la République à Avignon, soit trois semaines après le décès du coureur[13].

C. P. — Posée en ces termes, la question n'a aucun intérêt.

Jean-Marie Leblanc. — Ça vous chiffonne de me la poser en ces termes parce que vous connaissez la réponse que je vais vous faire, mais je vais vous la faire quand même! Je vais vous répondre ce que j'ai dit à M. Cavada et à tous ceux qui, depuis le Tour de France 1998, s'inquiètent subitement de savoir si le directeur du Tour de France, ancien coureur, disputait jadis ses Tours à l'eau minérale!

[Railleur.] À ce propos — étonnant, non? —, j'ai dirigé le Tour de France en 1989 [il ponctue chaque année en comptant sur ses doigts], en 1990, en 1991, en 1992, en 1993, en 1994, en 1995, en 1996, en 1997, et personne, au cours de toutes ces années, n'est jamais venu me voir en disant : «Au fait, M. le directeur du Tour de France, en votre temps, preniez-vous des produits dopants?» Non! en dix ans, aucun des grands journalistes qui font l'opinion n'eut jamais la curiosité de me poser cette question. Et puis, voilà que survient en 1998 l'«affaire Festina»! voilà qu'on s'intéresse à mon passé! voilà qu'on m'accuse d'être complice!

Mais complice de quoi?... J'ai dit et je répète que j'ai fait le Tour de France 1968 et le Tour de France 1970 à l'eau minérale! Je répète, pour la centième fois, que le Tour de France 1968, un an après la mort de Simpson, avait été décrété «Tour de la santé» par MM. Jacques Goddet et Félix Lévitan, et que tout au long de ce Tour, les contrôles antidopage ont été d'une rare efficacité. D'ailleurs, vous n'êtes pas sans savoir que Stablinski, contrôlé positif, a été mis hors course, de même que Samyn — Samyn, par parenthèse, sans intention de tricher. Il avait fait une chute et s'était soigné avec du Corydrane, ce qu'il a tout de suite expliqué. Mais le Corydrane contenait une substance prohibée, et il a été fichu dehors! Bref! en 1968, parce que les contrôles étaient efficaces, on avait la trouille! Et personne, les indécrottables mis à part — il y en a toujours — n'avait dans l'idée de toucher aux amphétamines!

[Essoufflé.] Convaincu? Parce que j'ajoute que j'ai aussi disputé cinq Paris-Roubaix à l'eau minérale! Je l'ai dit à M.

Dans la voiture de La Voix du Nord, *lors d'une édition des Quatre Jours de Dunkerque. A l'avant, sur le siège du passager, on peut reconnaître René Deruyk, son chef de rubrique, son professeur et ami.*

Départ pour le vol Bruxelles-Lille en 1972, aux côtés de Jean-Claude Bouttier. En ce temps-là, passionné par la boxe, Jean-Marie Leblanc passait le samedi au bord des rings.

110

Cavada* : je n'étais qu'un petit coureur, je n'ai donc pas été contrôlé souvent, mais chaque fois que j'ai été contrôlé — j'ai quand même été contrôlé plusieurs fois aux Quatre Jours de Dunkerque où j'avais bien envie de gagner ; j'ai été contrôlé au Tour du Luxembourg où j'ai porté le maillot de leader ; j'ai été contrôlé sur Bordeaux-Paris où j'aurais pourtant eu besoin d'un petit remontant —, chaque fois que j'ai été contrôlé, chaque fois que j'ai été désigné par le sort, car il y avait aussi des tirages au sort, je suis allé pisser** sans le moindre problème. Surtout, écrivez bien que j'ai pissé à une époque où les contrôles antidopage étaient fiables ! Le type qui prenait des amphétamines était sûr d'être pincé.

C. P. — Sur quelles courses recherchait-on les amphétamines ?

Jean-Marie Leblanc. — De façon systématique, il y avait des contrôles dans les grands Tours et sur les classiques. En 1968, faute d'infrastructures disponibles, on ne contrôlait pas encore toutes les courses, mais le pli était pris, et les contrôles sont bientôt devenus systématiques.

C. P. — Y avait-il des contrôles sur les critériums.

Jean-Marie Leblanc. — Non, parce que les critériums, par définition, n'étaient pas des courses. Pour courir un critérium, nous touchions un contrat. Qui dit contrat dit démonstration.

C. P. — Faut-il comprendre qu'au nom de la sacro-sainte « culture du milieu », personne, sur les critériums, n'échappait aux amphétamines ?

Jean-Marie Leblanc. — [Formel et en même temps didactique.] Non ! non ! non ! Vous faites ce que je reproche certaines fois à mes amis journalistes, vous faites de la ca-ri-ca-tu-re ! [Il sépare chaque syllabe.] Coureur, j'ai connu des types qui, à force de

---

* En novembre 1998, lors d'une émission télévisée consacrée au dopage.
** Pour l'analyse d'urine.

prendre des amphétamines, étaient arrivés au stade de la dépendance, de l'accoutumance, en clair : au stade de la toxicomanie. Mais il ne faut pas vous tromper : ceux qui ont le plus abusé étaient les plus inconscients ! À l'inverse, je connais des types qui, eux, étaient « clairs », c'est-à-dire qu'ils ont toujours refusé le dopage, qu'ils ont toujours refusé — j'insiste ! — la culture du milieu.

Alors, les chiffres ? Eh bien ! il y avait, d'un côté, cinq pour cent d'inconscients ; il y avait, de l'autre côté, cinq pour cent de types nets ; et entre les deux, il y avait un immense corpus de gars qui, lors des critériums, parce qu'il n'y avait pas contrôle, prenaient peu ou prou.

C. P. — Vous ?

Jean-Marie Leblanc. — Moi, je n'avais pas pour principe de me charger la gueule *[sic]* pour faire quatre-vingt-dix kilomètres ! Quand je gagne à Rousies en battant au sprint Claude Guyot, je suis à l'eau claire. Et quand je gagne à Ploudalmézeau*, au lendemain du Tour du Morbihan, je ne marche pas non plus aux amphétamines... [Il s'arrête et sourit.] Savez-vous à quoi je marchais ? Au muscadet ! Je me souviens, j'étais avec Samyn ; nous nous étions déshabillés dans un bistrot... La veille, nous avions fait la fête avec des copains ; nous avions peut-être dormi trois ou quatre heures, et au départ de la course, évidemment, nous étions un peu cuits. Alors, qu'avons-nous fait ? Avons-nous pris des amphétamines ? Bien sûr que non ! Parce que nous étions jeunes, parce que nous étions gais, parce qu'il existait dans notre bonne humeur un esprit de bravache, nous avons pris deux verres de muscadet, persuadés que nous saurions les éliminer ! Et je gagne ! Je gagne parce que le circuit est tout plat et parce que je cours sur les nerfs.

C. P. — « Dans certaines disciplines sportives, mais également dans d'autres groupes sociaux, le dopage est même un rite d'ini-

---

* Il s'agit de sa victoire dans le circuit de l'Armorique.

tiation, d'intégration, comme s'alcooliser ailleurs», expliquait l'universitaire Patrick Laure, en octobre 1997, dans les colonnes du *Monde*. Et il proposait à Benoît Hopquin la définition suivante : «Est dopage toute prise de médicament qui vise à surmonter un obstacle.» Partagez-vous sa définition et son approche psychologique du dopage?

Jean-Marie Leblanc. — L'une et l'autre sont parfaitement justes. Pourquoi, selon vous, j'avale deux verres de vin blanc avec José Samyn? Parce que je suis inquiet! J'ai beau savoir qu'un critérium n'est pas une course, je veux quand même mériter mon contrat. Alors, je m'aide... Voyons! pourquoi se dope-t-on? Jacques Goddet l'a bien compris à propos de Simpson : par orgueil parce qu'on veut gagner à tout prix, ou parce qu'on ne veut pas être ridicule! On se dope parce qu'on doute aussi bien de ses propres forces que des moyens utilisés par les adversaires! En tout cas, on ne se dope pas pour l'argent, pour les sponsors, pour le public ou pour les médias, ou pour toutes les sottises que j'ai entendues au mois de juillet [1998].

C. P. — De ces deux verres reparliez-vous par la suite?

Jean-Marie Leblanc. — Non. Quel intérêt?

C. P. — Vous aviez mauvaise conscience?

Jean-Marie Leblanc. — Oui, probablement... Dites! vous n'allez pas m'en faire dix pages pour deux verres de muscadet?

C. P. — Pour deux verres de muscadet, non. Pour comprendre la psychologie du dopage, si.

Jean-Marie Leblanc. — [Il réfléchit.] Écoutez! c'est loin, c'est confus, et c'était de tellement peu d'importance... Mais si j'y réfléchis, je me dis que j'étais forcément partagé. Je savais que c'était un geste sans conséquence, mais, en même temps, je savais que ce n'était pas un geste dont je pouvais être fier.

Vous voyez ce que je veux dire? Dans la vie, à moins d'être un saint, il arrive toujours un moment où le bien et le mal se mélangent, où sans être sûr de faire mal, on n'est pas sûr de faire bien... Moi, sur un coup pareil, je devais être dans cet état d'esprit, et si je n'étais pas certain d'avoir mauvaise conscience, j'étais certain de ne pas avoir bonne conscience.

C. P. — Par-delà vos études, votre différence d'avec le reste du peloton, n'était-ce pas, justement, cette conscience du bien et du mal, cette conscience qu'il existe une conscience ?

Jean-Marie Leblanc. — Une fois encore, vous vous trompez. Parce que je l'ai vécu, je sais que d'autres avaient les mêmes réticences, et parfois les mêmes répulsions. Je n'étais pas le seul à pouvoir revendiquer des problèmes de conscience.

C. P. — Que vous l'admettiez ou non, l'histoire retiendra que, dans votre dos, quatre-vingt-dix pour cent des coureurs se dopaient...

Jean-Marie Leblanc. — [Meurtri.] Mais non ! C'est vous qui le dites, mais ce n'est pas la vérité !

C. P. — Pourquoi Pierre Chany dénonçait-il alors ce qu'il appelait « les chevronnés de la délinquance »[14] ? Pourquoi les journaux, au lendemain du décès de Simpson et dans les mois qui suivirent, n'eurent-ils plus que le mot « dopage » à écrire ? Pourquoi, au lendemain du Tour, dès les premiers contrôles, les coureurs furent-ils sanctionnés par dizaines ?

Jean-Marie Leblanc. — Mais je m'en souviendrais ! [Ébranlé.] Vous avez les articles ?

C. P. — Quelques-uns. Celui-ci, par exemple, du 1er août 1967[15], signé par Jacques Marchand. Sous un titre sans appel, « La chasse aux tricheurs », il prévient que six coureurs ont été reconnus coupables de s'être dopés sur le Tour de l'Avenir, ce qui prouve que les amateurs, déjà, sont touchés. Ce même 1er août, Dolman, le champion des Pays-Bas, avoue s'être dopé en compagnie de quatre autres coureurs[16]. Le lendemain, Newton, un Anglais, est déclassé pour dopage de sa deuxième place au championnat national[17].

Sabas Cervantes, un Mexicain, vainqueur de son Tour national, est à son tour suspendu car le dopage est déjà sans frontières[18]. Et en France, au même moment, Jacques Anquetil reconnaît qu'il utilise des «stimulants interdits» — «comme tout le monde dans ce milieu», ajoute-t-il[19]!

Jean-Marie Leblanc. — Je ne m'en souviens plus. Enfin, si! je sais qu'Anquetil a fait des déclarations sur le dopage. Je me souviens, bien sûr, de la mort de Simpson, de l'émotion qu'elle a soulevée, mais je n'ai pas souvenir que les journaux en aient parlé des mois et des mois. [Désabusé, il montre, d'un signe de tête, les articles qui restent.] Après, c'est quoi?

C. P. — «Vaincre leur inconscience», un papier de Michel Thierry[20] qui répond à Julio Jimenez, lequel, s'appuyant lui aussi sur la loi du milieu («Tous les coureurs prennent des pastilles, tout le monde est coupable ou personne», dit-il.), lequel reconnaît qu'il s'est sciemment dopé sur le Tour de France, dans l'étape du Puy-de-Dôme. D'où ce commentaire de Michel Thierry : «Que de tels propos soient tenus et surtout que de tels actes aient été commis quelques jours après la mort de Simpson prouvent à quel point les coureurs sont devenus inconscients.»

Jean-Marie Leblanc. — Non! M. Thierry... Pas *les* [il insiste] coureurs, mais *certains* [il insiste] coureurs.
Continuez...

C. P. — Cette «une» de *l'Équipe*, daté du 24 août 1967, vous en souvenez-vous : «Désiré Letort dopé n'est plus champion.»?

Jean-Marie Leblanc. — [Il bondit littéralement.] Letort! Là, oui! je m'en souviens! Quel imbécile! Nous logions en collectivité, à Felletin, et il n'était évidemment pas question de se doper! Sauf que, sur la ligne de départ, Désiré était là, avec ses pastilles à la main : «Eh! les mecs! moi, j'en ai rien à foutre de leur contrôles!» Et hop! devant tout le monde, il prend ce qu'il faut, puis il devient champion de France!

C. P. — Savez-vous comment il s'est défendu ? Comme se sont défendus les coureurs en 1998, comme ils se défendront au vingt-et-unième siècle : en demandant une contre-analyse et en jurant qu'il a « gagné honnêtement [s]on maillot »[21].

Jean-Marie Leblanc. — [Rageur.] Devant tout le monde ! Et de vous à moi, lorsque j'ai su qu'il était positif, j'ai dû penser : « C'est bien fait pour lui ! »

Voyons ! il y a contrôle et il se charge ! Il est fou ! Franchement, c'était un suicide sportif !

C. P. — À cette époque-là, quelles étaient les réactions du public ? Vous souvenez-vous qu'il vous ait jamais traité de « dopé » ?

Jean-Marie Leblanc. — Mais jamais ! Jamais de ma vie on ne m'a traité de dopé, et je n'ai pas le souvenir que mes copains aient été traités de dopés. Vous avez retrouvé des choses, vous ?... [Rassuré par un signe négatif.] Non, non, jamais...

Mais votre question est intéressante parce que, si j'en crois les journaux, depuis le Tour de France 1998, certains coureurs n'osent plus partir s'entraîner tant ils en ont assez d'être traités de dopés... Eh bien ! à mon époque, ce n'était pas le cas.

Je vous jure : notre grande question était : combien faut-il faire de kilomètres pour être bien dimanche ? Un peu plus pour être sûr de tenir la distance ?... Ou un peu moins pour faire un peu de jus ?... Le reste, on s'en foutait !

[Soupir.] Enfin, comment expliquez-vous que je ne me souvienne plus du dopage ? sinon par le fait qu'il ne me concernait pas. Ou alors, hein ? je ne veux plus me souvenir, je suis un menteur, je suis un cynique... [Songeur, comme pour lui-même.] Remarquez, vous trouverez bien des gens qui vous diront que je suis un cynique... [Emporté.] Mais j'ai pourtant tout fait à l'eau claire, nom de Dieu !

Cinquième entretien

Juste un peu d'anarchie – Une journée sur les jambes – À jamais contre Marx – Le maïs transgénique – Des robots ou des hommes – Trois garçons et des billes – Un œil chez Le Pen – La balance est au centre – Ces ministres vont trop vite – Des lances contre la presse – Kelly a fourgué – Delgado sauve sa peau – Une foi en tout genre – Du progrès pour les hommes – Dans le Tour 1968 – Thomas More au bourreau – Hardy c'est Leblanc.

Christophe Penot. — Bien sûr, la mort de Simpson n'était pas oubliée. Bien sûr, l'on parlait encore de dopage, mais parce que la vie suivait son cours, vous vous étiez marié, vous aviez refait du journalisme, puis vous aviez recommencé à courir. Autrement dit, au printemps 1968, le jeune homme que vous étiez, ancien étudiant, poursuivait son chemin. À quel moment avez-vous pris conscience, Jean-Marie Leblanc, qu'il y aurait — nous mettrons des guillemets — « une révolution », la « révolution de mai 68 » ?

Jean-Marie Leblanc. — J'espère que vous rigolez ! Révolution, révolution... Mais il n'y a jamais eu de révolution, et quand je lis, ce matin encore*, dans *Le Nouvel Obs'*, une phrase qui ressemble à celle-ci : « la chape qui pesait sur la France de De Gaulle en 1968 », je vous jure que je me frotte les yeux !...

En 1968, je faisais quoi ? J'étais coureur. Aussi, je l'avoue, je n'avais plus aucun contact avec le monde étudiant, ni avec ses idées, ni avec ses chahuts. Je n'avais pas non plus de contacts avec le monde ouvrier, alors que la relation était très forte, à l'époque, entre les étudiants et les ouvriers. Enfin, j'étais un jeune homme de province, ce qui signifie que j'étais naturellement

---

* Ce cinquième entretien a eu lieu le 12 avril 1999.

119

moins sensible, comme tous les provinciaux, à ce qui ne fut, du moins au début, qu'un mouvement typiquement parisien... Cela étant, j'avais vingt-trois ans, j'avais lu des livres et j'avais le sentiment de ne pas être idiot; parce que je me suis toujours intéressé à la politique, j'avais même l'impression d'avoir une *vraie* [il insiste] conscience politique, mais jamais, je dis bien : *jamais* [il insiste] je n'ai eu en 1968 l'impression de vivre sous une chape, ce qu'on appellerait aujourd'hui «l'ordre moral»! Qu'il y ait eu un mouvement revendicatif : oui! Qu'il ait pris de l'ampleur au fil des jours : oui! Qu'il fût justifié : peut-être... En tout cas, si vous me demandez mon avis, je vous dirai, avec le regard qui est le mien, et qui vaut ce qu'il vaut, je vous dirai qu'on a trop mythifié mai 68. À part la grille des salaires qui a été nettement revue à la hausse (en fin d'année, pour suivre le mouvement, De Muer m'a fait passer de 600 à 1 000 francs!), absolument rien n'a changé, et le monde n'est pas devenu meilleur du jour au lendemain!

Non! en 1968, il n'y a pas eu de miracle; il y a eu juste un petit peu d'anarchie, et de par mon tempérament, de par ma formation, de par mon éducation, je ne peux pas supporter l'anarchie!

C. P. — Qu'appelez-vous l'anarchie? Je veux dire : de manière concrète, dans les faits, comment l'avez-vous ressentie?

Jean-Marie Leblanc. — Dans les faits? C'est très simple — je vous ai raconté, l'autre jour, que j'avais disputé le Tour de Majorque, et que Janssen m'avait poussé pour que je passe un col avec les premiers... Eh bien! je me souviens que, pour rentrer de Majorque, nous avons dû contourner le bassin méditerranéen par les pays du Maghreb, l'Italie, la Suisse, etc., puis atterrir à Bruxelles puisque les aiguilleurs du ciel français étaient en grève. Je me souviens aussi que j'ai dû faire Bruxelles-Lille en taxi, ce qui m'a coûté une fortune! Et puis, ensuite, comme tout le monde, j'ai essayé d'analyser ce qui se passait... Et puis, pas comme tout le monde mais comme certains, indigné par les débordements sociaux, je suis allé manifester!

C. P. — Non!?

Jean-Marie Leblanc. — Si!

C. P. — Mais, raisons sportives mises à part, jamais un cycliste n'a manifesté. Anquetil et Poulidor n'ont pas manifesté en 1968. Aucun coureur n'a manifesté en mai 68.

Jean-Marie Leblanc. — Ah! ce que faisaient les autres... Je sais que personne ne parlait de politique dans le peloton, ou alors je n'en ai aucune souvenance... En tout cas, moi, j'y suis allé! J'y suis allé avec mes copains journalistes de *La Voix du Nord*, et je peux vous assurer que, pour un coureur, c'est difficile de manifester, car il faut rester sur ses jambes toute la journée! Pourtant, je l'ai fait! Je l'ai fait à Lille, et, si vous voulez tout savoir, je vous dirai que, pour me remettre d'aplomb, pour faire tourner les jambes, je suis allé disputer une kermesse le lendemain, kermesse que j'ai terminée deuxième ou troisième malgré un terrible mal aux cannes *[sic]*!

C. P. — Mais pour quelles raisons manifestiez-vous? Pour votre hausse de salaire?

Jean-Marie Leblanc. — Non, pour De Gaulle... Attendez! [Ébahi, il se rend compte, en même temps que son interlocuteur, qu'il a été mal compris.] attendez! Je n'ai pas manifesté; j'ai *contre*-manifesté [il insiste sur «contre»]! Qu'on soit bien d'accord : j'ai été de tous ces Nordistes — car je vous prie de croire que nous étions très nombreux —, qui soutenaient le général De Gaulle contre ce qui nous semblait être des débordements sans objet. En clair : j'avais des convictions qu'on dirait aujourd'hui «réactionnaires», et je me suis engagé en fonction de ces convictions!

C. P. — L'écrivain Michel Le Bris, passionné comme vous de jazz et de sport, a raconté dans un livre d'entretiens que l'étudiant qu'il était avait fait alors, dans le camp opposé, «l'expérience, bouleversante et paradoxale, de la fraternité»[1]. Vous, coureur et journaliste réputé convivial, pourquoi n'avez-vous pas fait la même expérience? Pourquoi êtes-vous devenu un homme de droite?

Jean-Marie Leblanc. — Vous m'énervez quand vous dites que je suis «un homme de droite»! Je suis, depuis l'âge de mes lectures, depuis que j'ai eu seize ou dix-sept ans, je suis viscéralement antimarxiste — conviction que je n'ai pas peur d'exprimer, et que vous pouvez bien entendu écrire. Mais ce n'est pas pour autant, ipso facto, qu'il faut me rejeter dans le camp de la droite, voire, comme l'ont fait certains, dans le camp de l'extrême-droite! En vérité, je suis antimarxiste et je suis catholique, ce qui fait que je me situe politiquement au centre, mais plutôt au centre droit. Quoi qu'il en soit, je suis toujours irrité lorsqu'on me soupçonne de faire partie d'une famille de pensée qui ne peut adhérer à des sentiments de fraternité et de solidarité sociale. Où avez-vous lu, s'il vous plaît, que seuls les marxistes auraient l'exclusivité de la fraternité? C'est faux!

C. P. — De par vos convictions, avez-vous déjà voté pour Jean-Marie Le Pen? Franchement.

Jean-Marie Leblanc. — [Solennel.] Pourquoi ce «franchement»? Est-ce que je ne vous donne pas, depuis le début de nos entretiens, l'idée d'un homme qui s'exprime franchement? Est-ce que je ne vous donne pas l'idée d'un militant qui ose exprimer ses convictions?... Je vous l'ai déjà dit (je vous parlerai de Le Pen après) : je crois en l'homme, je crois en la morale. Et c'est parce que je crois en l'homme, en son potentiel, en ses idées, en son énergie, que je crois notamment, au poste qui est le mien, qu'il faut et que l'on peut lutter contre le dopage...

Pourquoi faut-il lutter contre le dopage? Pour sauver les bénéfices du Tour de France comme je l'ai vu écrit trop souvent? Non! Il faut lutter contre le dopage, j'ai envie de vous dire : par réaction, pour peser sur le type de société que nous laisserons demain. Parce que, bien entendu, les problèmes qui se posent dans le sport sont les mêmes problèmes qui se posent dans la société! Et les réponses qui seront valables pour les uns seront aussi valables pour les autres. Je veux dire par là que, si l'on veut apporter une réponse cohérente à ce cancer qu'est le dopage, il va falloir répondre très vite aux questions suivantes : oui ou non, admet-on le maïs transgénique ? Oui ou non, admet-on le clonage ?

C. P. — Pour ce qui vous concerne, comment répondez-vous à ces deux questions : par oui ou par non ?

Jean-Marie Leblanc. — [Il joint les mains.] L'homme du Nord que je suis, fils d'un petit marchand de bestiaux, et un peu écolo — tiens ! il paraît que c'est de gauche, ça... —, n'a pas vu sans effarement les paysans de l'Avesnois déboiser leur campagne, avec les lourdes conséquences sur l'écoulement des eaux, au motif qu'il fallait produire davantage ! Il ne voit pas non plus, sans une inquiétude encore plus grande, l'homme tourner de plus en plus le dos à la nature et se prendre pour je ne sais quel thaumaturge, au nom de la modernité !

Je ne suis évidemment pas un spécialiste de ces questions scientifiques, mais j'ai lu, et tout le monde a pu lire, qu'on saura bientôt programmer un individu en travaillant directement sur ses gènes. Je ne sais si vous vous rendez compte de ce que cela signifie : des manipulations sur les gènes ? Personnellement, je suis terrifié !

C. P. — En février 1999, évoquant les évolutions de la biotechnologie, le Docteur Gérard Dine répondait en ces termes à Guy Roger : « On pourra arriver à faire des robots biologiques. Il suffira de demander à un mec d'établir un cahier des charges pour courir le cent mètres en huit secondes, ou un cahier des charges pour porter le record de l'heure à soixante-cinq kilomètres-heure, et les scientifiques donneront la réponse. Mais est-ce que ces gens qui seront reprogrammés seront encore reliés à l'espèce humaine ? Et le sport s'appellera-t-il toujours le sport ? » Et le Docteur Dine de terminer sur cet avertissement : « Ne vous méprenez pas, on n'en est pas si loin. »[2]

Jean-Marie Leblanc. — J'ai lu cet article et j'en ai lu d'autres, et je vous répète ce que je viens de vous dire : je suis terrifié !

C. P. — « Par excès d'imprudence ou de stupidité, l'homme se condamne à disparaître »[3], prévenait déjà le professeur Monod en février 1997. Pourquoi cette voix si forte, celle d'un pair à ses pairs, les scientifiques ne l'ont-ils pas entendue ? Pourquoi, Jean-Marie Leblanc, les scientifiques sont-ils devenus si puissants dans le sport, si puissants en cyclisme ?

Jean-Marie Leblanc. — Vous avez l'air de me poser la question comme si je devais me sentir responsable ou comme si je pouvais, à moi seul, mettre fin à la présence des scientifiques dans le sport : évidemment, je n'ai pas ce pouvoir, et je me demande même si quelqu'un aura jamais ce pouvoir ! Mais, je peux vous dire, et je vous le dis avec force, que je ne serai jamais le directeur d'un Tour de France qui se ferait avec des jeunes hommes tellement gonflés qu'ils en seraient robotisés. Je ne serai jamais, parce que j'aurai démissionné avant, l'organisateur d'un spectacle hyperprofessionnalisé, mais sans plus aucun lien avec la définition du sport. Or, celle-ci reste simple, puisque le sport consiste précisément à faire se confronter, dans des conditions égales et normales, des hommes et des femmes, pour voir qui court le plus vite, qui saute le plus haut, qui vise le plus loin. Autrement dit, le sport n'a besoin que d'arbitres ; il n'a pas besoin de médecins !

Je ne veux pas parler de dopage ou de tentation de dopage, je veux seulement parler de soins : pour l'avoir vécu en tant que coureur, je sais combien le risque est réel d'une médicalisation à outrance. En 1967, je me le rappelle fort bien, les traditionnelles vitamines B1, B6, B12 étaient prescrites sous formes de piqûres intramusculaires. Cinq ans plus tard, lorsque j'ai arrêté ma carrière, les intraveineuses avaient remplacé les intramusculaires. Dix ans plus tard, les intraveineuses disparaissaient à leur tour pour laisser place aux perfusions ! Bien entendu, je ne vous parle là que de soins de récupération, de soins qui sont licites, mais, quand même, je pose la question — la même que vous : jusqu'où irons-nous ?

Alors, qui doit répondre à cette question ? Je répète que ce n'est pas le directeur du Tour de France, parce que je n'ai évidemment aucune compétence dans le domaine médical. Ce ne sont pas non plus les institutions sportives, car elles manquent des mêmes compétences. Non, je l'ai dit souvent, la réponse appartient aux scientifiques. Ils sont les seuls à pouvoir définir la barrière qui sépare le robot de l'athlète. Et en matière de lutte contre le dopage, ils sont également indispensables parce qu'il sont les seuls à pouvoir détecter les produits interdits.

C.P. «Le dopage, qui était l'affaire de pauvres types, est devenue celle de gens intelligents et c'est moralement encore plus indéfendable», affirmiez-vous à Philippe Bouvet qui vous interrogeait, en janvier 1997, sur les nouveaux excès du dopage...

Jean-Marie Leblanc. — [Il coupe.] Je m'en souviens très bien. Je lui parlais même de «criminel», car il faut être un criminel pour prescrire à des sportifs, qui sont théoriquement des gens en bonne santé, des produits pharmaceutiques aussi lourds que cette EPO* dont on a parlé durant tout le Tour de France 1998! Et je vous fais remarquer — ce n'est qu'une remarque — que je le disais en janvier 1997, c'est-à-dire dix-huit mois avant que n'éclate l'«affaire Festina». Maintenant, j'ajoute, et la loi Buffet me donne le droit de le faire, j'ajoute que ces criminels, nous allons les mettre en prison!

C.P. — Marie-Georges Buffet, une communiste?

Jean-Marie Leblanc. — Et alors? Une excellente ministre de la Jeunesse et des Sports.

C.P. — Pourquoi n'aimez-vous pas les communistes?

Jean-Marie Leblanc. — Mais je n'ai rien contre les communistes — et, d'ailleurs, quand nous parlerons de la boxe, faites-moi penser à vous dire combien j'apprécie un homme comme Émile Besson. Non, je n'ai rien contre les communistes : je suis contre le marxisme! Avouez que ce n'est pas la même chose... [Didactique.] Le marxisme, qui a conduit à la dictature du prolé-

---

* Appellation commune de l'érythropoïétine.

tariat, tend à rendre la société égalitaire. Or, moi, il me semble que j'ai toujours su que si vous prenez trois petits garçons de sept ou huit ans, si vous leur donnez dix billes chacun, eh bien! après trois heures de jeu, il y en a un qui aura encore ses dix billes, un autre qui en aura vingt, un autre qui n'en aura plus. Pourquoi? Parce que, chez les petits garçons comme chez les hommes plus tard, il y en a qui prennent des risques et d'autres qui n'en prennent pas, il y en a qui sont plus malins, plus chanceux, il y en a aussi qui sont plus courageux. Bref! sur cette simple évidence, j'ai fait, tout jeune, un procès d'intention au marxisme. Vous ne trouverez pas beaucoup de gens pour soutenir que j'ai eu tort!

Mais je ne vous ai pas répondu sur Le Pen. Votre question était : «Avez-vous déjà voté pour Le Pen?» La réponse est : non! Non, je n'ai jamais voté pour Le Pen, mais j'ai manifesté un temps, un temps court, au milieu des années soixante-dix, de la curiosité pour cet homme, comme j'avais manifesté, en 1965, de la curiosité pour ce Jean Lecanuet dont on disait, à l'époque, qu'il incarnait « le Kennedy français ».

C. P. — Vous étiez déjà politisé en 1965? Vous n'aviez que vingt et un ans...

Jean-Marie Leblanc. — J'avais vingt et un ans, j'étais à l'armée, et j'avais déjà, oui, une conscience politique, dans le sens où je m'intéressais à la vie de mon pays, à la société, à l'économie. J'ai toujours été curieux, attentif, et, lorsque Jean Lecanuet est venu à Lille, avant l'élection présidentielle de décembre 1965 — je me souviens parfaitement de la date —, le militaire que j'étais a «fait le mur» pour assister à son meeting!

C. P. — Il se présentait contre De Gaulle.

Jean-Marie Leblanc. — On le disait libéral, européen : c'était ce qui attisait mon intérêt...

Je reviens à ma curiosité pour Le Pen. Elle signifie quoi? Que dans les années soixante-dix, j'apprends que le Front National, alors en quête d'audience, organise une réunion dans un petit bistrot de Lille qui se situe à deux pas de *La Voix du Nord* où je travaille. Comme je suis toujours attentif à la politique, je décide d'y passer un œil *[sic]*. Je prends une documentation, je la lis. [Il mime celui qui lit.] Oui... Non... Oui... Non... Après quoi, on m'annonce qu'il y aura bientôt un dîner-débat dans lequel on parlera aussi politique, et je réponds que j'irai. Ensuite, je ne suis plus allé à rien, sans doute parce qu'à ce dîner-débat, j'avais compris, j'avais entendu un certain nombre de choses qui ne me convenaient pas! Je ne crois pas qu'on puisse être plus clair.

C. P. — Aujourd'hui, où se tournent vos curiosités?

Jean-Marie Leblanc. — Elles se tournent vers quoi elles n'ont jamais cessé de tourner : une société de libéralisme. Je suis et je resterai jusqu'à la fin de ma vie un libéral. Et... [Il hésite.] Si! je vous le dis. En 1998, parce qu'il animait une réunion pas très loin de chez moi, j'ai eu la tentation d'aller écouter Alain Madelin, et si je n'avais pas été le directeur du Tour de France, j'aurais succombé à cette tentation. Seulement, je suis directeur d'une épreuve qui traverse tous les villages de France, des villages de gauche, des villages de droite, et, comme tel, je m'impose un devoir de réserve.

C. P. — Ce qui ne vous empêchera pas, demain, d'être taxé de conservateur!

Jean-Marie Leblanc. — [Goguenard.] J'imagine assez bien que mes amis du Monde et d'autres confrères eussent préféré de beaucoup qu'en mai 68, j'allasse défiler dans la première manifestation plutôt que dans la deuxième! [Rires.] Cela dit, n'allez pas me faire passer pour un professionnel de la manif' : de ma vie je n'ai recommencé!

C. P. — Faut-il comprendre, sur le fond, que la société vous convient? que vous n'avez jamais eu envie qu'elle change?

Jean-Marie Leblanc. — Ne me faites pas dire ça! Le fait que je sois contre les débordements anarchiques ne signifie pas que je suis contre l'évolution. Pas du tout! En vérité, je pense qu'il faut des progressistes et des conservateurs, et que la vérité, comme toujours, se situe au milieu. Les progressistes permettent évidemment aux choses d'évoluer, mais s'il n'y avaient que des progressistes, les choses bougeraient trop vite et des erreurs seraient commises. Et si les choses ne bougent pas trop vite, c'est justement parce que les conservateurs freinent des deux pieds! Tant que ce petit jeu continuera, tant que le balancier se situera au milieu, je vous assure que le système m'ira plutôt bien.

Je vais vous dire : *Le Canard Enchaîné* n'écrit pas toujours des lignes aimables pour moi, mais je serais le premier, demain, à le soutenir si on l'empêchait de paraître. Dans le même esprit, j'apporte un soutien indéfectible à cette petite voix que représente, du moins en France, le parti écologiste, car il est le seul à nous informer des dangers de la pollution et du productivisme, deux choses dont les citoyens doivent être avertis. Enfin, quitte à vous faire rigoler, je vais avouer que je suis un tenant farouche du bicaméralisme tel qu'il existe aujourd'hui. J'aime l'idée qu'une chambre des sages, certes composée par beaucoup d'élus âgés, puisse contrebalancer les décisions d'une Assemblée nationale que je trouve, personnellement, trop régie par les sondages, les médias et les modes de pensée.

C. P. — Lorsque vous dînez chez le président Chirac, en pleine tempête Festina, le 17 juillet 1998*, quelles pensées vous inspire l'homme qui dirige l'État?

Jean-Marie Leblanc. — L'«affaire Festina» mise à part, car elle n'intervient évidemment pas dans ce que je vais dire, j'avoue une grande déférence pour l'homme, quel qu'il soit, qui représente la tête de l'État. J'avoue la même déférence, bien entendu, pour le Premier ministre, mais permettrez-vous au citoyen que je suis d'ajouter, pour avoir côtoyé certains de ces hommes, qu'on

---

* «"Vous n'avez pas eu le temps de dîner, bien sûr, lui lance le président. Il faut vous restaurer." Leblanc, confus, presque gêné, s'installe à table et voit le chef de l'État lui servir un bon bordeaux», racontent Nicolas Guillon et Jean-François Quénet dans *Les Secrets du «dossier Festina»*[4].

les sent tout de suite un peu déconnectés d'avec la vie quotidienne. J'ai vu, par exemple, fonctionner Alain Juppé : c'est un type d'une intelligence « hyperrapide », et à peine a-t-on évoqué une question, à peine a-t-il répondu que, déjà, il ne vous écoute plus, déjà il est au problème suivant ! Je pourrais dire aussi la même chose de Michel Rocard, et Jean-Pierre Carenso, qui l'avait côtoyé, faisait le même constat à propos de Laurent Fabius : des esprits de synthèse fulgurants, mais qui vont trop vite pour le petit peuple des gens comme nous.

C. P. — Savez-vous ce qu'affirme Thierry Cazeneuve[*] ? Qu'au mois de juillet, depuis un siècle, le patron du Tour de France pèse davantage que le président de la République et le Premier ministre réunis ![5]

Jean-Marie Leblanc. — C'est une formule, formule que d'aucuns trouveront jolie, mais à laquelle il convient de ne pas attribuer plus de sens qu'elle n'en a ! Avouerai-je, cependant, que le Tour de France 1998 ayant été ce qu'il a été, j'ai eu la surprise, ensuite, d'être plus reconnu et plus accosté dans la rue qu'au cours des neuf années précédentes. J'en conclus donc, et j'y vois là une dérive des médias, que l'on aime davantage parler du dopage que du sport, et pour paraphraser Corneille, je dirai que le directeur du Tour de France ne mérite ni cet excès d'honneur, ni cet excès d'indignité ! Et j'ajoute, mais vous l'aurez compris, que ce n'est pas la quête de reconnaissance qui m'attache à la fonction, surtout si l'indignité en est le prix à payer !

C. P. — Dans quelle mesure Nicolas Guillon et Jean-François Quénet[6] visent-ils juste lorsqu'ils distinguent deux Jean-Marie Leblanc, celui qui aime le cyclisme et celui que le Tour de France met à vif ?

Jean-Marie Leblanc. — Il y a une part de vérité dans cette analyse parce que les sollicitations sont telles, sur le Tour, que je

---

[*] Journaliste. Organisateur du Critérium du Dauphiné.

ne vois plus comment y faire face. Pour parler concrètement, je dirai que trop de journalistes, soit de la presse écrite, soit de la télévision, soit des journalistes de radio, réclament un mot — oh! juste cinq minutes... —, et qu'il s'avère que je ne peux plus, maintenant, répondre à tout le monde, d'autant que le nombre de chaînes de télévision et de stations de radio, bien sûr toutes concurrentes, ne cesse d'augmenter! À une époque, les interviews sur le Tour de France étaient partagées entre Jacques Goddet et Félix Lévitan. À une autre, elles l'étaient entre Jean-Pierre Carenso et moi... Aujourd'hui, ce n'est plus le cas.

Deux remarques : premièrement, personne n'étant irremplaçable, nous avons nommé pour les années à venir un directeur de la communication, Philippe Sudres, lequel, parce qu'il a toute ma confiance, répondra lui-même directement à beaucoup d'interviews. Deuxièmement, les sollicitations dont je suis l'objet m'amènent à constater que le métier de directeur du Tour de France est un métier *physique* [il insiste], et qu'il faudra donc, pour le diriger après moi, un homme solide. Je l'ai constaté en 1998 : on ne bondit pas de sa voiture sans un gros fond de santé! L'on ne se dresse pas face à la foule, face à la presse, face aux coureurs, sans une bonne résistance physique!

C. P. — Face à la foule qui criait sa colère, avez-vous eu réellement peur en juillet 1998?

Jean-Marie Leblanc. — J'ai eu peur dans la mesure où une foule, par définition, est un corps incontrôlable...

[Il marque une pause.] En vérité, moins que la peur physique, j'ai ressenti une immense injustice, parce que j'avais le sentiment de faire plutôt bien mon métier. J'ai ressenti aussi une immense lassitude, car je ne pouvais pas m'empêcher de penser qu'on n'accepte pas de diriger une épreuve aussi belle que le Tour, si c'est pour en arriver à se faire lyncher, lyncher par la foule qui vous insulte et cabosse votre voiture, mais aussi lyncher par la presse qui n'attend qu'un faux pas pour se déchaîner. [Comme vidé tout à coup, il soupire.] Vous ai-je dit, en effet, que de toutes les pressions, il n'existe pas une pression qui soit plus terrible que la pression de la presse ? Contre elle, contre cette machine, contre cette puissance, les hommes perdent toujours ! Les politiques perdent, les coureurs perdent et, bien sûr, les organisateurs perdent aussi ! Alors, parce que je n'ai plus l'ambition, dans un combat direct, de contenir cette pression, je me fais violence pour, comme dirait Félix Lévitan, rompre le moins possible de lances avec elle, mais parce que mon tempérament reste ce qu'il est, il m'arrive encore de m'élever contre des critiques que je juge injustes, mensongères ou non fondées ! Mais je soulève là, sans doute, un trop long débat : qu'est-ce qu'un journaliste bien informé ?

C. P. — Vous souvenez-vous que, journaliste, vous étiez l'un de ces hommes qui, d'un coup de plume, pouvait briser une carrière ?

Jean-Marie Leblanc. — À brûle-pourpoint, je me souviens avoir employé un jour le mot « pusillanime » pour définir Germain Simon*, et qu'il m'en a tenu rigueur très longtemps. Mais ce mot résumait parfaitement ce qui était, à l'époque, une véritable conviction.

C. P. — À propos de la première des affaires de dopage qui ont concerné Laurent Fignon, vous écriviez en juin 1987 : « Si l'on traduit bien la pensée de Guimard et de Mégret, il aurait fallu que Fignon mette les lèvres à un bidon "chargé" dans les tout derniers kilomètres du Grand Prix de Wallonie ou après l'arrivée, bidon qui lui aurait été présenté par une tierce personne... Ce n'est pas moins tiré par les cheveux [que l'autre hypothèse avancée]. On n'y avait même pas pensé quand Merckx fut victime de la même affaire à Savone, dans le Tour d'Italie 1969. »[7]

Jean-Marie Leblanc. — [Ravi.] Bien, non ? Je n'ai pas une ligne à retirer de ce que j'ai écrit, d'autant que je me souviens parfaitement du contexte... La veille de ce billet — car c'était un petit édito, n'est-ce pas ? — j'avais été passablement agacé par Cyrille

---

* Président de la Fédération française de cyclisme de 1979 à 1988.

Guimard, lequel, avec des termes savants dont il a le secret, avait tenté de nous en faire accroire. Or, parce que les explications avancées ne tenaient pas debout, j'avais la conviction que Laurent Fignon s'était bien dopé pour ce Grand Prix de Wallonie. En écrivant cet édito, non seulement j'ai exprimé cette conviction, mais j'ai aussi voulu signifier qu'un journaliste de quarante-cinq ans, âge que j'avais à peu près à l'époque, n'aime pas être mené en bateau.

C. P. — Vous souvenez-vous également de la « Lettre ouverte à Sean Kelly » que vous avez publiée au lendemain du Tour de Lombardie qu'il avait vendu à Baronchelli ?[8]

Jean-Marie Leblanc. — Vous l'avez ?

C. P. — « Mon cher Sean (je passe des lignes)... nous avons confirmation aujourd'hui de ce que nous subodorions hier : comme on dit dans le peloton, vous auriez "fourgué". Ce sont des choses qui se font dans un sport professionnel [...] Je ne sais ce qu'en pensent vos patrons de Kas ni vos débonnaires directeurs sportifs, mais moi, ça me chagrine. Car enfin, mon cher Sean, vous n'êtes pas n'importe qui. Vous n'êtes plus le petit smicard irlandais [...], vous êtes maintenant le meilleur coureur du monde. [...] Comprenez donc que, nous qui vous admirons d'ordinaire, nous nous sentions désagréablement floués. [...] Samedi, j'avais égratigné la télévision parce qu'elle s'apprêtait à ne rien retransmettre du Tour de Lombardie. [...] Allons nous battre pour le vélo, après cela. [...] Si seulement vous aviez songé un tant soit peu au cyclisme et à son public », etc.

Jean-Marie Leblanc. — [Encore plus ravi.] Hé ! c'est bon !

C. P. — Douze ans après sa publication, Jean-François Quénet, Hervé Mathurin et Philippe Bouvet s'appuyaient sur ce même papier pour témoigner que vous avez été un grand journaliste[9].

Jean-Marie Leblanc. — Eh bien ! vous leur direz que je suis heureux qu'ils s'en souviennent parce que moi, franchement, je ne m'en souvenais plus... Mais je le trouve très bon ! je suis fier de l'avoir écrit! [Il prend la coupure de presse, la relit pour lui-même.] Oui... oui... c'était tout à fait ça... [Il repose la coupure.] Voulez-vous le fond de ma pensée? C'était un article courageux, un article comme il faudrait toujours en écrire contre ceux qui déshonorent leur sport, mais ce n'était pas, à proprement parler, un article assassin. Je crois d'ailleurs me souvenir que du temps où j'étais journaliste, j'ai plus souvent défendu les coureurs que brisé leur carrière.

[Pris soudain d'une idée.] Dites, avez-vous l'article que j'ai écrit après la mort de Marc Demeyer?

C. P. — Non.

Jean-Marie Leblanc. — Il faut que vous le retrouviez. C'est un article dont je ne me rappelle évidemment plus les termes, mais dont je me souviens que j'étais fier de l'écrire...

C. P. — Et de ces titres, êtes-vous toujours fier : «Delgado sauve sa peau.»[10] «Vite, qu'on en finisse...»[11]

Jean-Marie Leblanc. — En 1988... [Songeur.] Que voulez-vous que je vous dise que vous ne sachiez déjà? Car enfin, je traduisais alors l'immense lassitude qui traversait la caravane du Tour après tant d'impérities, celles du jury des commissaires et celles de la direction du Tour de l'époque — mais j'ai pu vérifier, dix ans après, qu'un directeur du Tour de France n'est pas toujours maître des événements...

C. P. — Justement, avec le recul, quelle relecture faites-vous de ces événements? Considérez-vous toujours Pedro Delgado comme un tricheur?

Jean-Marie Leblanc. — Je préfère vous dire qu'il y a une forte probabilité pour qu'il ait triché, parce que, s'il n'a pas été formellement prouvé qu'il avait pris un produit dopant, il a été, en revanche, formellement prouvé qu'il avait utilisé un produit masquant. Le tout est maintenant de savoir — mais le saurons-nous un jour? —, si le produit masquant cachait ou non un produit dopant. Ma conviction personnelle, exprimée à l'époque, est : pre-

133

mièrement, Delgado a bien essayé de se doper; deuxièmement, la réglementation n'étant pas assez efficace, il était juridiquement logique de lui laisser le bénéfice de sa victoire, fût-elle moralement contestable.

C. P. — Sa victoire a aussi été la vôtre puisque vous êtes devenu, trois mois plus tard, l'homme qui trace et dirige le Tour. Mais, s'il n'y avait pas eu cette « affaire Delgado », si le besoin d'un nouveau patron ne s'était pas fait ressentir, seriez-vous resté journaliste?

Jean-Marie Leblanc. — Vous me prenez un peu de court, mais j'ai envie de vous répondre par oui, puisque je ne me suis jamais ennuyé durant les dix années où j'ai travaillé à *l'Équipe*. J'ajoute, toutefois, cet indispensable commentaire : de 1972 à 1988, c'est-à-dire pendant les dix-sept années que j'ai consacrées au journalisme, j'ai beaucoup, beaucoup, mais vraiment beaucoup écrit, et en 1988, j'aspirais à moins écrire pour m'impliquer davantage — j'avais d'ailleurs commencé — dans la gestion d'une équipe. Bref! la logique aurait voulu que je briguasse l'un des six ou sept postes de rédacteur en chef du journal. Je n'étais sans doute plus très loin, dans la presse, de mon bâton de maréchal.

C. P. — Toujours à propos de cette « affaire Delgado », vous écriviez en 1988 : « Il est évident que le grand public va dorénavant penser que le Tour de France est combine, que le vélo est pourri. Et voilà que les contempteurs institutionnels du cyclisme, ses procureurs professionnels en rajoutent dans la dramatisation, prédisant déjà sur les écrans une mort prématurée aux champions d'aujourd'hui. Que d'excès, que de haine! Le dopage est, certes, une tare à combattre, personne n'en doute, mais il faut raison garder. [...] Des carences qui aboutiraient, aujourd'hui, à faire se dresser l'un contre l'autre deux pays amis si l'on n'y prenait garde. La presse espagnole a réagi avec violence contre ceux qu'elle considère comme les fauteurs de troubles, les Français. Ben voyons... »[12]

Répétons-le : ces lignes furent écrites lors de l'« affaire Delgado », mais personne ne saurait évidemment dire, à leur seule lecture, si elles datent de 1988 ou de 1998. Pour ce qui vous concerne, Jean-Marie Leblanc, à quel moment de votre existence avez-vous compris que la vie n'était qu'un perpétuel recommencement ?

Jean-Marie Leblanc. — [Songeur.] Je suis étonné de réentendre ce texte, et votre question me trouble... Savez-vous que, depuis 1989, une semaine avant le départ du Tour, j'ai pris l'habitude de rejoindre Jean Montois pour un petit déjeuner ?

« Ça va ? Tu pars sur le Tour avec le moral ? m'a-t-il demandé en juillet dernier [1998].

— Oui, pourquoi ?

— Tu n'as pas remarqué que, tous les dix ans, il arrive quelque chose sur le Tour ? En 1978, c'était l'affaire Pollentier. En 1988, c'était l'affaire Delgado. »

J'ai rigolé. Peut-être n'aurais-je pas dû... Je vous laisse imaginer, en tout cas, le rapprochement que j'ai pu faire, quelques jours plus tard, lorsqu'on est venu m'annoncer qu'une voiture Festina, en partance pour le Tour, venait d'être arrêtée à un poste-frontière...

C.P. — Cette arrestation, point A du plus gros scandale qu'ait jamais connu le cyclisme, n'est pas sans paraître mystérieuse, et Jean-Paul Vespini n'imagine point qu'elle soit due au hasard[13]. Les mois d'enquête qui suivirent vous ont-ils permis d'en apprendre davantage ?

Jean-Marie Leblanc. — Non. Comme Vespini, je ne crois pas que cette arrestation soit due au hasard, mais je ne crois pas non plus qu'elle témoigne, ainsi que j'ai pu l'entendre ou le lire, d'une attaque frontale contre la Société du Tour de France ou contre le Groupe Amaury dont la prospérité feraient des jaloux. En réalité, il semble que des gens filaient l'équipe Festina depuis un certain nombre de semaines, et qu'ils ont levé le lièvre, comment dire ?... allez ! je vais vous répéter ce que je disais à Bruno Deblander après coup : il ont levé le lièvre au bon moment, car il fallait crever l'abcès au plus vite.

Vous allez sans doute me répondre qu'au mois de juillet, je ne disais pas la même chose... Évidemment, sur l'instant, pris dans la tempête, j'ai pensé que c'était un bien mauvais tour qu'on nous jouait, mais j'ai compris depuis lors qu'il n'y avait pas d'autre solution pour prendre la mesure exacte du dopage.

C. P. — Dans l'entretien auquel vous faites allusion, Bruno Deblander s'étonnait qu'un homme «comme vous, complètement immergé dans le cyclisme», ait pu ignorer si longtemps l'ampleur du dopage[14]...

Jean-Marie Leblanc. — Que lui ai-je répondu?

C. P. — «Je crois que toute famille a ses secrets, des choses qu'elle cache soigneusement. Ce n'est pas parce que vous en faites partie que vous les connaissez forcément. [...] Il faut cesser de croire que nous vivons en permanence en compagnie des coureurs et que nous pénétrons, aussi souvent que nous en avons envie, dans leur chambre pour voir s'ils préfèrent une injection d'EPO à une séance de sophrologie...»

Jean-Marie Leblanc. — Il n'y a pas un mot à retirer de ce que je disais.

C. P. — Dans un autre entretien, celui-ci publié par *Le Figaro* du 1er août 1998, donc en pleine tempête, Jean-Yves Donor s'étonnait lui aussi que «même un ancien cycliste comme vous» n'en sût point davantage sur les prises d'EPO.

Jean-Marie Leblanc. — Que lui ai-je répondu?

C. P. — «Je suis de l'époque entre Anquetil et Merckx. Le dopage, c'était quelques milligrammes d'amphétamines, des choses qui n'existent même plus aujourd'hui. [...] Les dix ou quinze milligrammes d'amphétamines qu'on pouvait prendre, c'était pour éviter de s'effondrer après deux cent cinquante bornes. Mais peu importe les époques. Le dopage, que ce soit clair, c'est une tricherie. C'est un choix. Grave. Terrible. Et qui ne sert à rien.»

Jean-Marie Leblanc. — Il n'y a pas un mot à retirer de ce que je disais.

C. P. — Philippe Bouvet, qui travailla auprès de vous à *l'É-quipe*, vous connaît un défaut : la mauvaise foi. Pour un homme de votre calibre, et qui occupe votre fonction, ce n'est pas un mince défaut que ce défaut-là...

Jean-Marie Leblanc. — Donnez-moi des exemples, ou je vais vous répondre, avec mon penchant pour les citations : « La foi tout court n'exclue ni la bonne, ni la mauvaise. » [Rires.] Euh ! pour l'auteur, vous irez voir du côté des humoristes. J'imagine bien Alfred Jarry ou Tristan Bernard signant une phrase de ce genre... [Rires.]
[Sérieux.] Il m'a trouvé beaucoup de défauts, Bouvet ?

C. P. — C'est le seul qu'il vous reproche. Mais il est bien obligé d'y tenir parce qu'il ne vous trouve, par ailleurs, que des qualités.

Jean-Marie Leblanc. — [Rassuré.] Ah !

C. P. — Quel est le nom de l'ancien maillot jaune qui se dopait, mais dont l'entretien avec Philippe Brunel, à sa prière, n'a pas été publié par *l'Équipe* ? « Ce coureur, expliquait Jean-Michel Rouet le 16 juillet 1998, a ensuite repris contact avec Philippe Brunel pour lui signifier qu'il ne voulait plus que ses déclarations soient publiées. Il n'a pas renié ses propos. Seulement, après l'interview, il est revenu dans son monde, le monde du cyclisme d'aujourd'hui, le monde de l'omerta »[15], etc. Ce coureur, Jean-Marie Leblanc, comment s'appelait-il ?

Jean-Marie Leblanc. — Je n'en sais rien. Et je m'en fiche !

C. P. — Philippe Bouvet a raison : vous êtes de mauvaise foi ! Vous savez que le coureur en question n'est autre que Pascal Lino.

Jean-Marie Leblanc. — [Emporté.] Mais non ! Non ! je ne le savais pas !

C. P. — Si, vous le saviez. Ou du moins vous l'avez su : Jean-Emmannuel Ducoin vous a donné son nom lors de la réunion du 10ᵉ Prix Pierre-Chany*. Il s'étonnait d'ailleurs que vous ne fussiez pas déjà au courant. Jacques Delors et sept autres jurés sont témoins.

Jean-Marie Leblanc. — Eh bien! je viens de vous donner la démonstration, sans jouer un rôle, que je ne m'en souvenais plus. Et pourquoi je ne m'en souvenais plus? Sûrement parce que je ne voulais pas le savoir. C'est physique : je ne supporte plus les confessions tardives, plus ou moins sincères, de coureurs qui sont en fin de carrière.

[D'un geste, il signifie qu'une idée lui traverse l'esprit.] Sans aucun rapport avec le cas Lino qui ne m'intéresse pas, mais j'y pense tout à coup parce qu'il court pour Aubervilliers, j'ai oublié de vous dire, quand nous parlions des communistes, que j'ai eu la chance d'avoir dans ma voiture, au temps de Jacques Goddet, un homme comme Jack Ralite** qui m'a littéralement charmé par sa conversation. C'est un homme d'une culture remarquable, et je vous le dis parce qu'il mène des actions très valables pour les jeunes de sa ville...

[Songeur.] Toujours par association d'idées, je pense à Jacques Goddet. Je peux vous en parler maintenant?

C. P. — De l'homme de presse?

Jean-Marie Leblanc. — Non, du directeur du Tour de France. Car figurez-vous qu'avant de prendre moi-même la direction du Tour, j'ai passé six ans dans sa voiture pour animer Radio-Tour*** — j'étais à la place que tient Philippe Bouvet aujourd'hui. [À voix basse, mais le ton exalté.] Et j'ai vu, durant ces six années, un homme d'une prévenance, d'une gentillesse... Malgré tout son travail, notamment la lecture des journaux, exercice qu'il considé-

---

* Le 18 décembre 1998.
** Jack Ralite est maire d'Aubervilliers.
*** Radio interne au Tour de France.

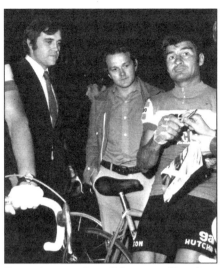

Entre Jean Réveillon et Raymond Poulidor, au milieu des années soixante-dix. Les trois hommes se retrouveront plus tard sur le Tour de France.

Premier grand reportage pour l'Équipe, lors du Tour d'Espagne 1978 remporté par Bernard Hinault. «Je lui suis très reconnaissant d'avoir rendu ma carrière de journaliste plus belle», témoigne Jean-Marie Leblanc à propos du champion breton.

rait comme obligatoire, malgré les notes qu'il devait prendre pour écrire ensuite son édito, il faisait montre d'une disponibilité de temps et d'esprit que je ne peux évoquer sans une certaine émotion. Bien sûr, ses invités étaient toujours prestigieux — ou un ministre, ou une personnalité politique, ou un grand chef d'entreprise —, mais Jacques Goddet était lui-même prestigieux, et cette façon qu'il avait de se consacrer à ses hôtes... Savez-vous que je le revois encore servir les sandwiches et verser des verres de vin?... Et puis-je vous dire maintenant que de cet exemple, j'ai voulu m'inspirer?... J'ai pensé, comme lui, que le Tour de France se devait, non seulement d'être bien organisé, mais aussi d'être ouvert, accueillant et prévenant envers quiconque lui faisait l'honneur de venir le visiter. Et ce que je viens de vous dire à propos de Jacques Goddet, je voulais absolument que ce fût dit, car je crains que cela ne figure nulle part!

C. P. — Parmi toutes les personnalités que vous avez accueillies dans votre voiture, laquelle vous a le plus enchanté?

Jean-Marie Leblanc. — Je ne peux évidemment pas vous répondre de manière formelle, car je ferais des oublis, je ferais de la peine, et faire de la peine irait justement à l'encontre de la tradition d'accueil que je m'efforce de maintenir sur le Tour. Mais, quand même, un nom — ou deux... Le premier, parce qu'il est l'un de ces personnages délicieux que Jacques Goddet aime à fréquenter : Pierre-Christian Taittinger. Le second, parce qu'il m'a touché personnellement : José Carreras, le ténor espagnol. Vous connaissez ma passion pour la musique : eh bien! j'étais tellement ému de recevoir José Carreras que, pour la seule fois depuis que je suis directeur de l'épreuve, j'ai demandé à mon invité de me signer un autographe!

Et si vous saviez! si vous saviez de quelle manière ces gens, par ailleurs très puissants, arrivent sur le Tour de France... Je peux vous le dire : ce sont des enfants, des enfants passionnés, heureux et convaincus d'avance. Moi, souvent, parce que je me représente parfaitement l'honneur qu'ils nous font en venant sur le Tour, parce que je me représente aussi ma chance de pouvoir vivre une journée à leurs côtés, j'essaie de les interroger sur leur métier, mais eux, bien sûr, veulent que je leur parle «vélo». Les champions d'hier, les champions d'aujourd'hui... Les grands drames, les grandes échappées... Tous se souviennent, comment dire?... [Il cherche.]

C. P. — Que le vélo est le premier jouet de l'enfance? que le Tour de France, d'une manière ou d'une autre, a occupé leur imaginaire?

Jean-Marie Leblanc. — On peut le dire de cette façon-là, oui. Et ce qui me rassure, c'est que tout indique que cette puissance du Tour de France sur l'imaginaire passera les années. Les racines sont profondes. La force captive du Tour est telle que j'ai la conviction que les gens continueront longtemps de venir sur les routes pour applaudir les coureurs. Vous m'entendez bien : je parle de «coureurs», par opposition aux robots que nous évoquions tout à l'heure. Si les scientifiques se mettent de notre côté, s'ils nous disent : «Voilà, nous avons mis au point un système de contrôle infaillible», le cyclisme sera sauvé parce qu'il restera, ipso facto, un sport d'hommes.

C. P. — Est-ce trop caricaturer que de vous imaginer comme un conservateur nostalgique des Tours de France à l'ancienne?

Jean-Marie Leblanc. — Avec les boyaux enroulés sur le dos? [Goguenard.] Apprenez, cher monsieur, que je suis allé m'asseoir durant toute mon enfance dans une baraque en bois qui était située, non pas au fond du jardin comme le veut la tradition, mais à côté de notre maison. Cette baraque avait une porte, et sur cette porte il y avait un compte rendu des Boucles de la Seine que j'ai dû lire mille fois, que je pourrais vous réciter par cœur ainsi que le classement — premier : Quentin, deuxième : Rémy, troisième : Telotte. J'avoue que l'année n'était pas indiquée*, mais ce cyclisme-là, c'est sûr, se disputait avec des boyaux sur le dos...

---

* 1952. Jean-Marie Leblanc avait huit ans.

Pourquoi je vous raconte cela ? Pour vous dire que je trouve très pratique de ne plus m'asseoir dans une baraque en bois et que je suis un inconditionnel du progrès lorsqu'il conserve sa dimension humaine. Je suis littéralement abasourdi, je suis béat d'admiration, devant les performances de la communication, devant les ordinateurs, devant internet, devant tout ce qui atteste l'intelligence de l'homme, et vous savez bien que ce n'est pas un hasard si le Tour de France, en 1994, est venu saluer le tunnel sous la Manche. Ce n'est pas un hasard non plus s'il a inauguré, en 1997, le pont de Normandie. Autrement dit, je ne suis en rien passéiste ; pour ces choses, je suis même progressiste, mais je voudrais qu'on m'assure que le progrès ne se fera pas au détriment de l'homme.

Je repense à ce que nous disions sur les manipulations génétiques : qui peut nous garantir que, demain, tel ou tel scientifique ne mettra pas, sur le marché, le meilleur grimpeur de l'histoire ou un génie musical ? Qui répondra aux défis que le nouveau siècle nous pose ?... [Songeur.] Oui, je sais qu'il faut parler des phénomènes migratoires avec prudence, mais avez-vous lu cette fable de Jean Raspail, intitulée *Septentrion*, dans laquelle il prévient que ne pourront pas coexister éternellement de plus en plus de pauvres et de moins en moins de riches ?... Forcément, le jour viendra où les pauvres, c'est la moindre des choses, feront payer aux riches leur aveuglement, leur inacceptable égoïsme ! Un jour viendra aussi où il faudra que les hommes politiques nous disent, sans démagogie, ce qu'ils comptent faire de nos vieillards, car au moment où la cellule familiale éclate, où elle n'est plus la référence — le siège social en quelque sorte —, il se trouve que nos vieillards ont besoin de plus en plus de soins et d'amour. Quelle réponse leur apportera-t-on ?

C. P. — On leur proposera de voter pour Jean-Marie Leblanc, tête de liste d'un parti de centre droit.

Jean-Marie Leblanc. — [Faussement navré.] Ne plaisantez pas ! Je vous ai déjà dit que, malgré ma passion pour la gestion des hommes, je considérais qu'on ne devait pas commencer une car-

142

rière politique à soixante ans. J'ajoute, pour ce qui me concerne, que je préférerais de beaucoup trouver une reconversion dans ma région, une reconversion proche des gens.

Tenez! une chose que je ne vous ai pas dite : en février [1999], j'ai eu l'occasion de visiter les locaux d'un petit hebdomadaire nordiste, et j'ai soufflé, en repartant, au directeur du journal : «Ne le prenez pas comme une attaque directe contre vous, mais vous faites exactement ce que je voudrais faire dans dix ans». Il a ri, moi aussi, mais je n'ai jamais eu l'impression de parler plus sérieusement.

C. P. — Vous rendez-vous compte, Jean-Marie Leblanc, où nous a menés mai 68? Pour un peu, nous en aurions oublié que vous étiez encore coureur à l'époque, et que vous aviez même battu, le 27 février, un routier suisse appelé Francis Blanc. Vous souvenez-vous de cette victoire, la première chez les pros?

Jean-Marie Leblanc. — Si je m'en souviens! C'était Chany qui faisait le compte rendu, et il avait écrit, dans *l'Équipe*, que j'avais lancé le sprint de trop loin! [Rires.]

C. P. — «Cette faute gravissime»[17], notait-il expressément.

Jean-Marie Leblanc. — Il avait raison; je l'avais lancé de beaucoup trop loin, mais j'avais une excuse de taille : à l'époque, il n'y avait pas de panneaux indiquant les trois cents mètres, les deux cents mètres, les cent mètres et les cinquante mètres, et, forcément, j'avais attaqué à l'estime. Mais comme j'étais le plus frais...

[Enjoué.] Ah la la! j'étais content! Figurez-vous que c'était la dernière des épreuves azuréennes, et que nous rejoignions juste après nos pénates. Moi, j'étais remonté avec Samyn, le bouquet à la main. Honnêtement, je ne m'en souviens plus, mais j'imagine que j'étais fier parce que ce Grand Prix d'Aix-en-Provence n'était pas une petite course. Il fallait escalader plusieurs cols! D'ailleurs — je vous l'ai raconté — c'est après cette victoire que De Muer m'a sélectionné pour disputer le Paris-Nice où je sprinte contre Van Looy.

143

C. P. — Pour la chronique, forcément, le grand moment de cette saison restera votre rencontre avec le Tour de France, votre premier comme coureur — comme témoin, dirons-nous. Cette rencontre, vous la rappelez-vous comme un jour important de votre vie ?

Jean-Marie Leblanc. — Si je veux être honnête, et si je ne me laisse pas submerger par le fait que j'ai pris les commandes du Tour, il me semble que je n'ai pas été marqué, en 1968, par la grandeur de l'épreuve ou par l'importance de son organisation. Vous n'ignorez pas qu'un néophyte qui arrive aujourd'hui dans le Tour est aussitôt frappé par son importance — d'aucuns disent : son gigantisme. Eh bien ! en 1968, ce n'était pas le cas, et je garde en mémoire l'image d'une course comme les autres, une course qui avait des banderoles et des rites ordinaires, qui ne me semblait pas mieux organisée que les Quatre Jours de Dunkerque, par exemple. En revanche, et de cela je me souviens très nettement, les journalistes étaient déjà beaucoup plus nombreux sur le Tour que sur les autres courses, ce qui donnait une atmosphère plus animée, peut-être plus survoltée. J'ai présent à l'esprit, chose évidemment inhabituelle, que René Deruyk venait me voir tous les soirs à l'hôtel pour recueillir mes impressions, et qu'il faisait de plus en plus « long » parce qu'après la mise hors course de Samyn et de Stablinski, je restais le seul nordiste de l'épreuve ! Et surtout — mais je l'ai souvent raconté —, je me rappelle, comme l'un des plus beaux souvenirs de ma vie, l'instant où je suis passé en tête du Tour de France. [Yeux écarquillés, il revit la scène et s'exprime lentement.] Je n'étais bien sûr pas échappé, non ; mais j'étais là, en tête du peloton, passant entre deux haies de spectateurs. Que me suis-je dit à ce moment-là ? Certainement quelque chose comme : « Jean-Marie, te rends-tu compte ? Tu es en tête du Tour de France... » En tout cas, je suis persuadé que j'avais la chair de poule et qu'une forte émotion m'étreignait.

C. P. — Vous qui admettez l'existence d'une mémoire musculaire, comment raconteriez-vous votre Tour ?

Jean-Marie Leblanc. — Je vais peut-être vous décevoir, mais je ne me souviens que de deux choses : d'abord de mon échappée vers Bordeaux (j'étais avec deux autres coureurs ; nous avons été repris tout près de l'arrivée) ; ensuite du contre-la-montre final qui mérite, quand même, un petit commentaire... En effet, le matin, je suis antépénultième au classement général, mais comme je fais une bonne course, je réussis à « reprendre » les deux coureurs qui sont partis avant moi, si bien que je suis le premier que les spectateurs voient débouler sur la piste ! [Voyant son interlocuteur vérifier sur une fiche.] C'est bien ça, hein ? Je ne me trompe pas ?

C. P. — En réalité, vous étiez mieux classé d'une place au général, et ce ne sont pas deux, mais trois coureurs que vous avez rattrapés, terminant finalement trentième de ce contre-la-montre*. D'où cette satisfaction que vous exprimiez le lendemain dans *l'Équipe* : « Si je n'ai pas réussi à gagner une étape au cours du Tour, j'ai cependant récolté ma petite satisfaction personnelle hier à la Cipale. Je suis en effet rentré le premier sur la piste de Vincennes. Il faut le faire... surtout lorsqu'on ne part que quatrième »[18].

Jean-Marie Leblanc. — J'aurais pu ajouter que j'étais d'autant plus motivé que ma femme m'attendait à la Cipale avec mon père et le sien. Oui, maintenant que vous m'en parlez, les images me reviennent...

C. P. — Comment le Nordiste que vous êtes, plutôt rangé parmi les rouleurs, a-t-il découvert la haute montagne ?

Jean-Marie Leblanc. — [Littéralement ravi de se souvenir, il mime les scènes, grimace quand il raconte les cols, s'effraie au moment de descendre.] Ah ! terrible ! Jusqu'ici, je n'avais jamais grimpé un col hors-catégorie de ma vie, et j'ai failli disparaître

---

* Jean-Marie Leblanc a terminé cinquante-huitième, sur soixante-trois arrivants, du Tour de France 1968. Il comptait à Paris 1 heure 49 minutes 36 secondes de retard sur Jan Janssen, le vainqueur.

dès la première journée de montagne. Était-ce dans le Tourmalet ou dans l'Aubisque* ?... En tout cas, je suis lâché dès le premier col... Je ne m'affole pas, j'arrive au sommet et j'imagine que je vais me refaire quand, subitement, il se met à pleuvoir... « Merde ! » je me dis. Oui, merde ! parce que c'était la première fois de ma vie que je descendais un grand col, et je me suis vite rendu compte qu'à cause de la pluie, j'étais tétanisé ! Je n'osais plus lâcher les freins... Bref ! je commençais à perdre beaucoup de terrain, et le mécano de la deuxième voiture, qui avait du métier, m'a lancé cet avertissement : « Grouille-toi un peu ! Sinon tu vas être éliminé ! » Moyennant quoi, la descente terminée, je me suis effectivement retrouvé en perdition dans la vallée, mais, coup de veine, la voiture de *La Voix du Nord* s'est portée à ma hauteur et les copains m'ont encouragé : « Fais un effort. Il y a un petit groupe qui a levé le pied. Tu peux rentrer... » De fait, il y avait bien un petit groupe de coureurs juste devant moi. Je les ai rejoints et j'ai fini dans les délais.

C. P. — Vous rappelez-vous que le lendemain, dans l'étape Saint-Gaudens-Séo de Surgel, vous alliez beaucoup mieux ?

Jean-Marie Leblanc. — Non. Ils disent quelque chose dans *l'Équipe* ?

C. P. — On pouvait y lire, le 12 juillet : « J'ai commencé à lâcher prise à quatre kilomètres du sommet. Cependant, je regrette de ne pas avoir pu rattraper le groupe Stablinski qui n'était pas très loin de moi. Mais L'Envalira est bien moins difficile que les deux cols d'hier. »

Jean-Marie Leblanc. — [Il essaie de se souvenir.] Oui, oui... C'était à peu près ça... J'avais bien compris, la veille, qu'il fallait : 1. descendre un peu mieux que je ne le faisais ; 2. qu'il y a toujours des regroupements entre les cols, et qu'il ne faut donc jamais désespérer.

---

* C'était le Tourmalet.

[Il s'illumine.] Si! si! je me souviens aussi de cette étape : nous avons monté l'Envalira dans le brouillard, et arrivé au sommet, j'ai entendu quelqu'un crier : « Jean-Marie! » Je me suis retourné, et j'ai reconnu un supporter d'un village voisin. Je peux même vous dire son nom car je ne l'ai pas oublié : il s'appelait Augustin Soil.
[Impatient.] Vous avez d'autres choses ?

C.P. — Des attaques, beaucoup d'attaques, car vous étiez un coureur offensif. Vous êtes notamment sorti aux portes de Royan, dans le final de la huitième étape. Le lendemain, échappée plus célèbre, vous échouez, en compagnie d'In'T'Ven et Wilde, à quatre kilomètres du but, au terme d'un véritable baroud, et Chany...

Jean-Marie Leblanc. — [Il coupe, impatient.] Il parle de moi ?

C.P. — Il note en exergue que vous comptiez encore quarante secondes d'avance sous le panneau des dix kilomètres, et commente : « La modeste réputation des trois hommes » [Jean-Marie Leblanc éclate de rire.], « la modeste réputation des trois hommes explique le sursis exceptionnel qui leur fut accordé »[19]. Par contre, il ne dit pas, mais on peut le lire par ailleurs, que le jury de la Combativité vous octroya la prime du plus combatif de l'étape.

Jean-Marie Leblanc. — [Toujours riant.] Pour cette prime-là, je ne m'en souviens plus, mais vous me faites penser que le jour de l'étape de Roubaix, j'étais aussi sorti pour gagner la prime donnée à cinq kilomètres de l'arrivée. Ensuite, évidemment, j'ai été repris tellement ça roulait vite !

C.P. — À mi-Tour, Pierre Chany titrait dans *l'Équipe* : « Belges et Français ont entendu siffler les balles... »[20] Sur le terrain, comment se traduisait cette formule ?

Jean-Marie Leblanc. — Montrez l'article... [Il lit rapidement.] C'est drôle : il parle d'une course en quelque sorte échevelée, tandis que, moi, je garde plutôt le souvenir d'une course où le marquage était important. Il faut se rappeler, en effet, que seul un petit peloton de cent dix coureurs avait pris le départ, si bien

147

qu'au-delà des Pyrénées, nous n'étions plus que soixante-dix, ce qui rendait les étapes bizarres. Je me souviens que, personnellement, j'étais toujours en alarme, parce que Lucien Aimar, notre leader, roulait sans cesse en queue de peloton (il avait été à l'école de Jacques [Anquetil]), et qu'il fallait régulièrement le remonter... Je me souviens également de la chute de Poulidor — oh! je ne sais pas si je vous l'ai dit, mais, ce jour-là, j'ai chuté moi aussi dans une descente. Je ne sais plus le nom du col*, mais je me souviens que mon boyau a éclaté, et que je me suis relevé esquinté. [Songeur.] Oui, oui, une belle chute... Vous pourrez écrire que, comme tout le monde, j'en ai bavé sur le Tour!

C. P. — Dans ce Tour, Antoine Blondin s'était penché sur le cas de Samyn, celui-ci mis hors course, disait-il, « pour avoir échoué à son examen de pissage ». Puis il ajoutait des lignes qu'il aurait pu écrire pour vous : « Le regard brûlait d'une jeune ardeur qui ne laissait planer aucun doute sur "ce qui fait courir Samyn" : le goût des aventures et du compagnonnage, des prestiges vagabonds et des dévouements obscurs. »[21] Comment expliquez-vous que le meilleur écrivain du cyclisme, d'ordinaire si attentif aux obscurs, n'ait point remarqué que le seul bachelier du peloton méritait une chronique?

Jean-Marie Leblanc. — Savait-il que j'étais bachelier? Je ne le crois pas. En conséquence, il n'y avait aucune raison pour qu'il s'intéressât à moi, d'autant que je n'ai pas souvenir, comme coureur, de l'avoir rencontré. Lorsque je l'ai fréquenté, plus tard, j'étais journaliste.

C. P. — Cent soixante-trois contrôles ont été effectués durant ce Tour de France 1968. Vous souvenez-vous des modalités?

Jean-Marie Leblanc. — [Songeur.] Vous ai-je dit que Samyn s'était fait pincer bêtement, sans aucune intention de tricher?...

---

* Il s'agissait du col de l'Espezel.

Non, en 1968, je n'ai jamais été contrôlé, et le regrette profondément, parce que si j'avais été contrôlé, je pourrais faire taire, aujourd'hui, ceux qui imaginent que je n'ai pas disputé le Tour de France à l'eau minérale. Or, je me tue à le dire, il n'y a pas eu dans le cyclisme que des pelotons de dopés, et les soixante-trois coureurs qui sont arrivés à Paris en 1968, je suis persuadé qu'ils étaient tous à l'eau minérale. [Rageur.] En tout cas, moi, contrairement à ce qu'affirme M. Willy Voet*, je l'étais! Et je l'étais aussi en 1970, n'en déplaise à ce monsieur qui a sali la mémoire d'Ocaña! Mais l'intelligentsia parisienne veut des preuves! Elle ne me croira pas sur parole!

C. P. — Oubliez-vous que Luis Ocaña lui-même, avec cette bravoure qui l'a tant fait aimer, a reconnu plusieurs fois qu'il s'était dopé durant sa carrière? Et voulez-vous qu'on égrène, par ailleurs, l'interminable liste de tous les coureurs qui ont été pris en flagrant délit de mensonge?

Jean-Marie Leblanc. — Je réponds d'abord à votre première question et je vous affirme, sans vouloir me dédouaner, que je n'ai jamais vu Ocaña se charger! Jamais! S'il l'a fait, et il semble donc qu'il l'ait fait, c'était peut-être dans la chambre d'à-côté, mais ce n'était pas devant moi.

Deuxièmement, je ne me reconnais pas dans ces coureurs que vous accusez de tous les maux! Je n'ai certes été qu'un petit coureur, mais j'ai fait ma carrière sans artifice, avec les moyens qui étaient les miens. Je n'admets pas, je n'admettrai jamais, qu'au motif qu'ils représentent le cercle intellectuel, des gens se permettent d'user d'à-peu-près en ce qui concerne le dopage.

Savez-vous, monsieur, ce qu'est un procès d'intention? Thomas More l'a parfaitement expliqué avant d'être livré au bourreau :

---

* Soigneur arrêté avec des produits dopants au départ du Tour de France 1998 et personnage central de l'«affaire Festina», Willy Voet avait déclaré à Fabrice Lhomme, dans *France-Soir* du 3 décembre 1998 : «Leblanc s'est forcément dopé, comme tout le monde. En plus, il était équipier d'Ocaña chez Bic. Vous croyez que Luis a gagné le Tour en ne mangeant que du steak?»

« Vous me condamnez non pour mes actions, mais pour les pensées secrètes de mon cœur. C'est un long procès que vous ouvrez là, celui du procès d'intention. Un jour, les hommes finiront par désavouer leur cœur, et, ensuite, ils n'auront plus de cœur. » Cette phrase, que je vous cite de mémoire, est l'un des repères qui balisent ma route. [Songeur, marqué.] Oh ! ce n'est qu'un détail, mais je vous le dis : parce que j'ai la chance de posséder une bonne santé, de ma vie tout entière, je n'ai jamais été en arrêt de travail, et j'en tire une petite fierté, comme je tire une petite fierté du fait d'arriver toujours le premier au travail : de vous à moi, je crois qu'il y a quelque chose de judéo-chrétien là-dedans ! Eh bien ! dans le même état d'esprit, jusqu'à ce qu'éclate l'« affaire Festina », je ne m'étais jamais beaucoup intéressé aux juges, et j'avais espéré que je pourrais traverser toute ma vie sans avoir à répondre à la justice. Le dopage des coureurs, vous le savez, m'a obligé à le faire*, mais ce que vous ne savez pas, c'est combien j'en ai été meurtri.

C. P. — Pourquoi n'expliquez-vous pas tout simplement que le Tour de France 1968 — Pierre Chany, Jacques Marchand, Abel Michéa et d'autres s'en portent garants — fut le seul dont les historiens pourront écrire : parce que les contrôles antidopage étaient efficaces, la quasi-totalité des coureurs, les plus malhonnêtes y compris, avaient renoncé au palfium, aux amphétamines et à la strychnine, principales formes de dopage à l'époque** ?

---

* Le 1er avril 1999, Jean-Marie Leblanc a été entendu comme témoin, par le juge Keil, dans l'« affaire Festina ».

** Pour attester cette réalité trop vite oubliée, et pour lui donner sa pleine signification historique, il faut prendre en compte la restriction exprimée par Jacques Marchand dans *l'Équipe* du 2 août 1968 : « D'autres produits échappent sans doute au contrôle actuel, faute de moyens et surtout faute de temps. »

Reste que, sur le fond, ce journaliste dont personne ne contestait la rigueur, ajoutait ces lignes capitales pour la compréhension du débat : « Le Tour sans stimulants, ou avec le moins possible de stimulants, a donc été une expérience consentie au départ, mais relativement improvisée. » Par

Jean-Marie Leblanc. — Je suis totalement d'accord avec cette assertion, mais je voudrais que vous preniez en compte le fait que d'autres coureurs, à d'autres époques, ont disputé le Tour de France sans se doper. Moi, en 1970, je ne me suis pas dopé, je vous l'ai dit. Et je vous assure que je suis loin d'être le seul ! Dans la tourmente Festina, j'ai reçu un appel d'un grand champion, frère d'un autre grand champion, qui m'a certifié qu'il avait disputé le Tour de France sans se doper.

C. P. — Jean Bobet ? [Jean-Marie Leblanc acquiesce d'un signe de tête.] Mais pourrait-il affirmer la même chose à propos de son frère ?

Jean-Marie Leblanc. — Partant du fait que je ne dispose pas d'éléments qui me prouvent le contraire, je vous réponds oui. C'est le principe même de la présomption d'innocence.

souci de crédibilité, il appelait différents témoins contradictoires à la barre : « Nous citerons pour commencer cette remarque de notre confrère Abel Michéa dans *L'Humanité Dimanche*, qui pourtant n'a pas toujours été un allié de la campagne antidopage, mais qui objectivement reconnaissait : "Depuis sa création en 1903, c'est bien la première fois que le Tour de France se court à l'eau minérale. Et ayant, je peux l'affirmer, l'habitude de lire dans les yeux et sur les lèvres des coureurs, je peux affirmer que quatre-vingts pour cent des coureurs du Tour de France respectent la règle. Du litre de rouge de 1903 aux amphétamines de 1967, en passant par les jaunes d'œufs sucrés au porto, la caféine ou la strychnine, il en est passé dans les bidons des coureurs du Tour !" Un autre confrère, Pierre Lardière, de *Paris-Normandie*, me rapportait un propos dont il a été témoin et qui est encore plus significatif. Dénonçant la rigueur du contrôle antidopage, le soigneur de Jan Janssen, fort connu dans les milieux cyclistes comme expert, déclarait avec humeur : "Priver le cycliste de stimulants, c'est le tuer à coup sûr !" [...] Et devant la remarque du soigneur, notre ami Pierre Lardière m'a affirmé que Jan Janssen avait eu une réaction saine et prophétique : "Au contraire, l'absence de stimulants ne tuera plus personne et profitera à un homme fort. Car il faut être encore plus fort pour gagner le Tour dans ces conditions", répliquait alors le Hollandais. »
Pour sa part, Pierre Chany conclut dans *La Fabuleuse histoire du Tour de France* (Éditions O.D.I.L., Paris, 1983, p. 589) : « Les contrôles antidopage

On peut réussir de grandes choses sans se doper. Je le sais! Vous le savez! [Il bondit littéralement.] J'ai encore un nom! Un Français, ancien meilleur grimpeur du Tour et vainqueur d'une étape dans les Pyrénées à l'époque d'Hinault, m'a lui aussi téléphoné, indigné qu'il était, pour m'assurer qu'il avait couru le Tour de France à l'eau minérale*. Et il y en a eu d'autres! Forcément! Ce n'est quand même pas au directeur du Tour de France d'en établir la liste!

C. P. — D'après Thierry Cazeneuve, Yves Hézard a disputé un Tour à l'eau minérale[23]...

Jean-Marie Leblanc. — Je ne le savais pas. C'est probable.

C. P. — Devenu journaliste, Jacky Hardy racontait sans forfanterie ce que des petits coureurs pouvaient réussir à l'eau minérale[24]...

quotidiens, appliqués pour la première fois d'une façon déjà plus rigoureuse et rationnelle, avaient pesé d'une certaine mesure sur le déroulement de la course. Ces contrôles avaient placé certains chevronnés dans l'obligation de reconsidérer leurs méthodes, sous peine de tomber dans la délinquance, offrant ainsi aux plus jeunes, par voie de conséquence directe, la garantie d'une course plus égalitaire.»

On ne saurait mieux exprimer la réalité du Tour de France 1968 et, partant, la réalité du dopage, sans les à-peu-près que dénonce avec raison Jean-Marie Leblanc et sans la naïveté (ou la mauvaise foi) que la chronique de la fin du siècle s'est plu, certains jours, à lui reconnaître.

* Après vérification, il ne peut s'agir que de Raymond Martin, vainqueur en 1980 de l'étape de Luchon. Mariano Martinez, meilleur grimpeur en 1978, a aussi gagné une étape dans les Pyrénées, à Saint-Lary-Soulan, mais son mode de préparation ne correspondait en rien à la définition du sport. À sa décharge, et par le biais d'une rédemption que Jean-Marie Leblanc saura sans doute apprécier, il faut noter que Mariano Martinez eut le courage d'apporter un témoignage lucide et courageux sur le cercle infernal du dopage : «De mon temps, on savait pas mal de choses. Je me rappelle avoir pris des boîtes d'un produit sur lequel était inscrit : "Risque de cancer de la prostate". Ça ne me gênait pas. Comme disait un grand coureur français de l'époque de mes débuts : "Ou tu prends la santé (c'est ainsi qu'ils appelaient la dope), et tu as des résultats; ou tu finis à l'usine"»[22].

Jean-Marie Leblanc. — [Catégorique.] Hardy, c'est Leblanc!

C.P. — C'est devenu une image d'Épinal : côté français, Dominique Garde, Gilles Delion, Pascal Lance et Charly Mottet ont aussi donné des garanties en matière d'honnêteté.

Jean-Marie Leblanc. — Mais il y en a d'autres, voyons! À qui ferez-vous croire qu'il n'y avait que quatre types, dans les années quatre-vingt-quatre-vingt-dix, qui n'étaient pas dopés?

C.P. — Peut-être le juge Keil* sera-t-il prêt à le croire?

Jean-Marie Leblanc. — [Affligé.] Mais vous rigolez! Oh! de nous deux, quel est le champion de la mauvaise foi?

C.P. — Est-ce un raccourci trop audacieux que d'écrire que vous avez arrêté votre carrière parce que, dès 1970, le dopage, avec de nouveaux produits, était relancé?

Jean-Marie Leblanc. — Ce ne serait pas audacieux; ce serait, à proprement parler, mensonger! La vérité, c'est que j'étais arrivé à un stade où j'avais le sentiment de ne plus pouvoir progresser. J'avais certes été sélectionné pour le Tour en 1970, mais je l'avais couru avec difficulté... [Nostalgique.] Je me souviens de ce Tour... Ocaña ne marchait pas, mais nous avions néanmoins une belle équipe avec Janssen, Grosskost et mon copain Alain Vasseur que j'avais bien aidé dans les Quatre Jours de Dunkerque l'année pré-cédente — je vous en souffle deux mots parce que je crois que je n'ai jamais été aussi fort que ce jour-là. J'avais des jambes!... J'avais pourtant raté la bonne échappée, mais je suis sorti de l'ar-rière, j'ai fait la jonction et j'ai mis Vasseur dans ma roue pour qu'il puisse prendre le maillot. [Il serre les dents, il revoit la

---

* Chargé de l'enquête sur l'«affaire Festina», le juge Patrick Keil avait réuni, en date du 1ᵉʳ juin 1999, un dossier de cinq mille quatre cents pages qui faisait de lui l'un des hommes les mieux informés sur la réalité du cyclisme «fin de siècle».

scène.] J'ai roulé, j'ai roulé, et on a creusé l'écart! C'est ainsi qu'il a gagné les Quatre Jours de Dunkerque...

Vous savez : si je n'étais pas un grand coureur, j'étais néanmoins de ces garçons qui savaient se sublimer au service des autres. Un homme comme Roland Berland, qui avait le même esprit que moi, pourrait très bien l'expliquer.

C. P. — Pourquoi ne marchiez-vous pas sur le Tour en 1970 : parce que le peloton avait recommencé à se doper?

Jean-Marie Leblanc. — [Didactique.] J'étais un petit coureur, et le propre d'un petit coureur, c'est d'être dominé*! Moyennant quoi, les dix premiers jours, je me suis souvent demandé ce que je faisais dans cette course qui allait trop vite pour moi. C'est le premier point... Ensuite, que le dopage soit intervenu, oui. Mais il n'est pas intervenu comme un facteur décisif.

Écoutez! J'ai déjà eu l'occasion d'expliquer plusieurs fois dans la presse que si l'égalité des chances était respectée en 1968, elle l'était déjà moins en 1970 parce que commençait l'ère des corticoïdes. Qui en prenait? qui n'en prenait pas? ce n'était évidemment pas mon problème, mais je voudrais quand même rappeler qu'en 1970, les coureurs ont cru, de bonne foi, que ces nouveaux produits s'apparentaient à des soins de pointe, et non du dopage. Ensuite, il a fallu appeler les choses par leur nom, et les corticoïdes, comme d'ailleurs les anabolisants plus tard, ont bien été tenus pour des produits dopants. Ils ont donc été traqués par les laboratoires.

Quant à moi, vous imaginez bien que je n'avais aucune envie de commencer des intraveineuses pour devenir le quarantième coureur français! J'en avais d'autant moins envie que, premièrement, j'étais persuadé d'avoir atteint mes limites (la preuve : je n'avais pas été sélectionné pour le Tour 1971); deuxièmement,

---

* Jean-Marie Leblanc a terminé quatre-vingt-troisième du Tour de France 1970, à 2 heures 28 minutes 3 secondes d'Eddy Merckx, le vainqueur. Cent coureurs étaient à l'arrivée.

Émile Parmentier me proposait de rejoindre définitivement *La Voix du Nord* puisqu'une place de journaliste sportif se libérait au 1ᵉʳ octobre. Évidemment, j'ai sauté sur l'occasion. J'ai épousé instantanément une profession dont je sentais bien qu'elle m'offrirait plus d'avenir que le métier de cycliste!

C. P. — Si vous n'aviez pas trouvé ce poste de journaliste, Maurice De Muer vous aurait-il conservé dans son effectif?

Jean-Marie Leblanc. — Oui, oui. Il m'aurait gardé; il me l'avait dit. Mais parce qu'il était de ces éducateurs dont je vous ai parlé l'autre jour, il a très bien compris que je choisisse, à vingt-sept ans, de donner une nouvelle orientation à ma vie.

C. P. — Que vous a-t-il manqué, aux Quatre Jours de Dunkerque 1970, pour décrocher la victoire qui aurait laissé de vous l'image d'un champion accompli?

Jean-Marie Leblanc. — Ce qu'il m'a manqué? Sept secondes! Je termine deuxième au classement final, à sept secondes du Belge Willy Van Neste! [Rires.]

C. P. — Est-il exact que, sur ce coup-là, vous avez été floué?

Jean-Marie Leblanc. — Mais non! Je n'ai pas été floué, j'ai manqué de chance!
Écoutez! il y avait cinq étapes, mais finalement tout s'est joué le deuxième jour, à Saint-Quentin, dans la longue bosse d'arrivée. À ce moment-là, nous sommes échappés, Van Neste et moi, depuis un gros paquet de kilomètres; nous savons que nous avons creusé le trou pour le général, mais je suis soudain pris de crampes, et je cède dans la bosse. Résultat? Van Neste me repousse à onze secondes, écart que je ne suis jamais parvenu à combler.
[Il dodeline de la tête pour montrer que tout n'a pas été aussi simple.] Le dimanche matin, avant le contre-la-montre final, il s'était quand même passé des choses qui n'étaient pas très catholiques *[sic]*. D'abord, Van Neste avait fait un écart et j'étais tombé, et j'avais le droit d'être furieux parce que cet écart avait été causé par une poussette qui provenait, non d'un équipier de Van Neste,

mais d'un belge de je ne sais plus quelle autre équipe. Et ce geste antisportif en suivait un premier qui n'était pas mal non plus : ayant cassé son guidon dans l'étape du jeudi, Van Neste, qui courait pour la formation Mann, fut dépanné par la voiture de la formation — je vous le donne en mille : Flandria ! Bref ! les Belges s'étaient tous mis d'accord pour faire la peau du petit Français, mais le petit Français sait bien aujourd'hui qu'il n'a qu'à s'en prendre à lui-même : ce sont mes crampes qui m'ont fait perdre, pas la coalition !

C.P. — À la suite de ces irrégularités, deux réclamations furent déposées, mais elles n'aboutirent pas, et Michel Séassau put écrire dans *l'Équipe* : « Dans une telle situation, nous comprenons l'embarras de nos amis de *La Voix du Nord*, le quotidien qui coopère avec le comité d'organisation des "Quatre Jours", nous le comprenons d'autant mieux que Jean-Marie Leblanc, coureur nordiste et plus précisément lillois, est aussi un collaborateur, puisque, chaque hiver, il a son bureau dans la salle de rédaction du journal : à vingt-six ans, il prépare sa reconversion et occupe un emploi de journaliste stagiaire dès qu'il en a terminé avec son activité cycliste.

À ce titre déjà, Jean-Marie Leblanc n'est pas un routier ordinaire. Il n'a jamais prétendu au rôle de leader, se bornant le plus souvent à accomplir les tâches obscures, "travaillant au paquet", comme le font de nombreux avants dans toutes les équipes de rugby, dans l'intérêt de la collectivité et non pour briller.

Et puis ce garçon cultivé, dont on a toujours vanté l'esprit sportif, s'est trouvé brusquement dans la peau d'un leader à la faveur de cette fameuse échappée à laquelle participaient Catieau, Heintz et Van Neste. Or Leblanc, pas plus que ses deux compatriotes, n'était préparé à assumer de telles responsabilités. Qu'on nous comprenne : il ne s'agit pas d'un reproche, mais d'un regret, parce que ces coureurs, qui ne manquent pas de qualités physiques, se contentent parfois du rôle qu'on leur confie et ne cherchent pas à en sortir. Ou bien, alors, ils doivent respecter des consignes et, en toute circonstance, couvrent leurs leaders pour ne jamais sortir de l'anonymat. Telle était la situation de Jean-Marie Leblanc jusqu'à ce jour.»

Jean-Marie Leblanc. — [Il coupe.] Je vous arrête : c'est du Séassau! C'est un article qui est à la fois juste et partial, et vous ne pouvez le comprendre si vous ne savez pas que Michel Séassau était une sorte d'humaniste et un syndicaliste convaincu qui prenait toujours le parti du faible contre le patron. Voilà pourquoi il sous-entend dans son papier que le système des courses ne laissait jamais de chance aux petits équipiers, comme si l'on voulait que les ouvriers restassent toujours des ouvriers. Mais c'était faux! La preuve : sur cette course, devant mon public, j'avais eu la liberté de m'exprimer. Seulement, en cyclisme, ne devient pas contremaître qui veut...

C.P. — Il n'empêche : Séassau lui-même, s'appuyant sur votre bon contre-la-montre — vous l'aviez terminé troisième — vous imaginait relançant votre carrière. Pourquoi diable! n'avez-vous point persévéré?

Jean-Marie Leblanc. — [Il rit.] Hé! peut-être que je voulais devenir un patron!

Sixième entretien

Un mensonge pour finir – La chance pour destin –
Le cyclisme sans miracle – Stakhanov au bureau –
Cassius Clay dans la nuit – Des yeux qui gonflaient
– Jacques Goddet qui houspille – L'attention pour
les proches – La boutique, c'est Félix – Deruyk
comme maître – Jacques Marchand l'idéal – Chany
intrépide – Sous le charme de Tapie – Leurs bulletins de salaire – Du dogme et de Dieu – Segundo
euphorique – Compagnon et stagiaire.

Christophe Penot. — Ce fut donc en 1971, en octobre, à Lille, un matin, que vous êtes devenu journaliste. Sans doute l'avez-vous oublié mais, au même moment, Jean Lecanuet et Jean-Jacques Servan-Schreiber créaient le Mouvement réformateur par les centristes. Le cinquante-huitième Salon de l'automobile ouvrait ses portes. Pablo Neruda recevait le Prix Nobel de littérature, Robert Sabatier rejoignait l'Académie des Goncourt. En cyclisme, car il y avait encore du cyclisme, Merckx étrennait son deuxième titre mondial et Luis Ocaña s'imposait aux Nations. Jean-Marie Leblanc, dans ce tissu de nouvelles, aviez-vous tourné la page sans regret?

Jean-Marie Leblanc. — J'ai tourné la page avec jubilation, après avoir disputé le Tour de la Nouvelle-France, une épreuve qui se courait au Québec, ce qui faisait un beau voyage pour terminer ma carrière. Je me souviens de plusieurs détails, certains sans importance et certains symboliques. D'abord, j'ai décroché au classement final une honorable septième place. Ensuite, pour la première fois de ma vie, j'ai pris à cette occasion le Boeing 747... Je me rappelle très bien que Chany était du voyage, et que

161

nous avons parlé du roman qu'il venait de publier à l'époque*. C'est vous dire si j'étais heureux, et si j'avais déjà tourné la page. Encore que!... [Il rit.] Je vais vous avouer une chose que je crois bien n'avoir jamais dite à personne : j'ai refait une course trois semaines après, mais à la sauvette! Figurez-vous, en effet, que j'étais journaliste depuis quinze jours lorsqu'un bon copain, un coureur Champenois, Henri Heintz, me téléphone et me dit : « Jean-Marie, j'organise un critérium chez moi, dans les vignes. Viens. D'une part, tu me feras plaisir ; d'autre part, je t'ai obtenu un contrat...

— Écoute, Henri, tu es bien gentil, mais je ne suis plus libre. Je viens juste de commencer à *La Voix du Nord*, et je ne peux pas leur demander un jour de congé. »

Il insiste. Finalement, je me mets d'accord avec lui : le sous-chef du service organisant les jours de repos en début de semaine, je verrai bien s'il me libère le samedi. Auquel cas, oui, j'irai courir... Et puis voilà qu'en début de semaine, j'apprends que je serai de repos le samedi! Donc, avec l'inévitable Crépel, mais sans rien dire à René Deruyk qui était pourtant mon chef de rubrique et ami, je suis allé disputer ce critérium. Et connaissez-vous la meilleure? Je n'ai pas pu m'empêcher de « sortir » ! Je me suis échappé, si bien que, de retour à mon bureau, le lundi matin, j'ai vu René Deruyk se plonger dans son journal, puis s'étrangler de rire :

« Jean-Marie, tu as vu? Quelle bande de cons à *l'Équipe*! Ils ont écrit que tu t'étais échappé! »

J'ai menti :

« J'étais sans doute inscrit sur la liste des engagés. Ils n'ont pas remarqué que j'avais un remplaçant. Ils n'ont pas fait attention... »

Voilà comment j'ai terminé ma carrière : sur un mensonge! [Rires.]

---

* Une longue échappée.

162

C. P. — Par parenthèse, quelle était votre situation financière après cinq ans chez les pros ? Aviez-vous mis, grâce à vos salaires, aux prix et aux primes, de l'argent de côté ?

Jean-Marie Leblanc. — Vous rigolez ! De mémoire, ma carrière m'avait rapporté juste de quoi m'acheter une voiture ! C'est simple : quand j'ai raccroché mon vélo, je gagnais 3 000 francs nets par mois chez Bic, alors qu'à *La Voix du Nord*, j'ai dû commencer à 3 600 ou 3 700 francs. Autrement dit, j'ai tout de suite mieux gagné ma vie comme journaliste que comme coureur ! Mais j'ajoute qu'à la maison, nous avons toujours bien vécu parce que ma femme travaillait, ce qui faisait deux salaires pour une famille de quatre personnes — nous avions déjà notre fille et notre garçon.

C. P. — En octobre 1971, lorsque vous avez signé votre contrat de travail, imaginiez-vous rester toute votre vie dans le même journal ?

Jean-Marie Leblanc. — Oui, parce que, dès le début, j'ai eu le sentiment que j'y serais bien. Votre question me fait d'ailleurs penser que j'ai toujours eu beaucoup de chance dans ma vie professionnelle : j'étais bien chez Pelforth, j'étais bien chez Bic, j'ai été très bien à *La Voix du Nord* et à *l'Équipe*, je suis très bien à la Société du Tour de France. Alors, je vous saurais gré de l'écrire : je suis un homme qui a eu beaucoup de chance... Et je n'oublie pas non plus que, de toutes les chances que j'ai eues, la principale fut d'avoir un profil qui corresponde à celui d'un homme capable de diriger le Tour de France au moment précis où le Tour cherchait un nouveau directeur. Imaginez, en effet, que ce même profil, je l'aie eu vingt ans plus tôt, alors que Félix Lévitan et Jacques Goddet étaient jeunes encore... Eh bien ! malgré mon profil, je serais resté là où j'étais, et cela me fait dire, et je le pense profondément, que j'ai été gâté par le destin.

C. P. — Si vous n'allez pas jusqu'au bout de votre route, si vous ne dirigez pas le Tour de France du centenaire, en 2003

— chacun sait, par la presse, que c'est votre ultime objectif en matière de cyclisme...

Jean-Marie Leblanc. — [Il coupe.] Ne le posez pas en termes d'objectif, posez-le en termes de conclusion logique et inéluctable. Dans la société civile comme dans la vie publique, je suis pour le renouvellement des mandats, et si je dirige effectivement le Tour de France 2003, j'en serai alors à quatorze Tours, et il sera temps d'envisager de passer la barre. Comprenez que je n'entende ni vieillir, ni mourir à mon poste...

C. P. — Si trop de dopage dans le cyclisme vous empêche de finir votre route, jugerez-vous encore que le destin vous a gâté?

Jean-Marie Leblanc. — Oui, parce que tout ce que j'aurai vécu, je l'aurai bien vécu. Je sais d'où je viens. Je sais ce que j'ai fait. Si le dopage doit me renverser, eh bien! il me renversera.

Il faut que les choses soient claires : quand bien même « le cyclisme fin de siècle », pour prendre une expression que vous aimez beaucoup, serait un cyclisme vicié, dévoyé, pourri, je ne jouerai jamais les boutefeux! Jamais vous ne m'entendrez dire que tous les coureurs sont des dopés parce que je sais, en conscience, que tous les coureurs ne se dopent pas! Donc, tout n'est pas irrémédiablement pourri, et j'ai l'espoir qu'en luttant de toutes nos forces, nous arriverons, nous les pouvoirs sportifs, nous les organisateurs, à faire reculer le dopage. Et j'ajoute : nous les policiers, parce que, depuis le Tour de France 1998, les policiers sont devenus, grâce à la loi Buffet, l'un des deux rouages essentiels, avec les scientifiques, de la lutte contre le dopage.

Maintenant, imaginez que le dopage persiste...

C. P. — Il persistera. Il persistera au XXIe siècle comme il a persisté durant tout le XXe. Faut-il vous rappeler qu'en 1896, déjà, un coureur aussi célèbre qu'Arthur Linton mourait dans des conditions que les historiens sont bien obligés d'assimiler au dopage? Donc, intellectuellement, moralement, sportivement, toute réflexion doit être menée à partir de ce constat : le dopage persistera.

Jean-Marie Leblanc. — Je suis bien d'accord avec vous : il persistera puisque, de toute manière, il n'existe pas de société idéale. Il n'existe pas de parti politique qui n'ait point ses hommes corrompus ! Il n'existe point de pays qui ne doive faire face à la drogue ! Il n'existe point d'entreprise, de sport, de regroupement d'hommes et de femmes qui n'aient leurs voleurs, leurs menteurs, leurs tricheurs ! Partant de là, ne demandons pas l'impossible au cyclisme ! Ne lui demandons pas, surtout quand de grosses sommes d'argent sont en jeu, d'être la seule oasis de pureté ! Ce que les autres secteurs n'ont jamais su faire, le cyclisme non plus ne saura pas le faire. Il n'y aura jamais de miracle. Il faut être très lucide là-dessus !

Maintenant, et j'en reviens à ce que je voulais dire, imaginez que le dopage persiste à un niveau qui serait faible — allez ! je vous donne un chiffre : dix pour cent ! Imaginez qu'en 2003, il n'y ait plus que dix pour cent de coureurs à se doper dans le peloton... Eh bien ! n'étant pas plus royaliste que le roi, je vous dirai : ça me va ! Car ces dix pour cent d'imbéciles qui n'auront toujours pas compris qu'on peut faire du vélo sans se doper seront forcément montrés du doigt dans un peloton où tout finit par se savoir. Moyennant quoi, ils seront marginalisés voire, même, jetés dehors ; je vous en « fiche mon billet » !

En revanche, si toute notre énergie ne devait servir à rien, si quoi que nous ayons fait, les coureurs, dans des proportions alarmantes, devaient continuer de se doper, je ne serais pas le directeur du Tour de France 2003. Mais que ce soit aussi bien clair pour tout le monde : si le dopage ne recule pas très vite, il n'y aura plus de cyclisme en 2003 !

[Il marque une pause, puis enchaîne, guilleret autant par réflexe que par conviction.] M. Penot, écrivez bien qu'il y aura encore du cyclisme en 2003, parce que nous allons lutter de toutes nos forces pour qu'il y ait du cyclisme ! Et cette lutte de tous les jours que nous menons, cette lutte de tous les instants, me fait penser que, si j'ai eu beaucoup de chance dans ma vie, j'ai aussi beaucoup, beaucoup, travaillé... En vous parlant, je me ressouviens de choses, je revois des images... Ma femme vous le confirmerait : je n'arrêtais jamais ! Le samedi soir, je « couvrais » une réunion de boxe. Le dimanche après-midi, je « couvrais » un cyclo-cross, et le lundi, bien sûr, les lecteurs trouvaient mes deux papiers dans *La Voix du Nord*. Voilà pourquoi je vous ai déjà dit que, durant ma carrière, j'ai beaucoup écrit, sans doute trop ! J'ai litté-ralement été un stakhanoviste de la machine à écrire !

C. P. — Stakhanoviste, vous ?

Jean-Marie Leblanc. — Oui, stakhanoviste, moi, ce qui prouve bien que je suis plus large d'esprit que ne le croient mes amis journalistes de gauche ! [Rires.]

Non, non, sans rire, j'étais très curieux, et je vivais comme un immense bonheur la possibilité d'aller au marbre pour voir ma page s'achever avec les titres, les « accroches », les photos, les légendes et les textes. J'ai toujours aimé l'idée de partir moi-même en reportage, puis de choisir moi-même les photos et la maquette de mon reportage. Ainsi, j'avais une impression de bien-achevé.

C. P. — Quelle sorte de journaliste étiez-vous : un chasseur d'infos, un animateur, un franc-tireur ?

Jean-Marie Leblanc. — Je n'étais pas un chasseur d'infos. De toute ma vie — et vous pensez si je le dis aujourd'hui à des-sein —, je n'ai jamais confondu le métier de journaliste avec le métier de détective ou de policier... Non, mon grand bonheur, dans cette profession, fut d'aller sur les courses puis de les racon-ter, de les expliquer. Mon bonheur fut aussi de m'investir dans la marche de mon sport, et, sans doute parce que cette vocation était profonde en moi, je me suis tout de suite passionné pour l'analyse de ses structures et les réformes qu'il fallait faire... Bref ! dans le journalisme, j'ai commencé par m'investir.

Je vais vous donner un exemple. Vous le savez : j'ai aimé, j'ai adoré la boxe, au point de me lever la nuit pour suivre à la télé-vision tous les combats de Cassius Clay. Maintenant, cette passion pour la boxe m'a quitté...

C. P. — Depuis l'enterrement de Jean Bretonnel*?

Jean-Marie Leblanc. — J'ai vu arriver ce jour-là, par un temps terrible, une dizaine d'anciens boxeurs que le froid rendait encore plus rouges et marqués. Ils avaient des visages — ah? comment dire... [Il cherche, ne trouve pas.] Ils portaient tous des vêtements modestes, et c'était un spectacle prenant, parce que leur seule présence démontrait qu'ils avaient du cœur, qu'ils se souvenaient de leur vieux maître... Mais cœur ou non, ces braves types n'avaient pas fait fortune; ils restaient «cabossés» par les coups qu'ils avaient reçus, et je ne pouvais pas m'empêcher de conclure que le jeu n'en valait pas la chandelle. Depuis, j'ai encore radicalisé mon discours, et il me semble de plus en plus que les hommes ne sont pas sur terre pour se taper sur la gueule *[sic]*! En un mot, je ne crois plus au «noble art».

[Songeur.] Vous ai-je dit que l'une des plus grandes déceptions de ma vie date de ma nomination à la tête du Tour de France? Naïf que j'étais, je croyais que les coureurs ou les directeurs sportifs m'enverraient un petit mot pour me dire: «Bravo Jean-Marie. Bienvenue Jean-Marie. Nous sommes sûrs que nous ferons du bon travail ensemble», mais je n'ai jamais rien reçu. Remarquez, Stéphane Heulot mis à part, aucun coureur ne m'a envoyé une ligne ou deux, après le Tour de France 1998, pour me dire: «M. Leblanc, nous connaissons vos soucis; vous connaissez les nôtres. Serrons-nous les coudes, soyons constructifs, trouvons des solutions et repartons tous d'un bon pied...» [Amer.] Non! pas plus de lettres hier qu'aujourd'hui... Seul Laurent Biondi m'envoie gentiment ses vœux chaque année depuis que je lui ai consacré un papier au temps où il était encore un pistard amateur. C'est vous dire s'il y aura beaucoup de coureurs à mon enterrement!

C. P. — Que vouliez-vous raconter, l'autre jour, sur Émile Besson et la boxe?

---

* Célèbre manager de boxe. Il est décédé le 26 mars 1991.

Jean-Marie Leblanc. — [Requinqué.] Ah oui! Quel souvenir! Évidemment, coureur cycliste, j'aimais déjà la boxe, et figurez-vous que j'avais un jour parlé de cette passion avec Émile Besson. J'avais dû aussi lui dire que je rêvais de voir un match à Paris... Honnêtement, je ne me souviens plus des détails; je me souviens simplement qu'Émile s'est donné la peine de trouver deux invitations pour deux petits coureurs nordistes auxquels il ne devait évidemment rien. Moyennant quoi, Crépel et moi sommes venus exprès de Lille pour suivre un match extraordinaire : Cerdan contre Lopopolo, au Palais des Sports. Bien sûr, ce n'était que Cerdan fils, mais, sans avoir la dimension de son père, je vous jure qu'il savait boxer! Lopopolo aussi savait boxer. C'étaient deux stylistes. Même si je n'aime plus la boxe, je garde un souvenir extraordinaire de cette soirée-là. Et d'autres, avec Bouttier, Monzon, Napolès...

C.P. — Émile Besson se souvient, lui, d'une autre soirée que vous avez passée auprès du prestigieux Georges Carpentier[1]...

Jean-Marie Leblanc. — [Instantanément.] Oui! Immense souvenir! J'étais envoyé spécial de *La Voix du Nord*, et lui de je ne sais plus quel journal*. J'étais à ses côtés, devant le ring. Lui avais-je volé quelques paroles? Je le suppose sans en être sûr. En tout cas, j'étais assis près de lui...

Je me souviens avec plus d'exactitude que, jeune journaliste à *La Voix du Nord*, j'ai téléphoné à Robert Chapatte pour qu'il me fît inviter parmi les spectateurs d'une émission télévisée consacrée à Muhammad Ali. Sauf erreur, il était interviewé, ce jour-là, par trois ou quatre journalistes dont Roland Passevant et Jacques Marchand. Moi, j'étais donc dans la salle, et je ne quittais pas des yeux cet être démesuré qu'était Muhammad Ali Cassius Clay. [Il sourit.] Franchement, ça ne mérite pas d'être écrit, mais je vous l'avoue quand même : je regretterai toujours de ne pas avoir osé lui demander de me dédicacer sa biographie que j'avais dévorée!

---

* *France-Soir.*

168

J'ai admiré, à un point que vous ne sauriez imaginer, Muhammad Ali Cassius Clay...

C. P. — Esquissant ces années-là, Philippe Brunel évoque « des réunions de boxe qui [vous] retiennent dans des cafés miteux, jusqu'à des heures indues, dans la promiscuité de managers douteux et des supporters avinés, toute une piétaille qui [vous] renseigne sur les dangers du sport. »[2] Cette « piétaille », Jean-Marie Leblanc, que vous a-t-elle appris ?

Jean-Marie Leblanc. — À commenter les décisions de l'arbitre ! Après chaque réunion de boxe, j'allais effectivement au bistrot — j'ai toujours aimé aller au bistrot ; je ne crains pas d'expliquer que c'est un endroit où je me sens bien —, et je refaisais le match avec les supporters, les entraîneurs, parfois les boxeurs. Jusqu'à minuit, jusqu'à 1 heure, en buvant le coup, nous commentions les décisions, les résultats. Et de soirée en soirée, la confiance s'établissait, un véritable échange social se créait. Oui, oui, je m'en souviens très bien...

Brunel force un peu le trait, mais l'idée est là quand même... Et ce milieu de la boxe, et ces vieux managers, que croyez-vous qu'ils ont fait quand un certain Jean-Marie Leblanc, ancien coureur cycliste professionnel, est arrivé au bord des rings ? Ils lui ont tourné le dos, ils ont essayé de voir ce qu'il avait dans le ventre... Et moi, que croyez-vous que j'ai fait ? Eh bien ! pour leur montrer que je pouvais être crédible et compétent, je suis parti en stage et j'ai passé, avec des boxeurs, des entraîneurs et des conseillers techniques, mon diplôme d'éducateur de boxe. Bref ! sur ce coup-là comme sur bien d'autres, je me suis mis à bosser.

Je vous le dis parce que ça me traverse l'esprit : une fois adopté par le milieu de la boxe, je me suis lié avec un certain Bernard Creton, un boxeur de Dunkerque, bon puncheur, qui avait été champion de France. Je me rappelle qu'avant de boxer, ce type avait fait du vélo, et savez-vous ce qu'il me répétait ? Qu'il avait bien plus souffert en course qu'il n'avait souffert sur un ring !

C. P. — Se dopait-on, à l'époque, dans la boxe ?

Jean-Marie Leblanc. — À l'échelon régional où je travaillais, je n'ai jamais entendu parler de dopage dans la boxe. Jamais! Et je vais même vous dire très franchement que je n'ai pas souvenir de m'être posé une fois la question.

La boxe dont je vous parle n'était pas cette boxe «fin de siècle», tombée en déliquescence, avec x fédérations et x championnats dévalués. Non, dans les années soixante-dix, les choses étaient relativement simples puisqu'elles se résumaient à mettre face-à-face, grosso modo, deux hommes du même poids, du même âge et de la même valeur. Certes, pour se départager, les deux hommes échangeaient des coups, mais la notion de «fair-play» restait primordiale, et ils tombaient toujours dans les bras l'un de l'autre à la fin du combat. Autrement dit, fussent-ils très obtus quelquefois, ces hommes-là avaient des principes qui, de toute évidence, n'étaient pas ceux du cyclisme.

Peut-être vous l'ai-je déjà dit? le vice me paraît consubstantiel à la pratique du cyclisme! Il ne l'est pas à la boxe.

C. P. — À quel moment le journaliste que vous étiez devenu a-t-il compris que les cyclistes n'avaient pas changé, qu'ils continuaient de se doper?

Jean-Marie Leblanc. — Ah! vous me posez de ces questions!... Quand? quand? Je n'en sais plus rien, moi... Me croirez-vous si je vous dis que, devenu journaliste, je n'ai plus du tout pensé au dopage? Mais vraiment plus du tout! J'avais changé de monde; je ne suivais plus les professionnels, hormis aux Quatre Jours de Dunkerque... Alors, vous allez me répondre que je suivais les amateurs... C'est vrai, je les suivais, mais il me semble, Dieu merci, que, dans les années soixante-dix, les gamins de vingt ans n'étaient pas dopés comme on m'assure qu'ils l'étaient en 1998!

Dites-moi : de quand date l'«affaire du courrier de Dax»[*]?

---

[*] Célèbre affaire de dopage qui eut Rachel Dard pour personnage central. Elle permit de confirmer la présence massive de corticoïdes dans le peloton.

C. P. — De l'automne 1976.

Jean-Marie Leblanc. — Alors, c'est à peu près à cette époque que j'ai compris pourquoi les coureurs toussaient sans cesse et pourquoi ils avaient, pour un oui ou un non, les yeux qui gonflaient. En clair : j'ai compris que la cortisone, dont ils abusaient, fragilisaient leurs défenses immunitaires.

C. P. — Pourquoi est-ce vous que Noël Couëdel a contacté, fin 1977, pour le remplacer à *l'Équipe* ?

Jean-Marie Leblanc. — [Surpris.] C'est plutôt à lui qu'il faudrait poser la question... Mais ce que je peux vous dire, de mon côté, c'est que je le connaissais depuis l'époque de mes débuts chez les pros puisqu'il avait « couvert » un Tour du Morbihan auquel je participais. Bref! je l'avais un peu fréquenté pendant cinq ans comme coureur ; comme journaliste, je l'avais revu en certaines occasions... Quoi qu'il en soit, il a jugé que je pouvais le remplacer à la rubrique « Cyclisme », et, bien sûr, moi, je n'ai pas hésité. Il m'offrait là un poste... — ah! comment vous dire autre chose qu'un poste prestigieux parce que j'avais pleine conscience, en partant à *l'Équipe*, que j'entrais dans une maison prestigieuse.

Je vous ai dit un jour que je gardais une infinie reconnaissance envers ceux qui m'ont aidé à devenir l'homme que je suis. Je suppose que nous en reparlerons, mais au cas où nous n'en reparlerions pas, je voudrais que vous notiez dès maintenant que Couëdel a eu plusieurs fois des interventions décisives, comme Courcol, après lui, en eut d'autres. Vous comprenez ce que je veux dire : à un moment précis, ces gens-là ont eu le geste qu'il fallait, et s'il n'y avait pas eu ce geste, nous ne serions peut-être pas là à discuter ensemble... Et vous comprenez sans doute aussi pourquoi, moi, j'ai essayé de faire, quelquefois, pour d'autres personnes, le geste qu'il fallait...

C. P. — En 1988, Noël Couëdel, précisément, vous a poussé, dirons-nous, à signaler que vous pourriez faire un bon directeur du Tour de France. Or, la logique aurait voulu qu'il prît lui-même ce poste. Pour quelles raisons ne l'a-t-il pas fait ?

Réunion de « compagnons du vélo ». De gauche à droite, on reconnaît Jean-Marie Leblanc, Thierry Cazeneuve, Pierre Chany, Robert Janssens, Noël Couëdel, Claude Sudres, Jacques Goddet et Philippe Sudres.

Une salle de presse parmi d'autres. Cette photo date du Critérium du Dauphiné-Libéré 1988, et le journaliste qui lui fait face n'est autre que le célèbre Pierre Chany. Quatre mois plus tard, Jean-Marie Leblanc sera nommé à la tête du Tour de France.

172

Jean-Marie Leblanc. — Encore une fois, c'est une question qu'il faudrait directement lui poser, mais je crois pouvoir vous répondre que, pour lui, cette opportunité est arrivée trop tard. En 1988, il était déjà directeur de la rédaction de *l'Équipe*, ce qui revient à dire que cet homme, que j'ai toujours considéré comme le meilleur faiseur de journaux sur la place de Paris, était trop engagé dans des fonctions à la fois captivantes et prestigieuses.

Que se serait-il passé si l'opportunité lui avait été présentée quatre ou cinq ans plus tôt ? Je n'ai pas, formellement, la réponse, mais je suis assez tenté de croire qu'il aurait pris le poste et serait devenu un excellent directeur du Tour.

C. P. — Le jour où Couëdel vous a présenté à Jacques Goddet, celui-ci ne pouvait évidemment pas deviner qu'il saluait en vous son successeur. Mais pour ce qui vous concerne, vous souvenez-vous de sa poignée de main ?

Jean-Marie Leblanc. — Oui, je m'en souviens et revois fort bien son bureau : il était situé au bout d'une pièce immense, et il fallait descendre pour s'approcher. En un mot : c'était vraiment l'antre du patron...

Si ! si ! je me souviens... Après m'avoir accueilli par le traditionnel : « Bienvenue, mon vieux ! » parce qu'il disait « mon vieux » à tout le monde*, il m'a avoué qu'il ne se souvenait plus de moi sur un vélo, puis il a enchaîné à peu près comme ça : « Souvenez-vous, en revanche, que *l'Équipe*, c'est aussi le Tour de France et de grandes courses cyclistes ». En d'autres termes, Jacques Goddet demandait expressément au nouveau chef de la rubrique « Cyclisme » de ne pas oublier d'accorder une importance majeure aux épreuves organisées par son groupe !

C. P. — D'où le sempiternel reproche que lui adressait Pierre Chany : celui de mélanger les genres, et d'être obligé, comme organisateur et patron de presse, d'être juge et parti !

---

* Au 1er février 1978, date de l'entrée de Jean-Marie Leblanc à *l'Équipe*, Jacques Goddet avait soixante-douze ans !

Jean-Marie Leblanc. — Puisque vous me donnez l'occasion de le faire, je vais dénoncer ce qu'il faut bien appeler une manie de Jacques Goddet : il voulait toujours qu'on précisât, après chacune de ses courses (Paris-Roubaix, Paris-Tours, le Critérium National), qu'il s'agissait — je cite : d'« une organisation de *l'Équipe* et du *Parisien Libéré* ». Mais la vérité m'oblige à reconnaître que les secrétaires de rédaction, que la formule ennuyait, oubliaient volontairement de s'exécuter une fois sur deux, et une fois sur deux, je voyais débouler Jacques Goddet, bras en l'air [il mime], qui... [il hésite] si ! écrivez : qui râlait, car il râlait vraiment Jacques Goddet ! Il râlait ! [Il prend une voix un peu haute, rapide, pour imiter Jacques Goddet.] : « Messieurs, c'est insensé ! Qui organise ? On ne le sait pas ! J'ai beau lire deux fois le papier, je ne vois pas écrit : "une organisation de *l'Équipe* et du *Parisien Libéré*" ! Alors que nous devrions être fiers d'organiser ! Voyons ! messieurs, ce sont des épreuves qui coûtent cher ! Mais qui les organise ? Qui les organise ? » Et puis, il terminait sur un sec : « Bon ! nous n'organisons plus ! » et il tournait les talons.

C. P. — Dans *L'homme aux 50 Tours de France*, Pierre Chany a raconté — oh ! avec une immense tendresse — les colères de cet homme qu'il avait finalement beaucoup apprécié : « Il trépignait et lançait des imprécations. Sa grande phrase, c'était : "Nous nous sommes déshonorés !" Mais, les témoins mis à part, personne n'avait connaissance de ces moments de colère. »[3] Ce Jacques Goddet là, celui de la cinquantaine, qui trépignait franchement, l'avez-vous encore rencontré dans les années quatre-vingt ?

Jean-Marie Leblanc. — Bien sûr que je l'ai rencontré ! Pierre a trouvé le mot exact : Jacques Goddet trépignait. Et pourquoi trépignait-il encore à soixante-quinze ans ? Parce qu'il était resté un homme d'action qui ne pouvait pas supporter de ne rien faire. Jacques Goddet trépignait moins de colère qu'il ne trépignait d'impatience, et j'ai compris, à son contact, les raisons pour lesquelles il tenait si ardemment à la présence de bonifications dans le Tour : parce qu'il avait la hantise des étapes de plaine, des étapes insipides !

Sa théorie tenait grosso modo à ceci : puisque le terrain n'est pas propice aux grandes manœuvres, créons des chausse-trappes artificielles sous forme de bonifications, et voyons la course s'animer ! Après quoi, pour mettre en valeur le bien-fondé de sa théorie, il nous imposait d'ajouter dans *l'Équipe*, à la fin des classements, le résumé des bonifications pour que le lecteur en comprît, lui aussi, l'importance ! Bref ! comme le disait très bien Chany, il avait un peu tendance à « mélanger les genres », mais il faut lui rendre cette justice que jamais il ne s'est montré « remontrant » ou directif sur le contenu des articles. Non, de ce point de vue-là, il était plutôt compréhensif. Il n'oubliait jamais que le premier devoir du journaliste était d'informer. Et lui-même s'informait, lui-même vérifiait ! Chaque matin, il faisait sa propre revue de presse, et quand il lisait, dans un journal concurrent, une information qu'il n'avait pas trouvée dans *l'Équipe*, il ne manquait jamais de l'entourer d'un coup de crayon, puis il nous l'envoyait, par le courrier interne, avec ces simples mots rageurs : « Et nous ?... »

[Songeur, ému.] « Et nous ?... » Ah ! sacré vieux Jacques !

C. P. — Vous avez passé six ans à ses côtés, dans cette voiture qu'on appelait la voiture-amiral, la première de l'immense caravane du Tour...

Jean-Marie Leblanc. — Oui, six ans à ses côtés, de 1982 à 1987. En 1988, plus qu'octogénaire, il avait décidé de ne plus faire le Tour...

Je m'en souviens : la première fois, c'était à Bâle... Quelle fierté, pour moi, de monter dans sa voiture et de prendre en main Radio-Tour ! (Je succédais à Couëdel.) Mais quelle responsabilité ! car, bien entendu, dans sa voiture comme dans son bureau, Jacques Goddet trépignait ! Fidèle à son tempérament, il voulait sans cesse de l'information, de l'animation, et il me houspillait un peu quand il ne se passait rien : « Jean-Marie, dites quelque chose au micro ! Mais animez, mon vieux, animez ! » Alors, pour ne plus me faire engueuler, pour lui faire plaisir, et pour donner aux confrères le sentiment qu'il se passait toujours quelque chose sur le Tour, je reprenais le micro...

C. P. — Vous inventiez ?

Jean-Marie Leblanc. — Non, mais je meublais. Je racontais que tel coureur emmenait le peloton entouré par tel ou tel autre coureur. Ensuite, je disais qu'un équipier avait pris le relais, ce qui, en soit, n'était pas une information digne d'être notée. Mais, bon ! je la donnais quand même. [Rires.]

C. P. — Parce qu'il avait passé son après-midi dans le sillage d'Anquetil qu'il découvrait pour la première fois, Jacques Goddet signa, au soir du Grand Prix des Nations 1953, des lignes d'une précision étonnante : « Ce n'est pas tellement, écrivait-il, par l'élégance de son coup de pédale que Jacques Anquetil, athlète bien pris, mais de gabarit moyen, capte l'attention. On est saisi, dès qu'on le suit, par la volubilité de son style, par la richesse des moyens, par l'efficacité dans l'action. Si les jambes, aux muscles dessinés dans le vif, tombent droit, elles restent constamment assez éloignées du cadre ; et comme les coudes s'écartent nettement, comme la tête plonge vers la potence à en disparaître, le vélo paraît en quelque sorte enveloppé. C'est, somme toute, une position de poursuiteur parfaitement carénée. L'harmonie s'établit grâce à l'équilibre général, à toute absence de désordre dans le mouvement. Le corps reste d'aplomb, dans sa ligne, épaules immobiles.»

Treize ans plus tard, toujours dans le cadre des Nations, après une énième après-midi passée derrière celui qu'il appelait « l'archépédaleur du cyclisme mondial», le même Jacques Goddet ajoutait des lignes qu'il convient encore de citer : « Le buste restait fixé dans une immobilité absolue, légèrement courbé, comme pour laisser aux jambes seules les facultés motrices, comme pour éviter toute déperdition de force. Et ces jambes, à la fois bien pleines mais déliées, ces jambes qui représentent le canon des membres inférieurs (mauvais terme en l'occurrence...) de l'homme moderne, accomplissaient sans trace de la moindre faiblesse leur tâche pénélopienne...» Autrement dit, à treize années de distance,

Jacques Goddet rajoutait du souffle à une première analyse qui avait été prophétique. Pourquoi, Jean-Marie Leblanc, ne voit-on pas, ou du moins pas assez, que derrière Blondin et Chany, Jacques Goddet fut le meilleur chantre du cyclisme? Pourquoi ne dit-on pas que, tous sports confondus, juste derrière Blondin, il dépasse Giraudoux, il égale Montherlant?

Jean-Marie Leblanc. — Figurez-vous que votre question me plaît, car elle me rappelle une autre question que je me suis déjà posée plusieurs fois : pourquoi n'existe-t-il pas un recueil des meilleurs textes de Jacques Goddet? Parce que j'en suis pleinement convaincu, et je sais que des hommes comme Pierre Chany et Jacques Augendre l'étaient également : oui! plume en main, Jacques Goddet ajoutait à sa qualité de journaliste les dons d'un grand chantre.

C'était tout d'abord un vrai journaliste, un vrai reporter, dans le sens où, les jours de courses, il ne cessait de prendre des notes sur un petit carnet. Souvent, je m'étonnais de le voir si scrupuleux, car il consignait même les épisodes sans importance, mais ces épisodes, rendus dans sa langue, prenaient alors une dimension particulière. Son style, vous le savez, était inimitable — des textes typés, avec un vocabulaire riche, des phrases qui débordaient d'enthousiasme et d'emphase, mais des textes qui ont finalement très bien vieilli, ce qui prouve son immense talent...

Et puis, quand même, souvenons-nous du contexte! Souvenons-nous que, la ligne d'arrivée à peine franchie, il se faisait conduire dans un petit bureau, juste à côté de la salle de presse, et qu'il changeait brusquement de casquette! En l'espace d'une minute, il parvenait à oublier toutes sortes de pressions; il sortait son petit carnet, consultait ses notes et rédigeait un éditorial qui était toujours, oui, toujours de très grande qualité!

C.P. — Le sentiez-vous tendu au moment de se mettre à l'ouvrage ou écrivait-il avec facilité?

Jean-Marie Leblanc. — Il écrivait avec suffisamment de facilité pour boucler tous les soirs, en deux heures, un éditorial qui ne faisait jamais moins de trois feuillets! Et pour avoir moi-même essayé, sans y parvenir, d'écrire des billets au sortir de l'étape, je suis rétrospectivement impressionné par l'énergie intellectuelle que Jacques Goddet a déployé durant toutes ces années — je sais bien qu'il avait alors un alter ego, Félix Lévitan, pour se décharger des problèmes liés à l'organisation... Quand même, il fallait le faire!

Mais puis-je vous avouer, maintenant, que j'ai été plus encore sensible au Jacques Goddet visionnaire qu'au Jacques Goddet écrivain? J'aimais avant tout, chez lui, ce côté «semeur d'idées» qui lui a permis, même lorsqu'il avait vieilli, de rester un homme de son temps... Par exemple, j'ai été marqué par ce que j'aime appeler son «appel de Bâle», en 1982... Je ne sais si vous vous en souvenez, mais, cet été-là, *l'Équipe* de France de football avait réalisé une très belle Coupe du monde, et Jacques Goddet s'était ému de l'engouement national qu'elle avait suscité. «Puisque le public aime tellement les équipes nationales, pourquoi ne pas imaginer, tous les quatre ans, un super Tour de France qui serait justement disputé par équipe nationale?» avait-il commenté, souhaitant positionner le Tour de France sur la même ligne que les Jeux Olympiques, la Coupe du monde de football et la Coupe du monde de rugby qui s'annonçait à l'horizon. Moi, à l'époque (j'étais journaliste), j'avais trouvé son idée formidable, et si, devenu directeur du Tour de France, je ne l'ai jamais mise en pratique, je ne vous cacherai pas que je l'ai plusieurs fois étudiée.

C. P. — Il a connu tous les honneurs qu'un homme puisse rêver, il a eu le pouvoir, il a été riche, il a aimé des femmes. Combien de fois avez-vous songé, devant cette existence fastueuse, qu'il y avait là du D'Annunzio, et peut-être du génie?

Jean-Marie Leblanc. — La vie de Jacques Goddet est une vie fascinante puisqu'il a commencé dans le journalisme aux côtés de Desgrange, puisqu'il fut, en 1932, le seul envoyé spécial français aux Jeux Olympiques de Los Angeles. Il a ensuite participé, après guerre, à la création de *l'Équipe*, à la renaissance du Tour de France, à l'élévation du Parc des Princes, du Palais des Sports et du P.O.P.B.* Il s'est aussi, par l'intermédiaire de Gabriel Hanot, investi dans la création des coupes d'Europe de football... Oui, bien sûr, ce fut une longue et belle vie...

Je ne connais pas assez D'Annunzio pour vous dire si Jacques Goddet lui a ressemblé. Ce qu'il me semble, en tout cas, c'est qu'il a traversé son siècle à grandes enjambées, un peu à la façon de *L'homme pressé*, le héros de Morand. Vous avez dû lire dans son livre de souvenirs qu'il raconte, avec beaucoup de lucidité, qu'on ne mène pas une vie pareille sans manquer certaines choses, sans blesser certaines gens. J'ai cru comprendre qu'il regrettait de ne pas avoir prêté assez d'attention à sa famille, qu'il s'était sans doute montré un peu trop égoïste... Peut-être... Je ne sais pas... Je sais seulement que sa vie m'impressionne et que l'homme — je ne suis pas le seul dans ce cas — me fascine.

C. P. — Parce que la réussite est un métier d'égoïste, ne craignez-vous pas, vous aussi, d'avoir un jour à regretter de ne pas avoir prêté suffisamment d'attention à vos proches ?

Jean-Marie Leblanc. — C'est, hélas, déjà fait... Devenu grand-père, j'ai découvert avec stupéfaction que j'aurai consacré plus de temps et plus d'attention à mon petit-fils qu'à mon propre fils. J'avais des excuses, me direz-vous : mes enfants sont nés au moment précis où l'homme que j'étais devait travailler beaucoup pour faire quelque chose de sa vie... Mais ce qui me console, c'est que la nature est bien faite, et j'ai compris ensuite qu'elle nous donnait, avec des petits-enfants, une deuxième chance. J'essaie, moi, de ne pas rater cette deuxième chance...

C. P. — Par comparaison avec Jacques Goddet, quel regard jetez-vous sur Félix Lévitan ?

Jean-Marie Leblanc. — Par comparaison, si vous me permettez une image, je dirai qu'il était un homme de plus petites enjam-

---

* Palais Omnisports de Paris-Bercy.

bées. Moins spontané, plus réfléchi, il n'avait pas le talent de plume qu'avait Jacques Goddet, mais il était sûrement meilleur homme d'affaires — et ce n'est évidemment pas du tout péjoratif dans ma bouche parce qu'il fallait bien, dans cet attelage, que l'un d'eux s'occupât de tenir la boutique, tant sur le plan des budgets que sur le plan de l'organisation. Au demeurant, la tradition voulant, à *l'Équipe*, que le chef de la rubrique « Cyclisme » assiste à la traditionnelle réunion hebdomadaire durant laquelle se fabrique le Tour de France, j'ai pu vérifier, en tant qu'auditeur libre, que c'était toujours Félix Lévitan qui menait les débats. Jacques Goddet intervenait peu, si ce n'est pour donner son sentiment sur les bonifications, les cols et les côtes, bref! sur ce qui tenait à la compétition proprement dite. D'une certaine manière, l'attelage qu'ils formaient était merveilleusement complémentaire...

Il l'était sur la forme, il l'était moins sur le fond. Comme tout le monde, en effet, je voyais que les deux directeurs du Tour ne pouvaient masquer, l'un envers l'autre, la sourde rivalité qui les opposait. Vous le savez aussi bien que moi : Félix Lévitan détenait le pouvoir et l'autorité, mais Jacques Goddet avait la légitimité, c'est-à-dire une puissance qui, pour s'exercer d'une façon moins directe, semblait plus juste à la famille du cyclisme. De là, je dirai : une ambiguïté, des malentendus et, quelquefois, des ressentiments... Tenez! un exemple type [Il ne peut s'empêcher de sourire en se souvenant.] : nous sommes en 1982 ; Jacques Goddet vient de faire son fameux « appel de Bâle » dont je vous parlais à l'instant. Eh bien! aussitôt, Félix Lévitan me croise et me dit (car je faisais tous les jours un entretien pour *l'Équipe*) : « Jean-Marie, pouvons-nous, demain, faire ensemble votre "questions-réponses"? J'aimerais beaucoup m'exprimer sur l'article qu'a signé notre ami Jacques... » Je ne peux faire autrement qu'accepter... Évidemment, le lendemain, Félix n'a de cesse de me répondre que tout ce qu'a pensé « notre ami Jacques » était parfaitement irréaliste! [Rires.] Et tout cela, notez-le bien, à trois jours d'intervalle, dans les colonnes du même journal! Ce qui prouve combien Jacques Goddet, malgré des manies de détail, était un homme qui, fondamentalement, respectait la liberté d'écrire de ses collaborateurs. Pour cette raison aussi, il a été un grand patron de presse.

C. P. — Parce que vous avez du respect pour Félix Lévitan et de l'affection pour Jacques Goddet, parce que vous disposez maintenant de toutes les clés du problème, saurez-vous nous dire si, oui ou non, le groupe Amaury s'est rendu coupable d'une grande injustice en mettant à pied, d'une façon très brutale, Félix Lévitan en mars 1987?

Jean-Marie Leblanc. — [On sent qu'il pèse chacun de ses mots, mais qu'il ne peut résister au plaisir intellectuel de prendre la question à bras-le-corps.] Avec les éléments d'ensemble dont je dispose aujourd'hui, je sais qu'on ne peut pas accuser les dirigeants du groupe Amaury d'avoir commis une grande injustice. Propriétaires de leur groupe, ils étaient en droit de revendiquer une certaine vision de l'avenir du cyclisme; ils étaient aussi en droit de mettre fin à une collaboration qui ne leur paraissait plus souhaitable...
[Il marque une pause.] J'aurais préféré que vous ne m'interrogiez pas là-dessus, car vous devinez bien que le directeur du Tour de France n'est pas dans une situation très facile pour répondre. En tout cas, il n'entre pas dans ses attributions de répondre à toutes les questions...

C. P. — En juillet 1987, alors qu'il était devenu un homme seul, vous aviez écrit à Félix Lévitan pour lui témoigner votre soutien et votre bon souvenir. Ferez-vous moins directeur du Tour que vous ne faisiez journaliste?

Jean-Marie Leblanc. — Journaliste, j'avais en effet écrit à Félix pour lui dire que ce Tour qu'il avait dessiné, j'aurais trouvé juste qu'il le dirigeât. C'était un geste d'amitié que je croyais lui devoir, et que je ne regrette pas d'avoir fait.
Vous savez: je suis fils d'un petit marchand de bestiaux. Sans doute est-ce, chez moi, l'héritage du maquignon, mais il me semble que je ne me suis pas souvent trompé dans l'estimation que j'avais de la valeur des autres. Peut-être est-ce pour cette rai-

son que je ne me suis pas trompé non plus sur ma propre valeur, et que j'ai toujours su que je ne serais qu'un petit coureur... Quoi qu'il en soit, je crois tenir de mon père ces deux choses : un peu de flair pour, non seulement juger les gens, mais aussi pour juger les rapports de force. En clair, j'ai compris que dans la vie, il en allait souvent comme à la foire : si l'on veut que la vente se fasse, il faut placer la barre ni trop bas, ni trop haut.

Je mesure l'«affaire Lévitan» à cette aune, en homme qui aime le dialogue et le consensus. Je ne suis donc pas partisan des méthodes brutales, et si l'on m'avait expressément demandé, en 1987, quelle attitude il convenait d'adopter pour mettre fin à trente-cinq années de pouvoir d'un homme, j'aurais proposé des formes différentes de celles qui furent utilisées à l'époque.

C.P. — Nouveau venu dans le cyclisme en 1993, Jean-Claude Killy, contre toute attente, et après onze années de procès, a su rendre à Félix Lévitan la dignité que celui-ci méritait. Croyez-vous que l'histoire du cyclisme lui saura gré d'avoir ressoudé une famille qui n'avait pas su le faire d'elle-même?

Jean-Marie Leblanc. — Oui, elle lui en saura gré. L'histoire du cyclisme se souviendra, j'en suis persuadé, que les retrouvailles avec Félix Lévitan eurent lieu en 1998, à l'occasion du Tour de France qui partait de Dublin. Vous savez comment les choses se sont soldées : en présence de Marie-Odile Amaury, il a reçu, des mains des organisateurs, cette médaille de la reconnaissance du Tour de France que le Tour, évidemment, lui devait. Et vous savez aussi que s'il n'avait pas été préoccupé par la santé de son épouse, Félix aurait suivi d'autres étapes pour jouir d'une sorte de bain de foule mérité. Bref! comme vous le dites justement, il a retrouvé, la tête haute, sa famille.

Pourquoi, alors, a-t-il fallu attendre si longtemps cette pacification qu'au fond, tout le monde souhaitait? Parce que dans ce genre d'affaire où les procédures sont importantes, on n'arrive à rien sans un regard neuf. Moi-même, voyez-vous, je n'aurais jamais pu agir, car j'aurais été considéré comme un homme de *l'Équipe*, de Jacques Goddet, du Groupe Amaury... Mais Jean-

Claude Killy, lui, arrivant en homme extérieur à l'affaire, la jugeant sans a priori, a pu prendre la pleine mesure de la reconnaissance que le Tour de France devait à Félix Lévitan.

C. P. — Finalement, de *La Voix du Nord* à *l'Équipe*, vous aurez été journaliste d'octobre 1971 à octobre 1988. S'il ne vous fallait retenir qu'un nom parmi tous ceux qui, durant ces années, ont été vos confrères, quel nom retiendriez-vous?

Jean-Marie Leblanc. — C'est une question évidemment difficile, incomplète et injuste, mais, puisque vous me la posez ainsi, je vais essayer d'y répondre et vais vous donner un nom, celui de René Deruyk... Pourquoi? Parce que René a été l'homme qui m'a appris mon métier. Il m'a épaulé, il m'a conseillé...

[Nostalgique.] Vous savez : je lui dois énormément de choses, parce qu'avant de m'aider comme journaliste, il m'a soutenu comme coureur. Comme chef de la rubrique « Cyclisme » à *La Voix du Nord*, il a dépensé une énergie incroyable pour faire connaître les jeunes espoirs que nous étions, Samyn, les frères Vasseur, les frères Santy et moi. Du reste (je me suis souvent fait la réflexion), les papiers qu'il nous consacrait à l'époque étaient plus grands et plus nombreux que les papiers consacrés à Édouard Delberghe et Jean Stablinski, les deux professionnels nordistes. Autrement dit, pour tous les gens de notre département, Deruyk était un chantre, et si autant de bons coureurs se sont révélés dans les années soixante à quatre-vingt, il faut y voir la main de Deruyk, exemple parfait de ces journalistes de province qui, à force de passion, à force de talent, suscitent de réelles vocations.

Aurai-je le droit d'ajouter, sans trop vous paraître prétentieux, que j'ai essayé de faire pour la boxe ce que René faisait pour le cyclisme? Pendant des années, je me suis battu en interne pour avoir plus de place, pour avoir une photo, pour aller en reportage, et si la boxe a connu un certain essor dans le Nord, à la fin des années soixante-dix, j'y ai été pour un petit quelque chose. Nous participions à la vie de notre sport parce que nous le connaissions et l'aimions.

C. P. — Devenu responsable de rubrique à *l'Équipe*, avez-vous modifié votre définition du journalisme?

Jean-Marie Leblanc. — Non, parce que je suis resté à *l'Équipe* le même journaliste qu'à *La Voix du Nord*. Je veux dire par là que j'ai continué à me battre, en conférence de rédaction, pour obtenir toujours plus de place. J'ai continué à être, non pas un journaliste de combat, mais un journaliste d'idées, un journaliste qui, pour parler très franchement, s'inspirait moins de Pierre Chany que de Jacques Marchand.

Vous me comprenez, n'est-ce pas?... Chany a été ce que j'appelle «un immense journaliste» qui s'exprimait avec plus de lisibilité et plus de punch que Jacques Goddet, mais c'était un journaliste de terrain que le reportage, que l'immédiat, dévoraient. En comparaison, Jacques Marchand était un formidable semeur d'idées! Même s'il n'avait pas la notoriété de Pierre, même s'il n'éblouissait pas comme Pierre, je l'ai toujours considéré comme un journaliste-acteur ou, si vous préférez, comme un journaliste-politique, en ce sens que ses interrogations, que ses propositions, influaient directement sur la marche de son sport.

[Soufflé.] Enfin, c'est l'homme qui a créé le Tour de l'Avenir! Et sur le dopage, c'est un homme qui a tout compris! J'ai lu rapidement les articles que vous m'avez montrés l'autre jour : ce sont ceux d'un journaliste engagé dont les critiques, à mon avis, portaient davantage que celles de Chany.

C. P. — Dans la série d'articles consacrés à ce qu'il appelait l'«Examen de conscience du cyclisme», série publiée au lendemain de la mort de Simpson, Jacques Marchand parlait sans cesse de morale, de conscience, d'éducation et de jeunesse, comme si le mot «professionnel» portait en lui toutes les tares. Combien de fois, le lisant, avez-vous songé que le véritable sport, que le seul sport qui vaille, était celui des *Olympiques*, le livre de Montherlant? Combien de fois avez-vous pensé que le sport n'avait de réelles vertus qu'au niveau du jeu, qu'au niveau amateur?

Jean-Marie Leblanc. — Je conçois — permettez — votre «idéalisme», car il faut souhaiter que le sport mette toujours aux prises des jeunes gens qui ont accepté une discipline de vie, qui s'entraînent et qui luttent à armes égales sans autre enjeu, c'est le cas de le dire, que « la beauté du sport ». Cette manière de concevoir la compétition, cette manière qui est celle des puristes — Daniel Baal a cette vision-là —, est certes honorable. Je la fais mienne aussi, mais tout en mesurant ses limites.

[Songeur.] Mais que de dangers ! Et que d'énergies faudra-t-il pour parer à tous ces dangers !... Je n'ai pas oublié, vous savez, l'article que vous m'avez montré l'autre jour*, dans lequel Altig affirmait : « Nous sommes des professionnels, nous ne sommes pas des sportifs ! » Stricto sensu, c'était une déclaration qui portait en germe toutes les dérives que le cyclisme des années quatre-vingt-dix a connues. C'est un point de vue complètement inacceptable parce qu'il occulte le devoir d'exemplarité des sportifs !

C. P. — Dans l'article en question, Jacques Marchand apportait cette réponse sans appel : « Si Anquetil, Altig et beaucoup d'autres peuvent commercialiser à outrance leur valeur sportive, c'est aux règles sportives qu'ils le doivent. Le public a accordé le plus grand crédit à leurs performances parce qu'elles étaient contrôlées par une réglementation et qu'elles étaient homologuées par une fédération, donc certifiées conformes à la loi du sport. »

Jean-Marie Leblanc. — Tout est juste dans ce qu'écrit Jacques Marchand, et ce que vous me lisez confirme ce que je vous ai déjà dit : si l'on continue à professionnaliser le sport, il va cesser d'être un sport ; il va devenir un spectacle de plus en plus riche, c'est-à-dire un produit commercial joué par des acteurs de plus en plus médicalisés, et prêts à tout pour réussir et gagner de l'argent !

Sommes-nous arrivés là dans le cyclisme avec cette EPO qui n'est rien d'autre qu'un carburant que les coureurs s'injectent dans les veines pour tourner du premier au dernier kilomètre sans jamais ressentir la fatigue ? Honnêtement, nous n'en sommes

---

* En prélude d'un entretien. Il s'agit d'un des douze articles de la série « Examen de conscience du cyclisme ».

plus très loin... Il faut donc veiller, et il me semble sincèrement que les journalistes sont dans leur rôle lorsque, pareils à Jacques Marchand, ils veillent sur les principes fondamentaux qui régissent le sport. Un homme comme Noël Couëdel, hier, un homme comme Jean-Michel Rouet, aujourd'hui, ont été ou sont de ceux qui, parce qu'ils parlent avec leur cœur, défendent le sport... Je pèse mes mots, évidemment, mais il me semble que Pierre Chany avait un peu moins de cœur que Jacques Marchand. Seulement, on lui pardonnait tout parce qu'il avait, plus que les autres, le talent...

C.P. — Quelle définition donnez-vous du talent, et particulièrement du talent de Chany?

Jean-Marie Leblanc. — Il y a une phrase qui dit : «Le talent d'écrire est une intrépidité; il comporte une espèce d'effronterie» — attendez! je vais vous chercher l'auteur dans mon carnet de citations. [Il revient quelques instants après, dépité : «Je n'avais pas noté le nom de l'auteur!»] Mais, bon! l'idée est là : pour bien écrire, il faut être effronté. Chany avait cette effronterie confiante.

C'était quoi, son talent? D'abord, c'était la pertinence puisqu'il connaissait parfaitement les rouages d'un peloton. C'était aussi une forte intuition car, s'appuyant sur sa pertinence, il savait évoquer des scènes qu'il ne connaissait que par Radio-Tour. Mais son talent, talent intrinsèque, tenait surtout à la puissance de sa plume, et je ne saurais mieux le résumer qu'en vous disant que «Pierre écrivait mieux», que sa langue était plus riche et plus variée que celle de ses pairs. Et j'ajoute, car la remarque a son importance dans notre métier, que ce talent s'exerçait à raison de six feuillets en deux heures, nuit blanche ou pas, fatigue ou pas!

C.P. — À la rubrique «Cyclisme» de *l'Équipe*, vous étiez son patron. Étiez-vous aussi son rival?

Jean-Marie Leblanc. — Bien sûr que non! [Inquiet.] Oh! ne me dites pas qu'il vous a dit ça. Je serais très ennuyé qu'il fût parti au ciel *[sic]* en pensant que j'étais son rival!

C. P. — Chany au ciel ? Il vous maudirait : il n'y croyait pas !

Jean-Marie Leblanc. — [Songeur.] Oui, il n'y croyait pas, et Pierre aimait bien me provoquer à ce sujet.... Il... [Il s'arrête et sourit.]

Il faut que je vous fasse un aveu — et Dieu sait si Pierre en rigolait : je *déteste* [il insiste] les blagues égrillardes sur les bonnes sœurs ! Pour les curés, je supporte un peu mieux, mais pour les bonnes sœurs, c'est physique : je ne le supporte pas ! Évidemment, Pierre me cherchait ; il ramenait le sujet et nous nous accrochions, mais s'il vous a parlé de moi, il vous a forcément dit que nous nous aimions bien... Parce qu'à la vérité, notre cohabitation professionnelle a été remarquable ! Et quand nous échangions des piques et radicalisions nos positions, c'était par jeu, pour marquer notre complicité, je dirai : notre symbiose.

Il y a une phrase de Béraud à laquelle je tiens beaucoup — écoutez bien : « C'est une sorte de marchepied de la connaissance que la fréquentation d'un camarade plus âgé. » Eh bien ! ce que je vous ai dit de Deruyk, je tiens à le dire à propos de Chany, car c'est lui, soirée après soirée, qui a façonné ma culture cycliste. Il m'a parlé de Jacques Goddet, de *l'Équipe*, de Vietto, de Coppi, de Bobet, d'Anquetil, de la guerre et des hommes, et si j'ai remarqué, bien sûr, que Pierre Chany n'était pas sans défaut, son destin me fait penser au destin de Jacques Goddet : dans ces vies très remplies dont ils ont l'un et l'autre regretté l'égoïsme, il y a du « monstre sacré ».

C. P. — Pourquoi, journaliste, aimiez-vous tellement les citations : pour accrocher votre lecteur ou pour montrer qu'on peut être un homme de la terre et un homme de culture, ainsi que le suppose Hervé Mathurin ?

Jean-Marie Leblanc. — [Incorrigible, il se lève et parle en marchant.] Accrocher le lecteur ? J'ai une citation pour vous. [Il vérifie dans son carnet de citations puis lit à haute voix, ravi.] « Un bon journaliste est d'abord un homme qui réussit à se faire lire. Il ne faut pas que l'article soit un soliloque ou un remâchement de ses propres idées. Il faut que le journaliste tienne par le revers de sa veste l'interlocuteur invisible.» Voilà! C'est beau, non? Que disait-il, Mathurin?

C. P. — Il s'étonnait qu'on pût se donner autant de mal pour apprendre par cœur autant de citations. Il se demandait s'il ne fallait pas y voir chez vous l'expression d'un complexe social?

Jean-Marie Leblanc. — Ce n'était pas un complexe social, parce que je ne viens pas d'un milieu défavorisé. Je vous l'ai dit : on aimait les livres chez moi, et je me souviens d'avoir toujours beaucoup lu... En revanche, il est exact que, journaliste débutant, face à certains confrères qui avaient plus de talent que moi, j'ai fait des complexes, ce qui m'a amené à dévorer le dictionnaire. Au début, je me suis intéressé aux citations à des fins professionnelles, pour améliorer la qualité de mes articles. Puis je me suis très vite aperçu que j'y trouvais une source pour mes propres pensées, car je n'avais de cesse d'y puiser des convictions capables de soutenir mes propres convictions! Autrement dit, je suis passé de la curiosité professionnelle à la curiosité intellectuelle, et ce pli, je l'avoue, m'est resté : dès que je lis dans un texte une phrase qui me plaît, il faut aussitôt que je la note!

Permettez-moi d'ajouter que, là aussi, il n'y a pas de miracle, il n'y a pas d'acquis, et ce que l'on finit par savoir, on ne l'apprend que par un immense travail. Pour lancer mon petit livre sur Le Quesnoy*, j'ai passé des soirées entières à chercher le mot que je voulais. Finalement, j'ai lu cette phrase de Romain Rolland : «Ce ne sont pas les pays les plus beaux, ni ceux où la vie est la plus douce, qui prennent le cœur davantage, mais ceux où la terre est le plus simple, le plus humble, près de l'homme, et lui parle une langue intime et familière.» et j'ai su que j'avais trouvé la phrase juste. De la même façon, j'ai été très heureux de lire un jour, sous la plume de Bakounine que je ne porte pourtant pas dans mon cœur : «Je déteste le communisme parce qu'il est la

---

* *Le Quesnoy. Les clés du bocage avesnois.*

négation de toute liberté, et que je ne puis rien concevoir d'humain sans liberté.» Personnellement, je le savais depuis l'âge de quinze ans, mais qu'un autre le dise me conforte toujours : de cette façon, j'ai l'impression de moins me tromper !

C. P. — Vous rappelez-vous avoir écrit, à propos de l'entraîneur Paul Koechli, cette phrase qui résume parfaitement le style et la précision de vos articles : «Il y a quelque chose de Jean-Jacques Rousseau chez cet homme qui fait confiance à l'homme et a quitté la ville — Bâle — pour aller s'installer à la campagne (à Sonvilliers, entre Bienne et La Chaux de Fonds, dans le Jura suisse)...»

Jean-Marie Leblanc. — Je m'en souviens d'autant moins que ce n'est pas, d'un point de vue littéraire, une phrase extraordinaire.

C. P. — Mais vous souvenez-vous, en revanche, de l'homme qui, faisant confiance à Hinault, projeta Koechli sur la scène?

Jean-Marie Leblanc. — Tapie? Bien sûr que je me souviens de Tapie!

C. P. — Pourquoi vous fascina-t-il autant lorsqu'il arriva dans le cyclisme?

Jean-Marie Leblanc. — Qui vous a dit que j'étais fasciné?

C. P. — Une photo. En 1985, pour l'interroger au nom de *Vélo Magazine*, vous n'étiez pas moins de cinq à débarquer dans son bureau[4]...

Jean-Marie Leblanc. — Exact! Je m'étais déplacé avec Claude Droussent, Philippe Bouvet, Henri Haget et Pierre Chany. Je me souviens d'ailleurs que Pierre, qui était arrivé très fatigué, avait réussi le tour de force de s'endormir dans son fauteuil. Je suppose que le personnage Tapie ne devait pas beaucoup l'intéresser ! [Rires.]

C. P. — Vous?

189

Jean-Marie Leblanc. — Moi ? J'ai été captivé. Et je vais vous le raconter, même si j'en suis moi-même surpris...!

[Il rassemble ses idées.] La première fois que j'ai rencontré Tapie, c'était lors de cette fameuse conférence de presse où il annonça qu'il se lançait dans le cyclisme avec Hinault pour leader. Je l'ai revu, une autre fois, tandis qu'il expliquait qu'il ne voulait plus voir de coureurs sur des vélos ringards, et qu'il créerait très vite une pédale automatique. « Mais quel est ce type qui vient nous faire la leçon ! » me suis-je alors demandé, parce que j'étais tout de même « un vieux de la vieille » en matière de cyclisme... Puis la première pédale automatique est sortie, puis Hinault et LeMond ont gagné des courses par dizaines, puis Tapie est devenu un véritable phénomène, et je suis moi-même tombé sous le charme ! Était-ce en 1986 ? Je ne me souviens plus de la date ; je me souviens seulement d'une autre conférence de presse, dans une rue du vieux Paris : je suis au premier rang, je l'écoute parler ; Tapie me fascine par son génie de la communication, son dynamisme et son sens des affaires. Je me dis alors : « Si ce type achète ou crée un journal et me propose de bosser avec lui, je n'hésite pas ; j'y vais tout de suite ! »

C. P. — Comment se fait-il que le fils du maquignon n'ait pas senti ce qu'il y avait du bateleur en Tapie ?

Jean-Marie Leblanc. — Pour me poser cette question, vous avez aujourd'hui la force du recul, mais, à l'époque, Noël Couëdel pourrait vous le dire, nous étions quelques-uns à subir cette fascination que Mitterrand lui-même subissait. Et sans chercher d'excuse, car je n'en cherche pas, je pense qu'il faut se souvenir du contexte économique de ces années-là : face au chômage qu'aucun gouvernement n'arrivait à endiguer, Tapie incarnait le dynamisme et le moral — surtout, écrivez moral sans *e* ! Puis j'ai commencé à me poser des questions, à avoir des doutes... Lorsque je l'interroge sur le Tour, en 1984, la grande année de Fignon, et qu'il me fait titrer sur huit colonnes : « Fignon m'intéresse », alors que Fignon est sous contrat avec Renault, je suis bien obligé d'admettre qu'il m'utilise, ou du moins qu'il utilise la presse. D'où une première méfiance à son égard, méfiance qui a été suivie de plusieurs autres, car, avec lui, les choses allaient toujours vite !

C. P. — Étiez-vous dégrisé, en juin 1986, lorsque vous écriviez : « Pour ce qui est de ses rapports avec les médias, affectifs et tumultueux à la fois, Bernard Tapie a eu beau nous renvoyer à un chapitre de son récent bouquin, pour nous, la gazette demeure ce "modeste bruit des choses advenues qui fait assez si elle nous empêche de mentir." »[5] ?

Jean-Marie Leblanc. — 1986, c'est l'année où Hinault et LeMond terminent main dans la main au sommet de l'Alpe d'Huez ? Oui, à ce moment-là, j'étais dégrisé, même si je restais sporadiquement bluffé par la personnalité hors norme de Tapie. C'était un camelot, certes, mais un camelot qui avait du cœur, qui ne faisait rien à moitié et qui était capable, en conséquence, de véritables émotions. À l'Alpe d'Huez, justement, quand Hinault et LeMond franchirent ensemble la ligne d'arrivée, je l'ai vu pleurer à chaudes larmes ! Et il ne pleurait pas pour la galerie ; il pleurait parce qu'il était à bout nerveusement, vidé par trop d'émotions. Bref ! il faut lui reconnaître ceci : ce n'était pas un animal froid, et si ses coups de cœur n'étaient pas toujours fondés, ils étaient véritables.

C. P. — Vous qui aimez les rédemptions, croyez-vous que Tapie doive et puisse redevenir un acteur du XXIe siècle au niveau politique ?

Jean-Marie Leblanc. — Qu'il le puisse ? peut-être, cela ne dépend pas de moi, mais qu'il le doive ? non, je ne le pense pas. Toute idée de rédemption mise à part, je crois que la démocratie a besoin d'hommes vrais, et Tapie, à mes yeux, reste trop porté sur l'esbroufe et le mensonge pour incarner la morale dont la politique a besoin.

C. P. — Journaliste, vous écriviez, en 1985 : « Reste que rien ne serait plus funeste pour le cyclisme que de se laisser paupériser. »[6] Mettez-vous au crédit de Bernard Tapie la flambée des salaires qui marqua son passage ?

Jean-Marie Leblanc. — Bien sûr. La qualité des athlètes en cyclisme était telle qu'on ne pouvait admettre qu'il restât encore des smicards dans le peloton, et que Tapie l'ait compris fut incontestablement une bonne chose. Maintenant, qu'il y ait des effets pervers parce que l'inflation créée par Tapie n'a jamais cessé est un autre problème... Mais, globalement, je juge que son action, sur ce point, fut très positive.

C. P. — Trouviez-vous normal qu'un homme comme Miguel Indurain, dernier champion cycliste de son siècle, gagnât chaque mois, selon ses contrats publicitaires, entre deux cents et trois cents fois le salaire mensuel d'un ouvrier ?

Jean-Marie Leblanc. — Normal par rapport à qui, par rapport à quoi ? En tant que libéral, je défends le principe de l'offre et de la demande, et je ne suis donc pas choqué si des industriels, qui y trouvent forcément leur compte, décident d'investir de fortes sommes sur le nom de tel ou tel champion. Et je ne suis pas choqué non plus quand de grandes entreprises décident d'investir des sommes très importantes sur le Tour de France : personne ne les obligeant à le faire, je suis bien obligé de croire qu'elles investissent uniquement parce qu'elles y trouvent leur propre intérêt.

C. P. — Parmi les effets pervers que vous supposiez à l'instant, rangez-vous les salaires exorbitants que s'octroient les directeurs sportifs, lesquels ont souvent gagné, au cours des années quatre-vingt-dix, plus d'argent que le PDG d'une grande entreprise [Il s'indigne d'un geste.] — si ! si ! quelque chose comme 100 000 francs par mois, avantages non compris, pour un certain nombre d'entre eux...

Jean-Marie Leblanc. — Encore une fois, je ne suis pas offusqué, parce que je crois que nous sommes sur la terre pour travailler et recueillir le fruit de notre travail... Alors, la relation est-elle toujours juste entre les efforts, l'intelligence, la prise de risque, la force physique et le bulletin de salaire? Non, mais il n'y a que les utopistes qui rêvent d'une société égalitaire. Dans la réalité, il en va autrement.

Vous savez : au dix-neuvième siècle, il existait dans la société ce qu'on appelait des rentiers, et tout le monde s'en accommodait. Eh bien! moi, je m'accommode parfaitement de l'idée que des sportifs, footballeurs, tennismen ou cyclistes, puissent devenir les rentiers du XXIᵉ siècle.

C. P. — Dans la société libérale que vous revendiquez, jamais un coureur, jamais un directeur sportif ne pourrait retrouver un salaire égal à celui qu'ils perçoivent du cyclisme ; certains, même, seraient condamnés au chômage s'ils quittaient leur milieu — vous savez que ce ne sont pas les exemples qui manquent... Cette nécessité de conserver ses prébendes, de les conserver à tout prix, n'explique-t-elle pas, à vos yeux, le mensonge des uns et la lâcheté des autres, la compromission de tous, en matière de dopage?

Jean-Marie Leblanc. — Vous êtes en train de me dire qu'il faudrait pouvoir établir un parallèle entre le niveau intellectuel des gens et leur niveau de revenus : c'est — je vous réponds tout de go — un jeu qui me paraît aussi dangereux que les sociétés égalitaires dont certains ont rêvé! Et je pense, vous disant cela, à un reportage télévisé que j'ai vu au printemps [1999], reportage qui révélait la fortune colossale d'un propriétaire de grands magasins. Est-ce que vendre des kilos de sucre et des litres d'huile mérite qu'on fasse autant de bénéfices? Ma réponse est qu'il faut laisser la vie faire son œuvre, et laisser les gens saisir les opportunités et avoir de l'audace.

Vous êtes en train de me dire aussi qu'il faudrait pouvoir encadrer les salaires. Je me souviens que cette tentative a été faite à certaines époques, notamment dans le cyclisme, avec les critériums. Pour quels résultats? Les dessous de table! Voyons! vous connaissez la nature humaine...

Vous êtes en train de me dire, enfin, qu'un homme qui n'a pas reçu une grosse formation, mais qui gagne beaucoup d'argent, est plus disposé à devenir amoral. Là, je m'inscris en faux, car vous faites ce que je déteste le plus : un procès d'intention !

C. P. — N'est-ce pas vous, cette fois, qui négligez la nature humaine ?

Jean-Marie Leblanc. — Je ne néglige pas la nature humaine ; je défends la présomption d'innocence. Et sur ce coup, je la défends d'autant plus facilement que les histoires d'argent ne m'intéressent pas. M'avez-vous vu donner des chiffres dans mes articles ? Rarement.

C. P. — « On ne saurait s'y prendre de trop de façons et par trop de bouts pour connaître un homme, c'est-à-dire autre chose qu'un pur esprit »[7], écrivait Sainte-Beuve dans une page célèbre...

Jean-Marie Leblanc. — [Très pince-sans-rire.] Sainte-Beuve n'a pas ma sympathie parce qu'il couchait avec la femme de Victor Hugo. Hé ! quoi ? je ne vous avais pas dit que j'aimais Victor Hugo ?

C. P. — Sainte-Beuve, malgré d'immenses défauts, a été l'un des hommes les plus fins de son siècle. Tenu pour un impeccable biographe, il continuait de la sorte : « Tant qu'on ne s'est pas adressé sur un auteur un certain nombre de questions et qu'on n'y a pas répondu, ne fût-ce que pour soi seul et tout bas, on n'est pas sûr de le tenir tout entier, quand même ces questions sembleraient le plus étrangères à la nature de ses écrits : — Que pensait-il en religion ? — Comment était-il affecté du spectacle de la nature ? — Comment se comportait-il sur l'article des femmes ? sur l'article de l'argent ? »

Dans le droit fil de ce maître, seriez-vous choqué si je vous demandais ce que le cyclisme vous rapporte chaque mois ?

Jean-Marie Leblanc. — Si vos informations sont justes, je gagne moins que certains directeurs sportifs. Et en brut, hein ! Vous voulez le salaire exact ? [Il le donne.]

Après, c'était quoi ? Savoir avec qui je couche ? Je couche avec ma femme. Ensuite ?

C. P. — Votre rapport avec l'au-delà...

Jean-Marie Leblanc. — [Il réfléchit longuement.] Je suis assez d'accord avec Sainte-Beuve : il me semble que le monde est mené par ces deux paramètres que sont, outre l'attrait du pouvoir, le sexe et l'argent. Mais, depuis que je suis à la tête du Tour de France, j'ai appris, en fréquentant de grands chefs d'entreprise ou des hommes — pardon : des stars — de la télévision, que l'égotisme et la mégalomanie sont aussi des paramètres qui comptent, et qui comptent, pour un certain nombre d'entre eux, bien davantage que le rapport avec l'au-delà ! D'ailleurs, ce que je vous dis des stars de la télévision, je pourrais vous le dire de certains juges, car la télévision les médiatise à leur tour, et ils sont alors tentés par cette mégalomanie qui m'effraie... Dites-moi : combien de juges, combien de journalistes sont prêts, aujourd'hui, à tout oublier, à commencer par la présomption d'innocence, pour le plaisir de faire un gros titre ou de faire de l'audience ? J'ai la conviction, hélas, qu'ils sont de plus en plus nombreux...

Je ne prétends évidemment pas donner des leçons, mais j'espère, en ce qui me concerne, n'avoir jamais perdu de vue l'idée qu'il faut une éthique, ce qui se confond, dans mon esprit, avec les préoccupations spirituelles. Je veux dire par là qu'on peut être parfaitement amoral et laïc, et venir s'agenouiller dans une église — enfin, s'agenouiller quelque part, dans une église ou ailleurs, parce que, à moins d'être une brute épaisse, on ne peut pas rester toute une vie sans réfléchir sur soi-même. Et quand on commence à réfléchir sur soi-même, on finit tôt ou tard par s'agenouiller...

C. P. — Vous qui aimez tant les citations, connaissez-vous le dernier dialogue entre François Mitterrand et le philosophe Jean Guitton ? Non ?... Je vous le lis :

« Si [Dieu] existe, il me connaît. Il sait que je n'ai pas peur du châtiment éternel.

— Alors de quoi avez-vous peur, monsieur le président ?

— De l'avoir mérité. »[8]

Jean-Marie Leblanc. — Ah ! c'est très beau. Vous vous doutez peut-être que je ne suis pas un inconditionnel du personnage

Mitterrand, mais il m'épate ici par sa lucidité et son humilité. Et j'aime l'humilité, l'humilité devant les autres et devant ce qui est éternel, la création et la terre... [Il réfléchit à haute voix.] Ce qui me gêne, voyez-vous, c'est que je crois que Dieu existe, qu'il a créé le monde, mais je ne crois pas à la vie éternelle.

C. P. — Mais le dogme essentiel du chrétien, c'est la résurrection.

Jean-Marie Leblanc. — Je sais, mais je n'arrive pas à y croire.

C. P. — D'où vous vient alors cette réputation de croyant? « Très croyant », écrit Philippe Rochette quand il ne souligne pas « la foi du catholique »[9]. Et Jean-Marie Safra évoque à votre propos un homme « habité par la foi ». « Il y a la course et ses vérités du moment et il y a la vie et ses valeurs éternelles »[10], écrit-il.

Jean-Marie Leblanc. — Ah! c'est une question qui m'ennuie parce que, seul avec moi-même, je n'y réponds jamais facilement... Ce que je puis vous dire, c'est mon admiration sans bornes pour le Christ que je considère comme un prédicateur humaniste de génie — on dirait aujourd'hui : « un peu socialiste ». Il a cristallisé dans les commandements la définition de l'homme digne de ce nom, et je regarde d'ailleurs les principes du bien et du mal, qu'il a énoncés, comme les principes fondateurs de toute vie en communauté. Ôtez l'idée du bien et du mal, et l'homme n'a plus qu'à retourner à son animalité!

Maintenant, c'est vrai, je ne crois ni au paradis, ni à l'enfer. J'imagine que l'homme redevient poussière lorsqu'il meurt. Je résume donc ma religion à ces mots : la révélation, l'idée forte qu'il existe une conscience, miroir de nos pensées et de nos actions. Je suis sûr que ceux qui ont été plutôt bons s'endorment avec la satisfaction d'une vie bien accomplie.

C. P. — Journaliste, aviez-vous la même conception du bien et du mal?

Jean-Marie Leblanc. — [Sibyllin.] Je vais vous répondre que j'avais, à l'époque, suffisamment conscience du bien et du mal

Jean-Marie Leblanc en conversation avec Félix Lévitan et Jacques Goddet. « Mais animez ! mon vieux ! animez ! » lui commande sans doute l'ancien directeur du Tour de France.

En compagnie de Jean-Claude Killy, lors des Jeux Olympiques d'Atlanta, en 1996. Hein Verbruggen, à droite, semble dubitatif.

197

pour regretter d'avoir signé un dossier sur les tendinites que Noël Couëdel m'avait commandé...

C. P. — Pourquoi l'avez-vous regretté? C'était un dossier collectif bien étayé, que beaucoup d'autres auraient été fiers de diriger. Vous n'hésitiez pas à y dénoncer les «arguties» employées par les uns et les autres, et vous ajoutiez, à propos de l'utilisation de corticoïdes (c'est dans *l'Équipe* du 17 mai 1985) : «Même si, de l'avis général, elle est en régression, on sait que beaucoup de préparations médicales suivies par les coureurs cyclistes — et d'autres sportifs, au demeurant — incluent la cortisone, qui n'est pas décelée aux analyses. On sait aussi que la cortisone densifie et tonifie la masse musculaire et, ipso facto, fragilise les tendons. Cela étant, cet usage n'est pas spécifique à quelques-uns et, à ce qu'on sache, l'ensemble du peloton professionnel n'est pas atteint par la tendinite.»

Jean-Marie Leblanc. — [Il prend l'article en question, le relit.] Savez-vous à quoi me fait penser ce papier? À un autre dossier paru dans *l'Équipe*, au début des années quatre-vingt-dix, dossier à mes yeux scandaleux, car il jetait la suspicion sur un tas de types, dont Bert Oosterbosch, qui n'étaient peut-être pas morts du dopage!

C. P. — Ce n'était pas un dossier scandaleux; c'était un dossier prophétique, signé par Philippe Brunel et Bennie Ceulen, dans lequel un soigneur, Fons Van Heel, s'expliquait avec force intelligence sur une profession logiquement décriée. Il confirmait, par surcroît, que l'EPO, en 1990, était déjà entrée dans les pelotons!

Jean-Marie Leblanc. — [Il lit l'article.] Vous remarquerez toutefois qu'une autopsie avait été pratiquée sur le corps de Draaijer et qu'elle n'avait rien révélé d'anormal. Mais le mal était fait : sur la seule foi du titre et de la photo*, le lecteur imaginait qu'Oosterbosch était mort à cause du dopage!

---

* L'article était titré : «Enquête sur des morts suspectes». Une photo d'Oosterbosch l'illustrait avec la légende suivante : «Bert Oosterbosch, un rouleur d'exception décédé brutalement l'année dernière.»

Y a-t-il eu autopsie sur le corps d'Oosterbosch? Non! Donc, moi, si j'avais été à la place de Mme Oosterbosch, j'aurais fait un procès pour non respect de la présomption d'innocence! Et j'aurais très bien compris que Fignon me fît un procès pour les mêmes raisons : en laissant entendre que les tendinites de Fignon étaient dues à l'abus de corticoïdes, j'avais commis une faute!

Bon! je sais ce que vous pensez : que j'avais sûrement raison, et, de vous à moi, je pense aujourd'hui que j'avais sûrement raison. Mais quand même, quelquefois, je me dis : «Et si tu t'étais trompé? Et si tu avais sali l'honneur de Fignon sur une simple présomption...» Car il faut tout de même l'avouer : malgré toute notre bonne volonté, les preuves que nous avions réunies étaient minces! Voilà pourquoi je regrette cet article... Et voilà pourquoi je suis scandalisé lorsque je lis, dans tel ou tel journal, que Jacques Anquetil et Rivière sont morts du dopage. À chaque fois, je le dis à Janine[*] : «Fais-leur un procès!»

C. P. — Vous n'avez pas la main heureuse : on ne compte plus les fois où Anquetil et Rivière ont avoué qu'ils se dopaient!

Jean-Marie Leblanc. — Mais en sont-ils morts? [Meurtri.] Non, monsieur, non! personne n'a le droit d'écrire que Jacques est mort du dopage... Tant que l'on n'a pas la preuve qu'un homme est mort du dopage, on n'a pas le droit de l'écrire, sauf à vouloir se rendre coupable de diffamation post mortem, ce qui est quand même une belle saloperie!

[À voix basse.] Jacques est mort, vous savez... Laissons courir la rivière...

C. P. — N'avez-vous jamais pensé que le premier devoir d'un journaliste était de rechercher la vérité?

Jean-Marie Leblanc. — Avez-vous jamais entendu parler de ce journal qui s'appelait *La Pravda*[**]?

---

[*] Janine Anquetil, première épouse du champion.
[**] La Vérité, en russe.

Non, je ne crois pas qu'il entre dans les attributions d'un journaliste de rechercher *d'abord* [il insiste] la vérité. Un journaliste doit *d'abord* [il insiste] raconter ce qu'il a vu, et faire en sorte de le raconter justement. Il y a, Dieu merci! il y a une foule de choses, dans la vie courante, qui méritent simplement d'être vues et racontées! La vérité, c'est pour les policiers et les juges.

C. P. — Voir et raconter, était-ce votre principal bonheur lorsque vous étiez journaliste?

Jean-Marie Leblanc. — Ce fut mon grand bonheur, car en racontant, si l'on est lucide et honnête, on effleure la vérité.

C. P. — À la fin des années soixante-dix, le *Miroir du cyclisme* publiait chaque mois le souvenir d'un « compagnon du vélo », formule superbe pour traduire ce qu'il restait du mythe des grands reporters, des longues étapes en voiture, des hôtels borgnes, des verres qui ne sont jamais vides. Cette vie qui fut la vôtre jusqu'en 1988...

Jean-Marie Leblanc. — [Il coupe et détache chaque syllabe.] J'ai a-do-ré! J'ai adoré cette vie qui n'était pas toujours confortable, qui nous faisait travailler plus que de raison, mais qui nous permettait d'avoir chaud ensemble, d'avoir froid ensemble, d'avoir faim ensemble, bref! d'être tous logés à la même enseigne — au sens propre comme au sens figuré. Journaliste, et particulièrement journaliste sur le Tour de France, implique de connaître et comprendre le mot « solidarité »... Oui! j'ai aimé ce mot-là, j'ai aimé cette vie-là.

C. P. — Avec qui faisiez-vous chambre commune — car vous avez connu cette époque où Jacques Goddet, très regardant sur les budgets, couchait deux journalistes dans la même chambre!

Jean-Marie Leblanc. — [Rires.] Bien sûr que j'ai connu cette époque! Personnellement, j'étais le plus souvent avec Jean-Jacques Simmler... J'en garde un bon souvenir, parce que c'était un compagnon très agréable. Et, de vous en parler, me fait penser qu'il y avait un revers à notre cohabitation puisqu'il n'est jamais facile de vivre, trois semaines durant, à quatre dans une voiture ! Moi, sur le Tour, avant de rejoindre la voiture de Jacques Goddet, je faisais donc équipe avec Simmler, Biville puis un quatrième qui permutait, soit Robert Silva, soit Thierry Bretagne... Certains jours, bien sûr, parce que nous ne mangions pas tous la même chose, parce que nous ne buvions pas tous le même vin, parce que nous ne nous couchions pas aux mêmes heures, la solidarité devenait plus pesante, mais elle existait, je vous jure, et je garde de cette époque des souvenirs... Ah ! que j'ai aimé cette vie-là !

C. P. — Avez-vous remarqué que, pour vos premiers pas à *l'Équipe*, vous avez eu beaucoup de chance ? Cette année-là, en effet, Merckx quittait le cyclisme et Hinault s'affirmait...

Jean-Marie Leblanc. — Oui, c'est juste, comme il peut être juste d'écrire que, Bernard Hinault et moi avons toujours suivi des chemins parallèles. D'ailleurs, je lui suis très reconnaissant d'avoir rendu ma carrière de journaliste plus belle ! Ce sont ses exploits, en effet, qui nous ont permis de faire une rubrique plus forte, et, partant, de vendre plus de journaux. Rédacteur en chef de *Vélo Magazine*, je ne compte plus les « une » que je lui ai consacrées... [Épuisé.] J'y ai passé des nuits entières ! C'était le prix à payer pour rendre hommage au champion qu'il était...

C. P. — À propos de « une », vous souvenez-vous du premier grand Tour que Bernard Hinault a remporté — le Tour d'Espagne, en 1978 ?

Jean-Marie Leblanc. — Oui. Je me souviens que l'opposition n'était pas faramineuse. Mais il était jeune et il fallait quand même gagner, ce qu'il a fait « haut la main » !

C. P. — De leur côté, les compagnons du vélo n'ont jamais oublié que votre chauffeur, sur ce Tour d'Espagne, s'appelait Segundo, et que vous partagiez votre voiture avec le très convivial Bernard Léger, un confrère de *Ouest-France*...

Jean-Marie Leblanc. — [Gêné.] Oui, oui, oui ! Oui, je sais ce que Bernard Léger raconte... C'étaient des diableries de gamins qui n'ont aucune place dans un livre ! Voyons ! Chany et Blondin en ont fait de bien meilleures, et, somme toute, j'ai presque honte d'avoir été si... [Il cherche un mot.] Non, c'était bête ! Ce n'était même pas drôle !

C. P. — C'était très très drôle !

Jean-Marie Leblanc. — Drôle, le coup des casseroles ?

C. P. — Non, pas les casseroles que vous aviez accrochées sous votre voiture pour faire du bruit et faire rire toute la caravane... Non, pas cela ! Mais Segundo... Est-il exact qu'il n'osait pas doubler le peloton, ce qui vous faisait hurler, Bernard Léger et vous, parce que vous n'aviez plus assez de temps, ensuite, pour écrire vos papiers ?

Jean-Marie Leblanc. — [Agacé.] Oui !

C. P. — Savez-vous qu'il se raconte aussi que, pour décider M. Segundo à doubler, une pastille d'euphorisant était glissée chaque matin dans son café ? que Segundo, ensuite, doublait sans trembler ?

Jean-Marie Leblanc. — [Bon joueur.] Mais non ! les choses ne se sont pas passées comme ça ! Allez ! vous me mettrez tout au conditionnel... Peut-être avions-nous évoqué, devant certains coureurs, la difficulté de faire notre métier en de pareilles conditions. Peut-être... Auquel cas, les coureurs auraient répondu : « Les gars, on va vous filer un truc pour remonter votre chauffeur ! »

C. P. — Parce qu'il y a évidemment prescription, on peut le dire : votre ancien camarade de course, Roland Berland, fournissait le bon truc.

Jean-Marie Leblanc. — [Toujours bon joueur.] C'est possible. Mais une fois ! Pas chaque matin : une fois ! Une fois, oui, je crois me souvenir [rires] que des méthodes de potaches avaient été adoptées pour, si j'ose dire, décoincer M. Segundo !

Mais pas comme ça... Pas avec tout ce cinéma ! Seulement, c'est tellement plus drôle de le raconter comme vous faites, maintenant que je suis directeur du Tour de France !

[Amusé malgré lui.] Non, vous m'en avez fait une histoire à la Roger Bastide, à la Geminiani, une histoire de compagnons du vélo ! Même si tout n'est pas dénué de fondement, c'est quand même très enjolivé.

C. P. — Dites ! quel genre de produits recherchait-on, au contrôle, sur le Tour d'Espagne, en 1978 ?

Jean-Marie Leblanc. — C'est justement ce qui me navre dans cette histoire de potaches, car on peut se demander, effectivement, ce que valaient les contrôles à l'époque.

C. P. — Lorsque Bernard Hinault abandonne le Tour de France, en 1980, comment le vivez-vous ?

Jean-Marie Leblanc. — [Goguenard.] Normalement, pourquoi ? Bernard Léger vous a fait des confidences ?...

C. P. — Non, mais c'est le seul abandon de Hinault dans un grand Tour.

Jean-Marie Leblanc. — Eh bien ! j'ai une anecdote qui va vous plaire ; elle concerne justement les compagnons du vélo... À cette époque, il existait sur le Tour de France le « Club des 100 kilos », club que Roger Bastide avait fondé, et qui réunissait tous les suiveurs un peu enrobés de la caravane, soit une vingtaine de personnes. Or, moi, dans ces années-là, je devais tourner aux alentours de quatre-vingt-douze ou quatre-vingt-treize kilos, et, le soir du traditionnel dîner, Roger Bastide m'interpelle : « Allez ! tu viens avec nous ! T'es stagiaire... »

C. P. — Ah ! le mot est joli.

Jean-Marie Leblanc. — Joli, oui. Donc, je pars comme « stagiaire » dîner avec le club, dans un petit restaurant de Pau. Évidemment, le repas n'est pas fait pour les maigres ! Nous mangeons, nous buvons, nous chantons — je me souviens même que l'accordéoniste s'appelait Mireille... Puis, tout à coup, vers minuit, la porte s'ouvre à grand bruit, et un motard surgit, casqué, dégoulinant (il pleuvait comme tous les jours sur ce Tour, ce qui expliquait les nombreuses tendinites) :

« Les gars ! Hinault abandonne ! »

Nous, évidemment :

« Arrête ton cirque ! Viens boire un coup !

— Non ! non ! c'est très sérieux : Hinault abandonne ! Il est parti ! Il a quitté la course ! »

Et là, je me le rappelle très bien, Mireille a cessé de jouer ; il y a eu quelques secondes de flottement, puis j'ai vu les journalistes d'agence — les vrais pros ! — se lever d'un bloc pour se ruer vers les téléphones. La fête s'est arrêtée. Même en pleine nuit, le métier avait repris ses droits !

Septième entretien

Christophe Penot — «D'abord coureur professionnel, puis journaliste de qualité, c'est un homme du bâtiment qui va s'installer dans la voiture au drapeau rouge»[1], résumait Gérard Ernault dans *l'Équipe*, au lendemain de votre arrivée aux commandes du Tour de France. Dans d'autres journaux, d'autres confrères rappelaient que ni Henri Desgrange, ni Jacques Goddet ou Félix Lévitan, vos prédécesseurs, n'avaient disputé la course que vous alliez diriger. Autrement dit, face à votre nomination, le 19 octobre 1988, tout le monde s'accordait à vous reconnaître la force d'un destin. Jean-Marie Leblanc, comment le «compagnon du vélo» est-il devenu, selon l'expression employée alors par René Deruyk, «l'homme qu'il fallait»[2] ?

Jean-Marie Leblanc. — J'ai envie tout simplement de vous répondre : parce que Jean-Pierre Courcol m'a fait confiance ! Vous vous souvenez sans doute qu'à l'époque, le Tour de France traversait une zone de turbulences. D'abord, il y avait eu la mise à pied de Félix Lévitan et le départ en retraite de Jacques Goddet. Leur successeur, Jean-François Naquet-Radiguet, n'était resté qu'une seule année, et Xavier Louy, son principal collaborateur, avait dû faire face aux soubresauts de l'affaire Delgado. Bref ! sans qu'on pût dire que tout allait mal, il était clair que rien n'allait bien, et Jean-Pierre Courcol, le directeur général du Groupe Amaury, chargé de l'intérim après le départ de Naquet-Radiguet, s'en était rendu compte... Avant même que n'éclatât l'«affaire Delgado», il m'avait approché, sur le Tour — je m'en souviens très bien : c'était à Besançon, à l'arrivée de l'étape —, et il m'avait glissé (nous nous vouvoyions à l'époque) : «Jean-Marie, il faudrait que je vous parle. Un soir, après le boulot...» Puis, à demi-mot, il m'avait laissé entendre que le tandem qu'il formait avec Xavier Louy ne pouvait guère durer, que lui-même n'avait pas l'intention de prendre la tête du Tour... «Si vous avez des idées, je suis à l'écoute...»

C.P. — La bonne idée, c'était vous ?

Jean-Marie Leblanc. — Non. Selon moi, la bonne idée, ce pouvait être, à l'époque, Verbruggen*! D'ailleurs, lorsque Jean-Pierre Courcol revient vers moi, quelques jours plus tard (nous sommes toujours sur le Tour, dans les Alpes), et qu'il me demande : «Vous pensez à ce que je vous ai dit l'autre jour ? Je cherche un directeur général du Tour...», je lui réponds, du tac au tac :

«J'en ai peut-être trouvé un.

— Qui ?

— Une pointure *[sic]* ! Un type qui connaît bien le vélo. Seulement, il n'est pas Français, il est Hollandais...»

Et j'ajoute que, ayant à me rendre au Grand Prix de Montréal, j'aurai bientôt l'occasion de le voir...

«Dites-lui deux mots ! Prenez la température...» me recommande Courcol.

Après quoi, bien sûr, j'ai interrogé Verbruggen : «C'est très gentil d'avoir pensé à moi, mais je pense que la direction du Tour doit forcément revenir à un Français», m'a-t-il aussitôt répondu. Donc, la place restait libre...

---

* Président de la Fédération internationale du cyclisme professionnel depuis 1986, Hein Verbruggen venait alors d'annoncer la création de la Coupe du monde avec un entregent et un dynamisme qui semblaient prometteurs.

C. P. — À quel moment avez-vous compris qu'elle pourrait revenir à un homme parti de rien, à un enfant de Fontaine-au-Bois?

Jean-Marie Leblanc. — À la rentrée de septembre, un mois avant d'être nommé. À ce moment-là, je savais que Thierry Cazeneuve, un journaliste, mon alter ego en quelque sorte, avait été pressenti pour prendre la direction du Critérium du Dauphiné-Libéré, et je ne pouvais plus m'empêcher de penser : pourquoi pas moi? Moyennant quoi, durant mes vacances, j'avais réfléchi à certaines idées...

[Songeur.] Je m'y revois encore — c'était en Espagne... Parce que j'ai toujours aimé marcher au bord de la mer, je marchais jusqu'à plus soif quand, tout à coup, je me suis décidé : « Il faut que je parle à Couëdel... » ai-je soufflé à ma femme. Et, de fait, à mon retour à Paris, je suis allé voir Noël Couëdel, et je lui ai dit que, s'il n'y voyait pas d'inconvénient, j'étais prêt à quitter le journalisme pour m'occuper du Tour...

C. P. — Pourquoi n'êtes-vous pas allé voir directement Jean-Pierre Courcol?

Jean-Marie Leblanc. — Parce que j'avais confiance dans le jugement de Couëdel. J'étais persuadé que, s'il me jugeait bon pour le Tour, Courcol aussi me jugerait bon pour le Tour, tant il y avait, entre eux deux, une forte identité de point de vue... En fait, puisque j'étais déjà dans la maison*, Couëdel a simplement vendu l'idée d'un transfert de compétences entre *l'Équipe* et la Société du Tour de France.

N'oubliez pas, cependant, que je n'étais pas embauché comme numéro un, mais comme numéro deux. Mon rôle était de diriger les compétitions, tandis que le numéro un, Jean-Pierre Carenso, devait gérer l'entreprise... C'est donc sur cette base que Jean-Pierre Courcol m'a appelé, un soir, dans son bureau...

---

* *l'Équipe* et le Tour de France sont tous les deux propriétés du Groupe Amaury.

209

C. P. — Bien sûr, vous saviez pourquoi il vous appelait...

Jean-Marie Leblanc. — Disons que je m'en doutais... Courcol a d'ailleurs été très direct :
« Vous vous souvenez de notre conversation sur le Tour ? Eh bien ! j'ai trouvé le directeur général que je cherchais. C'est un type qui vient de la pub'. Il s'appelle Jean-Pierre Carenso, il est très dynamique, il adore le sport. Je vous propose de devenir le numéro deux, et de prendre en charge toute la partie sportive... Carenso m'a dit oui tout de suite !
— Moi aussi, je vous dis oui tout de suite ! »
Cinq minutes après, j'étais de retour dans mon bureau. Et lorsque je suis rentré à la maison, j'ai dit à ma femme : « Aujourd'hui, j'ai changé de métier ! »

C. P. — Vous n'aviez que quarante-quatre ans à ce moment-là, et vous ne pouviez évidemment pas ne pas être grisé. Combien de temps vous a-t-il fallu pour comprendre, par-delà votre réussite sociale, que vous aviez une mission ?

Jean-Marie Leblanc. — J'ai certes été grisé, flatté plutôt, mais moins par la réussite que par l'idée de diriger une société d'une cinquantaine de personnes, de rencontrer des élus, de faire de la gestion, de travailler avec les fédérations, bref ! de faire, en grand, tout ce que je n'avais cessé de faire, en petit, depuis que j'étais dans le monde du sport. Autrement dit, c'était une griserie intellectuelle... Puis, cette première excitation passée, j'ai quand même été grisé par l'idée du pouvoir, par l'idée d'être celui qui coordonnerait cette immense caravane, qui ferait avancer les coureurs et les journalistes... Oui, je vous en fais l'aveu : j'ai été grisé... Mais pas beaucoup ! Un peu...
Vous comprenez, hein ? J'avais beau me dire : « Jean-Marie, garde bien les pieds sur terre ! », certaines fois, il me venait comme des bouffées de fierté, et je ne pouvais pas m'empêcher de penser : « Merde ! pour un gosse de Fontaine-au-Bois... »
[Il hésite.] Mais vous dirai-je ?... Je ne l'ai jamais dit à personne, mais je me souviens qu'un matin, seul dans ma chambre d'hôtel, je me suis mis à genoux... C'était en 1989, au départ de

la première étape du Critérium International, et j'allais, pour la première fois, diriger la course depuis la célèbre voiture rouge, c'est-à-dire depuis le siège de Jacques Goddet. Évidemment, j'étais fier, heureux, transporté d'enthousiasme, mais, en même temps, je comprenais, pour la première fois aussi, que j'étais investi d'une mission. Alors, seul dans ma chambre d'hôtel, j'ai prié, prié, prié... Je ressentais au fond de moi, comme une force irrépressible, le besoin de m'arrêter pour dire merci, merci à Dieu d'avoir favorisé mon destin, et pour lui demander de l'aide, de la chance, du courage...

Vous savez : j'ai longtemps pensé que ma prière avait été exaucée... J'ai longtemps eu le sentiment qu'à force de travail, de courage et de chance, j'avais bien rempli ma mission. J'ai eu la conviction, oui : la conviction, que, de 1989 à 1997, j'avais porté le Tour de France un peu plus haut, que je l'avais rendu encore plus beau, encore plus puissant... Puis est arrivée, en 1998, l'«affaire Festina», puis la presse a essayé de faire payer au Tour de France tous les maux du cyclisme, et j'ai commencé à souffrir... J'ai souffert — oui ! je dis bien : souffert, parce qu'il me semblait que cette machine terrible qu'est la presse commettait, à l'égard du Tour et de son directeur, une immense injustice. Et j'ai souffert également parce que, dans le contexte d'une pression médiatique permanente, je n'avais plus de prise sur les événements.

Vous vous souvenez ? Jean-Claude Killy et moi n'apprenions qu'après les journalistes les résultats de telle ou telle audition policière ! Nous étions toujours les derniers avertis de telle ou telle fouille dans les hôtels des coureurs. Bref ! l'aspect sportif était définitivement étouffé par le dopage et ses répercussions... Pour nous, les organisateurs, qui avions fait normalement notre travail, c'était devenu insupportable.

C. P. — Êtes-vous d'accord si l'on écrit que vous n'avez pas su prendre, en juillet 1998, la pleine mesure de l'événement ? que vous n'avez pas compris assez vite que vous deviez faire face au plus grand scandale qu'ait jamais connu le cyclisme en un siècle et demi d'existence ?

Jean-Marie Leblanc. — Honnêtement, qui pouvait le prévoir, le comprendre ?... Pour ce qui nous concerne, nous avions beaucoup travaillé, nous avions les meilleurs champions à l'affiche. Nous étions en Irlande, bénéficiant d'un accueil exceptionnel. Nous étions en pleine euphorie de la Coupe du monde*, et voilà que, tout à coup, l'on nous dit qu'un soigneur de la meilleure équipe du monde a été arrêté avec des centaines de produits dopants ! Avouez, quand même, qu'il y a de quoi tomber sur la tête !

C. P. — « Cette affaire sort largement de l'ordinaire »[3], prévenait Yves Bordenave, dans *Le Monde*, au soir de la deuxième étape. Le lendemain, dans *Le Figaro*, Jean-Yves Donor écrivait : « Le poison est dans le Tour »[4], tandis que Philippe Bouvet, dans *l'Équipe*, évoquait une « bombe atomique »[5]. Enfin, dans *Ouest-France*, Jean-François Quénet ajoutait, dès l'exclusion de l'équipe Festina : « L'édition 98 est morte. À jamais, le nom de son vainqueur, s'il y en a un, restera marqué par l'affaire... »[6]

Jean-Marie Leblanc. — Poison, bombe atomique... il n'y a rien à redire à cela. En revanche, si vous m'en laissiez le temps, je pourrais vous rassembler un florilège de citations, tant écrites que parlées, qui ne font pas honneur à la presse ! Car si le Tour de France, effectivement, a été à deux doigts de s'arrêter, c'est, en partie, parce que des journalistes, signant ce que j'ai appelé des « reportages-poubelles », ont poussé les coureurs dans leurs derniers retranchements.

C. P. — Mais pourquoi les coureurs trichent-ils ? Pourquoi le cycliste moderne ne correspond-il plus aux canons de l'athlète tels qu'Antonin Magne les avait définis ?

Jean-Marie Leblanc. — Parce que les hommes sont les hommes ! Je vous l'ai déjà dit : malgré les hommes de moralité,

---

* Jean-Marie Leblanc fait évidemment allusion à la victoire de l'équipe de France de football dans la Coupe du monde 1998.

les Jacques Marchand, les Daniel Baal et quelques autres, le sport professionnel n'échappera jamais — vous m'entendez bien : jamais! — aux maux qui minent toutes les autres sociétés. Et le cyclisme professionnel y échappera d'autant moins que, j'en suis persuadé, le vice est consubstantiel à la pratique du cyclisme de haut niveau. Pourquoi? Parce qu'une bonne part du comportement d'un coureur consiste à bluffer l'adversaire, à le mettre en difficulté, à le mettre dans le vent, à laisser un trou, à «sauter» un relais, bref! à tromper l'autre! Par une sorte de prolongement naturel, certains coureurs sont prêts à considérer que le dopage fait aussi partie des stratégies admissibles. Surtout, précisez bien cela, car vous avez là une des clés pour comprendre la psychologie des coureurs!

C. P. — Pourquoi êtes-vous aussi indulgents avec eux? Vous leur pardonnez ce que vous ne pardonneriez pas à vos propres enfants.

Jean-Marie Leblanc. — [Songeur.] Vraiment? vous me trouvez indulgent?

C. P. — Oui, coupable, au sens strict, de trop d'indulgence.

Jean-Marie Leblanc. — Peut-être avez-vous raison, je suis trop indulgent avec des coureurs qui sont...
[Il s'arrête, joint les deux mains près de ses lèvres et, le regard fixé au sol, il parle moins qu'il ne chuchote.] Vous allez comprendre : quand nous étions enfants, mes frères et moi, notre père nous faisait faire silence, et nous écoutions ensemble la retransmission des courses à la radio, dans une espèce de communion qu'il est facile d'imaginer. Ensuite, adolescents, nous sommes allés chasser des autographes, puis j'ai moi-même couru, j'ai gagné des courses, j'ai connu d'immenses bonheurs grâce au cyclisme! Après quoi, je suis devenu journaliste, journaliste chargé du cyclisme, et, comme tel, j'ai encore connu d'autres bonheurs ; j'ai fait de beaux voyages, j'ai gagné de mieux en mieux ma vie...
Il y a une règle chez Joseph Kessel que j'aime beaucoup : «Partout un ami!» Eh bien! le cyclisme m'a permis de trouver

partout un ami. Dans beaucoup de villes de France et d'Europe, parce que j'appartiens, depuis un demi-siècle, à cette famille qu'on appelle « le cyclisme », je peux trouver un toit pour me loger et un ami pour me dire : « Viens ! on va aller boire une bière et on va parler... »

Vous comprenez : j'espère ne pas en être déjà au soir de ma vie, mais j'ai quand même passé la cinquantaine, et je suis évidemment marqué à ce fer-là ! Je ne peux pas renier ce que je dois au cyclisme, ce que je dois aux cyclistes, et, s'il est vrai que je suis indulgent avec les coureurs, je voudrais qu'on admît que je le suis comme peut l'être un père de famille. Chaque fois que je vois un jeune coureur, je me remémore ce que De Muer a fait pour moi... Je repense à Mortensen, à Ocaña, à quelques autres qui ont été coureurs avec moi, et s'il est vraisemblable qu'ils se soient dopés certains jours, je sais bien, moi, qu'ils n'étaient pas des drogués. Non, pour la plupart, ils étaient de braves types qui avaient, peut-être, plus ou moins d'intelligence, plus ou moins de caractère, plus ou moins de charisme, mais qui avaient un véritable courage, et qui méritaient, par conséquent, beaucoup de respect et beaucoup d'indulgence. Ils méritaient ce dont je vous ai parlé l'autre jour : la présomption d'innocence...

C. P. — Parce que la société a changé, les coureurs ont changé. Là où vous trouviez, dans les années soixante, des braves types qui gagnaient à peine le SMIG sur un vélo, vous croisez, aujourd'hui, des mercenaires « sur-médiatisés » et surpayés qui, selon une formule de Claude Droussent, ont « érigé le dopage en mode de vie »[7]. Et Daniel Baal a des mots que ce cyclisme fin de siècle ne devra jamais oublier lorsqu'il écrira son histoire : il parle de « vraies affaires de criminalité », il dénonce un « comportement mafieux »[8].

Jean-Marie Leblanc. — Je suis d'accord avec eux : il y a dans le cyclisme une sorte de voyoucratie, et, à cause de cette voyoucratie, j'ai clairement expliqué à Jean-Pierre Courcol, début 1999, que j'aimais moins désormais les coureurs... Je lui ai dit qu'ils ne trouveraient plus en moi l'espèce de grand frère qu'ils pouvaient encore trouver avant l'«affaire Festina», mais un responsable qui les jugerait froidement, comme des collaborateurs avec lesquels il est obligé de composer, mais pour lesquels il n'éprouve guère d'estime — tout du moins pour ceux de cette génération, sans doute perdue...

Puis sont venus ce que j'appellerai des signes d'espérance. D'abord, les résultats du deuxième contrôle médical longitudinal ont démontré, non pas que la moitié des coureurs français était encore soupçonnée de se doper — cela, c'est la présentation spectaculaire et sensationnelle de la presse! —, mais que la moitié des coureurs avait déjà fait amende honorable, et qu'elle était prête à se donner les moyens de repartir d'un bon pied. Autrement dit, dans un sport qui avait effectivement besoin d'un immense coup de balai, j'ai trouvé des raisons d'espérer, raisons qui ont été confirmées au Critérium du Dauphiné, lorsque des coureurs réputés « propres » par l'ensemble des journalistes, ont réussi des exploits — je pense notamment à la victoire d'étape de David Moncoutié et de Christophe Bassons. Je pense aussi à la victoire de Patrice Halgand dans À Travers le Morbihan. Bref! quand je vois que certains coureurs font des efforts pour redevenir de véritables sportifs, des sportifs qui n'usurperont plus l'admiration que le public leur voue, je me dis : « Jean-Marie, tends-leur la main!... » Et s'il devait se révéler, en définitive, qu'il faudra, non pas une année, mais deux, mais trois, mais quatre, pour arriver au chiffre de quatre-vingt-dix pour cent de coureurs propres, eh bien! sachez que je me sens suffisamment fort pour leur tendre la main durant quatre années!

Oui, si la presse ne m'a pas brisé avant, au motif de me faire porter le chapeau du dopage — la presse cloue au pilori qui elle veut! —, je tiendrai pendant quatre années! Je tiendrai et serai indulgent parce que je ne connais pas de père de famille qui lâche ses enfants...

Je veux vous dire aussi — à propos de la photographie du tête-à-tête entre le pape Jean-Paul II et d'Ali Agça que j'ai toujours gardée dans mon bureau... [Interrompu.]

C. P. — « Dans cet agrandissement sur papier doux, il y a tout ce qui compte vraiment et peut-être plus encore : la profondeur de deux regards, la communion de deux êtres, la contrition, le pardon, la rédemption »[9], a glissé Jean-Marie Safra dans un papier qu'il vous a consacré.

Jean-Marie Leblanc. — D'autres m'ont moqué quelquefois pour cette photographie et pour le côté « catho » qu'elle traduit. Mais si je l'ai toujours eue dans mon bureau, c'est bien que je la revendique !

[À voix basse.] J'ai aussi dans mon bureau le dossard, le 114, que portait Fabio Casartelli le jour où il est mort... Souvent, je le regarde, et pense à ce jeune homme qui venait d'être père de famille, et qui s'est tué, dans une chute, sur le Tour 1995, parce que... son destin était peut-être de mourir là... Mais imaginez-vous quelle responsabilité ce fut pour moi ? Comprenez-vous aussi ma gêne quand les parents de Casartelli, que nous invitons chaque année sur le Tour, me rejoignent, me font un petit cadeau et m'embrassent. Que veulent-ils me dire ?... Qu'ils m'aiment bien et ne m'en veulent pas. Mais, moi, je ne peux m'empêcher de penser que c'est sur ma course que leur fils s'est tué...

Alors, oui, par éducation et par conviction, par espérance surtout, je suis un homme indulgent... Mais dites bien, s'il vous plaît, que je ne suis pas indulgent parce que je suis complice du dopage, parce que je protège le système, parce que je suis devenu un homme à fric, un homme de magouilles, un homme de pouvoir !

[Rageur, exténué.] Ah ! ce genre de discours, entendu sur les ondes, me met hors de moi ! Il voudrait donner à penser que je n'ai aucune conviction, alors que j'ai été, toute ma vie, un homme de convictions ! Vraiment, je ne supporte plus qu'on imagine que je suis un homme compromis sous le prétexte que je dirige le Tour !

[Amer.] Je vous jure : depuis le Tour de France 1998, je connais des coups de déprime terribles ! Ensuite, bien sûr, je me « refais », parce que j'ai un tempérament furieusement optimiste, mais... [Il ne termine pas sa phrase.]

C. P. — Nous permettrez-vous de nous étonner d'un défaut bien curieux : vous êtes, Jean-Marie Leblanc, aussi susceptible qu'une jeune fille ! Vous n'acceptez pas la moindre critique !

Jean-Marie Leblanc. — [Badin.] Eh bien ! vous ajouterez ce défaut à la mauvaise foi que vous me connaissez ! [Sérieux.] Remarquez que vous avez peut-être un peu raison : je suis, parfois, un peu de mauvaise foi, et, parfois, un peu susceptible... Mais vous reconnaîtrez, pour ma défense, que si j'ai le sentiment de faire plutôt bien mon travail, je n'en suis pas moins exposé, en permanence, aux critiques d'une presse qui, elle non plus, n'est pas exempte de mauvaise foi !

Prenez l'exemple des Festina, durant le Tour 1998 : tant qu'ils n'ont pas été exclus, j'ai été présenté comme un lâche et un complice ; sitôt qu'ils ont été renvoyés, je suis devenu un hypocrite ! Autre exemple : la sélection du Tour de France 1999. Tant que je n'ai pas annoncé les mesures qui ont été prises*, j'ai encore été perçu comme un lâche ; au lendemain de la sélection, celle-ci jugée « courageuse » par la presse française, j'étais traîné dans la boue en Espagne et aux Pays-Bas !

C. P. — Pour parler comme vous, n'est-ce pas « consubstantiel » au prestige de la fonction ?

Jean-Marie Leblanc. — Je suis bien conscient qu'on ne peut pas seulement recueillir, lorsqu'on occupe mon poste, les avantages liés à ce poste. Mais faut-il, pour autant, accepter l'injustice de certaines critiques proférées uniquement par goût du sensationnel ? Ma réponse est non !

Tenez ! je garde en mémoire le papier très sévère que Renaud Matignon, avec son talent habituel, avait consacré au tracé du Tour de France 1992 que j'avais dessiné, Tour où nous avions pratiquement occulté les Pyrénées : vraiment, c'était un éreintement !

---

* Pour tenter de moraliser un peu le dernier Tour de France du siècle, Jean-Marie Leblanc a notamment décidé de récuser l'équipe TVM et de ne pas accréditer Manolo Saiz, le directeur sportif de l'équipe Once.

et j'en avais été profondément blessé, car Renaud, par ailleurs, était un critique littéraire que j'appréciais particulièrement. Puis, voilà que je le rencontre au hasard de je ne sais plus quelle manifestation :

« Ton papier m'a fait très mal, tu sais.

— Quel papier ? » me répond-il, car il tombe des nues.

« Ta présentation du Tour. C'était une volée de bois vert ! »

Savez-vous ce qu'il me réplique alors, avec sa gentillesse et en me prenant par l'épaule, parce que c'était un bon type : « Oh ! Jean-Marie, tu te tracasses pour des conneries ! Quand même, tu sais ce que c'est qu'un polémiste... »

Eh bien ! polémiste ou non, je dois à Renaud Matignon une nuit sans dormir. Et ne me répondez pas, sur ce coup, que je suis susceptible : lorsqu'on est un homme honnête et que l'on travaille comme un homme honnête, on ne mérite pas ces procédés-là !

C. P. — Est-ce parce que vous étiez déjà honnête homme que vous défendiez, dans les années quatre-vingt, jusqu'aux coureurs les moins défendables ? Et est-ce parce qu'ils sont définitivement obtus qu'ils ne vous en surent jamais gré ?

Jean-Marie Leblanc. — [La voix un peu étranglée.] Vous me faites plaisir. Si ! si ! sincèrement, vous me faites plaisir, car je revendique, comme une fierté, de les avoir défendus.

C. P. — À propos d'un contrôle positif de Sean Kelly, vous écriviez, en 1984, des lignes dont vous pouvez effectivement être fier : « Le dopage est un sujet trop sérieux, pour qu'il s'en dise ou s'en écrive n'importe quoi. [...] Ainsi, si l'on en croit les assertions d'un grand journal du soir, Kelly, déclaré positif à l'issue de Paris-Bruxelles, n'aurait récolté que ce qu'il méritait, le gros malin ayant volontairement terminé troisième pour tenter de se soustraire au contrôle antidopage puisque "au lieu des habituels deux premiers, ils (les Belges) invitèrent également le troisième..." Faux. Faux car dans les grandes classiques — et Kelly les connaît puisqu'il en a gagné trois cette année ! —le règlement de l'UCI est formel : sont contrôlés systématiquement les quatre premiers de l'épreuve [...]. Si une présomption devait lui être accordée en l'occurrence, dans l'attente des suites qui seront données à l'affaire de Paris-Bruxelles, c'est bien celle de l'innocence. C'est dans la tradition du droit, anglo-saxon en tout cas.»[10]

Jean-Marie Leblanc. — Je vous remercie de remettre à jour cet article qui annonçait ce que, devenu directeur du Tour de France, j'ai regretté plusieurs fois : la dégradation d'une profession qui doit travailler toujours plus vite, qui n'a plus le temps de vérifier ses sources, et qui, dans une situation de concurrence aiguë, recherche le scoop, le sensationnel, le spectacle ! Ajoutez aussi l'incompétence structurelle de certains journalistes qui, ne travaillant pas assez, ignorent jusqu'aux règles de base du sport dont ils traitent !

C. P. — Dans le même élan, vous avez défendu, en 1987, Jeannie Longo après son contrôle positif. C'était, il faut le dire, le discours d'un grand avocat : « Non, Jeannie Longo ne doit pas être sanctionnée, tout simplement au nom de la présomption d'innocence. [...] La procédure a été traitée par-dessus la jambe [...]. Pour moins que cela, et tout récemment, le coureur danois Kim Andersen a échappé au couperet. Un président fort, d'une fédération respectable, s'honorerait de ne pas faire moins, face au cas Longo. Le risque de laisser courir un coupable est toujours préférable à celui de condamner un innocent, c'est dans l'esprit du droit français... »[11]

Jean-Marie Leblanc. — Oui, je me souviens de ce papier-là. Je me souviens même de l'avoir défendue à d'autres reprises tant l'affaire était complexe.

C. P. — Jeannie Longo avait la particularité d'être d'un commerce difficile. Comment réagissait-elle lorsque vous écriviez, avant ses fameuses tentatives contre le record de l'heure : « Non, Jeannie, avec tout le respect qu'on vous doit désormais, vous ne "battrez" pas Fausto [Coppi]. Nous n'écrirons jamais cela. Personne ne doit écrire cela.»[12]

Jean-Marie Leblanc converse avec Miguel Indurain, l'homme qui gagna cinq Tours de France dans les années quatre-vingt-dix. Les années les plus sombres de l'histoire du cyclisme.

Jean-Marie Leblanc aux côtés de Jean-Pierre Courcol. Une évidente complicité.

Jean-Marie Leblanc. — [Remonté.] Mais c'était l'évidence ! Sous prétexte de je ne sais quelle égalité des sexes, on voulait faire croire, sans tenir compte des changements d'époque et de l'évolution du matériel, que les femmes étaient devenues aussi fortes que les hommes, et que Longo roulait plus vite que Coppi. Intellectuellement, c'était une aberration ! Tenez ! je vais vous dire : à mes yeux, c'était aussi aberrant et démagogique que cette parité hommes-femmes dont on nous rebat, aujourd'hui, les oreilles en politique ! Que l'on souhaite une représentation équilibrée entre hommes et femmes : oui. Mais de là à l'inscrire dans la constitution, franchement, c'est une discrimination a priori !

C.P. — Quand même, vous êtes un vieux réac' !

Jean-Marie Leblanc. — Oui. Et, de vous à moi, je trouve cela très sympathique !
[Goguenard.] Croyez-vous que je ne vais me faire que des amis ? « Se faire des amis est une ambition d'épicier. Se faire des ennemis est une ambition d'aristocrate. » C'est encore une citation, mais j'en ai oublié l'auteur.

C.P. — Pour quelles raisons avez-vous défendu, avec tant de force, Marc Demeyer, après sa mort, en 1982 ?

Jean-Marie Leblanc. — Ah ! vous avez retrouvé ce papier...
Pour quelles raisons ? Parce que j'étais révolté ! Je ne supportais pas qu'un confrère de *l'Équipe* eût écrit que Marc Demeyer était certainement mort du dopage. Or, la version officielle évoquait une crise cardiaque, et personne n'avait le droit, à l'époque, de la remettre en cause.

C.P. — « Il y a quelque chose de choquant, expliquiez-vous dans *l'Équipe*, à refuser l'habeas corpus, "post mortem", si l'on peut dire, à un athlète qui n'avait somme toute que le tort de pratiquer un sport de mauvaise réputation [...]. Les grands inquisiteurs seraient bien inspirés de nous rappeler combien de fois Marc Demeyer a été reconnu positif, s'ils le savent. Nous le savons, nous : zéro fois. Alors, les menottes de l'a priori et de la suspicion, les barreaux de l'opprobre et du procès d'intention nous semblent en l'occurrence insupportables, etc.» Certes.

Certes, on ne peut nier, Jean-Marie Leblanc, que la présomption d'innocence est, pour vous, une conviction permanente que vous affirmiez déjà en 1982. Mais une question demeure : quelle était la fiabilité des contrôles antidopage à l'époque ?

Jean-Marie Leblanc. — Elle était supérieure à la fiabilité des contrôles modernes, car je n'ai pas besoin de vous rappeler que des substances dopantes indétectables sont apparues dans les années quatre-vingt-dix, notamment l'EPO.

Vous savez : je suis d'autant plus fier de ce papier que j'ai appris, par la suite, les circonstances de la mort de Marc Demeyer, circonstances trop personnelles pour être rappelées, mais qui, de toute évidence, n'étaient pas liées au dopage. Mais le mal, évidemment, était fait ! Certains mourront dans leur lit persuadés que Demeyer, lui, est mort du dopage ! Or, Demeyer avait une femme, peut-être des enfants. Imaginez-vous ce qu'ils ont pu penser quand on leur a dit que leur père était mort du dopage...

Ah ! je méprise ce journalisme qui ne respecte rien !

C. P. — Est-il exact que vous ayez déclaré, à Strasbourg, en mars 1998, au congrès annuel de l'Union syndicale des journalistes sportifs de France, que «le journalisme restait [votre] famille» ?

Jean-Marie Leblanc. — C'est exact. Et je l'ai même redit à Amiens, lors du congrès de 1999.

C. P. — Pourquoi avez-vous alors affirmé, en 1996, à Jean-Luc Gatellier : «Tu fais un métier de salauds !»

Jean-Marie Leblanc. — Parce qu'il avait titré une interview de Jalabert : «Ils n'ont pas pensé aux coureurs !» C'était à propos des chutes qui avaient marqué le début du Tour de France, et, bien entendu, ce «ils» méprisant s'adressait à nous, les organisateurs. Or, Gatellier savait bien que nous n'étions pour rien dans ces chutes, mais il avait quand même fait son titre avec cette phrase, très injuste, de Jalabert. Voilà pourquoi je lui ai dit qu'il faisait un métier de salauds! C'était une réaction épidermique et franchement maladroite.

Cela dit, il ne faut pas vous bercer d'illusions : au moins dix fois, durant le Tour de France 1998, j'ai pensé, en entendant certaines déclarations : «Quel métier de salauds!» Pourquoi? Parce que j'avais mal! J'avais mal et je ne supportais plus les à-peu-près véhiculés par la presse!

C. P. — Lorsque Jean-Michel Rouet évoque «ce cancer dont les principales victimes ne portent pas une carte de presse mais un cuissard»[13], fait-il un métier de salauds?

Jean-Marie Leblanc. — Non.

C. P. — Lorsque Claude Droussent avoue, après la tourmente Festina : «Oui, on peut aimer le cyclisme et avoir honte [...]. Honte à l'idée d'être tenté de se passionner pour ce Tour d'Espagne qui commence, avec toutes les "garanties" qu'on devine pour ses participants et l'impuissance des laboratoires, toujours, face à l'EPO, ce poison»[14], fait-il un métier de salauds?

Jean-Marie Leblanc. — Non.

C. P. — Lorsque Hervé Mathurin pose ouvertement la question : «Comment traiter les affaires de dopage?» fait-il un métier de salauds? Quand il apporte cette première réponse : «Les journalistes de sport ont choisi cette spécialité par passion. Dès que leur mission d'information leur impose d'abandonner le terrain pour le laboratoire, dès qu'il s'agit de tuer le rêve pour réveiller les consciences, c'est un peu d'eux-mêmes qu'ils assassinent»[15], fait-il un métier de salauds?

Jean-Marie Leblanc. — Je vais vous répondre plusieurs choses. [Formel.] Même lorsqu'il dénonce à répétition, ce qui m'agace, le «gigantisme du Tour», je tiens Hervé Mathurin pour un parfait honnête homme, au sens classique du terme, en matière de journalisme et d'éthique. Tout ce qu'il écrit sur le dopage est juste, mais je crains, hélas! qu'il ne soit plus représentatif de sa profession, et que la nouvelle génération de journalistes, formée à l'école du sensationnel, n'ait pas cette lucidité, cette intégrité, que je lui reconnais. Les journalistes de l'audiovisuel, en tout cas, ne font pas le même métier que Mathurin.

C. P. — Selon vous, « le métier de salauds », c'est l'audiovisuel?

Jean-Marie Leblanc. — Ce n'est pas l'audiovisuel, ce sont ses dérives, parce que la course effrénée aux images pousse à prendre des risques. Le direct, à cause de sa difficulté qui est l'instantanéité, nécessiterait que les journalistes fussent encore meilleurs, encore plus scrupuleux. J'ai le regret de dire que ce n'est pas toujours le cas lorsqu'ils parlent de dopage.

C. P. — Pourquoi ne vous êtes-vous pas excusé auprès de Jean-Luc Gatellier?

Jean-Marie Leblanc. — [Surpris.] Je ne l'ai jamais fait? Alors, c'est un oubli... Mais je le prierai de m'excuser lorsque je le reverrai, parce que, bien sûr, je regrette ce que je lui ai dit. Il sait, de toute façon, que je le tiens pour un bon journaliste.

C. P. — Vous savez vous excuser, vous?

Jean-Marie Leblanc. — Bien sûr! Vous ne vous en doutiez pas?

C. P. — Philippe Bouvet se souvient que, chef de rubrique, vous étiez chiche en compliments...

Jean-Marie Leblanc. — C'est ma nature : j'ai été chiche en compliments à la maison, avec mes enfants; je l'ai été avec les journalistes de mon équipe; je le suis aujourd'hui encore avec mes collaborateurs, à la Société du Tour de France.

C. P. — Exigeant, paraît-il...

Jean-Marie Leblanc. — Je suis exigeant, c'est exact, mais je crois pouvoir dire que je le suis d'abord avec moi-même. Toute ma vie, j'ai pris plus de travail que les autres n'en prenaient.

C. P. — Bouvet se souvient, à ce propos, que vous étiez encore volontaire, en 1988, pour courir chez De Mol, vainqueur surprise de Paris-Roubaix. Pourquoi, au retour, aviez-vous livré un remarquable papier ? Parce que le modeste De Mol avait réussi, coureur, ce que le modeste Leblanc n'avait pas réussi ?

Jean-Marie Leblanc. — Oui. Je me souviens parfaitement de ce reportage, et je me souviens avoir été ému par l'aventure de ce petit coureur qui, grâce à une longue échappée, avait réussi à gagner la plus prestigieuse des classiques — mon rêve, quoi !

[Songeur.] Je me revois encore, le lendemain de la course, arrivant le premier chez De Mol — avant les confrères belges ! —, avec Jean-Christian Biville, le photographe. Nous avions un peu la gueule de bois, car nous avions bu beaucoup de bières, la veille, dans le café de ses supporters... Sa femme, en robe de chambre, était venue nous ouvrir, gênée d'être surprise au saut du lit. De Mol nous avait rejoint, heureux, bien sûr, de la présence de *l'É-quipe*, et il avait commencé à nous raconter sa vie et sa course... Je me rappelle : tout le mobilier respirait la simplicité, le manque de moyens... Puis la vieille maman est arrivée, elle s'est jetée en pleurant dans les bras de son fils qu'elle n'avait pas encore vu. C'était beau, c'était fort ! Je crois me souvenir que j'ai un peu pleuré. C'est un des meilleurs souvenirs de ma carrière de journaliste...

[Il raffermit sa voix.] Il vous a dit d'autres choses, Bouvet ?

C. P. — Qu'il a été triste de vous voir partir, et que tous vos journalistes l'ont été aussi, parce que, chiche ou non en compliments, ils vous considéraient tous comme un très bon chef de rubrique.

Jean-Marie Leblanc. — Ils ne me l'ont jamais dit formellement, mais j'ai cru comprendre qu'ils me regrettaient.

225

C. P. — Vous, en octobre 1988, lorsque vous les avez quittés pour prendre vos fonctions à la tête du Tour de France...

Jean-Marie Leblanc. — [Il coupe.] Franchement, je n'ai pas été triste. J'étais déjà tellement obsédé par mes nouvelles fonctions, par le travail qui m'attendait... Et puis, surtout, j'étais sûr de les revoir puisque mon nouveau bureau se situait trois étages au-dessus! «Je viendrai vous dire bonjour», leur avais-je promis...

Savez-vous ce qui m'a le plus effaré? La rapidité avec laquelle je ne suis plus descendu leur dire bonjour! J'avais épousé un autre métier, une autre vie; je côtoyais d'autres collaborateurs et collaboratrices, et si je pouvais me douter que nos liens finiraient par se distendre, je n'aurais jamais imaginé qu'ils se distendraient aussi vite... Bien sûr, ce n'était pas ma faute, ce n'était pas leur faute; c'était la faute à cette vie qui nous oblige à travailler toujours plus, à produire et vendre toujours plus!

[Il sourit.] Je pense à Carenso. Il était très conscient de ce cercle infernal, et je me souviens qu'il me disait [Il contrefait l'accent niçois.] : «Jean-Marie, c'est le printemps... Allez, il faut faire une pause! On va s'asseoir sur la terrasse d'un bistrot, on va boire une bière et regarder passer les filles...» Dans le fond, c'est lui qui avait raison.

C. P. — Jean-Pierre Carenso était un méridional. Comment l'homme du nord que vous êtes s'est-il entendu avec lui?

Jean-Marie Leblanc. — Parfaitement! Lorsque je l'ai vu, je suis *immédiatement* [il insiste] tombé sous le charme de cet homme qui conjuguait naturellement une très grande gentillesse et un immense dynamisme. Je vous rappelle qu'il avait été nommé pour prendre en charge la direction de la Société du Tour de France, tandis que, moi, j'intervenais directement sur la partie sportive. «Écoute! m'a-t-il dit d'entrée de jeu, de nous deux, c'est plutôt toi qui connais le vélo. Tu gères donc ta partie sans t'occuper de moi. Je te fais une entière confiance...» Moyennant quoi, pendant cinq ans, nous avons formé un tandem merveilleusement complémentaire.

Vraiment, c'était un type très bien, et il a été pour moi ce que Deruyk avait été : un guide et un ami. Il m'a réellement aidé, m'ouvrant les yeux sur des aspects du cyclisme auxquels, journaliste, je n'avais pas prêté suffisamment d'attention comme la mise en scène et la mise en couleur. «Que tu organises une bonne course, c'est bien, mais il faut aussi qu'elle soit belle!» me disait-il en souriant. Car il avait toujours le sourire! Sa gentillesse donnait confiance aux sponsors, aux élus...

[Il fait un signe pour montrer qu'il lui revient une anecdote.] En octobre 1988, lorsque j'ai dit «oui» à Courcol, je ne m'étais évidemment pas préoccupé de mon salaire, pas plus que Carenso ne s'était préoccupé du sien. «Bon! nos affaires de salaire sont réglées», m'explique-t-il, tout d'un coup, en déboulant dans mon bureau. «Voilà ce qu'ils te proposaient... Je t'ai obtenu sensiblement plus...» Moi, je ne lui avais rien demandé, mais, de lui-même, voyant ce qu'on lui donnait et ce qu'on me donnait, il avait interpellé Jean-Pierre Courcol : «Eh! faudrait peut-être en redonner un peu à Leblanc!» Cette anecdote résume assez bien, je crois, le chic type qu'il était... Et comme je ne suis pas avare en anecdotes, je peux vous dire que, le soir même, je lui ai offert, avec son épouse, un dîner qui méritait le détour!

C.P. — Lorsqu'il fut brutalement mis à pied, après le Tour de France 1993, vous êtes-vous senti déchiré?

Jean-Marie Leblanc. — Non, pas «déchiré». Je me serais peut-être senti déchiré si cette décision était intervenue de manière imprévisible, mais, personnellement, je l'avais sentie venir... Vous vous souvenez des circonstances : à la suite d'une réorganisation de structures, la Société du Tour de France était devenue une filiale d'ASO*, et cette nouvelle holding, présidée par Jean-Claude Killy, avait notamment pour rôle de s'occuper des négociations avec les sponsors et les télévisions. Autrement dit, elle se plaçait exactement sur le terrain qu'occupait Jean-Pierre Carenso, et

---

* Amaury Sports Organisation.

celui-ci, comment dire?... s'est crispé, s'est raidi. Là où il aurait fallu qu'il y ait osmose, l'osmose ne s'est pas faite. La suite, vous la connaissez : ce fut son départ...

C. P. — Il était votre ami. Comment êtes-vous intervenu?

Jean-Marie Leblanc. — Je ne veux pas m'exprimer là-dessus.

C. P. — Jean-Pierre Carenso affirme qu'il a reçu de vous, après son licenciement, sa « plus belle lettre d'amour »[16]...

Jean-Marie Leblanc. — J'espère qu'il y a mis des guillemets à sa lettre d'« amour »! Mais je ne veux pas m'exprimer là-dessus, sinon pour dire qu'il est resté un ami, et que nous continuons de nous voir de temps en temps.

C. P. — Sans doute l'histoire du sport le reconnaîtra-t-elle un jour : Jean-Claude Killy, à son arrivée, fut très mal accueilli, la famille cycliste l'accusant de ne penser qu'à l'argent — elle craignit même qu'il ne vendît le Tour de France à Coca-Cola, c'est-à-dire au plus offrant... Serez-vous, pour lui, le même avocat que vous avez été pour les coureurs?

Jean-Marie Leblanc. — Je ne crois pas que Jean-Claude Killy ait besoin d'un avocat, mais je voudrais quand même répondre ceci : il existe un mythe Killy, et, à cause de ce mythe, on imagine toutes sortes de choses. Par exemple, au motif qu'il a réussi en affaires, on imagine, oui! que Killy ne pense qu'à l'argent, qu'il n'a qu'une vision à court terme et n'aime pas les champions... Or, je dois vous dire que Jean-Claude Killy me fait penser à ces grands patrons ou à ces élus que j'accueille dans ma voiture, le temps d'une étape : il est passionné, il est convaincu d'avance! Il est, plus encore que je ne le suis, enclin à l'affection, à l'indulgence, et ne cesse de me dire : « Jean-Marie, les choses vont s'arranger. Il y aura de belles courses tout au long du XXIᵉ siècle! » En somme, Jean-Claude Killy montre le même souci du long terme que moi, mais avec encore plus d'optimisme!

Jean-Claude Killy aime à dire aussi, avec un bon sens que tout le monde comprendra, que plus le Tour de France sera riche, plus il aura les moyens d'être fort sur le plan du sport, et plus il sera beau sur le plan du spectacle. Et parce qu'il n'aura rien perdu de son éthique sportive, il continuera d'être, au XXIe siècle, ce long moment d'émotion qui parcourt la France, depuis 1903, au mois de juillet. Vraiment, Jean-Claude aime le vélo.

Je fais une digression qui me paraît importante : ce n'est pas le dopage qui menace le Tour. Le dopage menace le cyclisme tout entier, comme il menace le sport tout entier, comme il menace, nous prédisent les sociologues, la société tout entière... Bien entendu, on ne se dope pas plus pour courir le Tour de France que pour courir le Tour d'Espagne ou le Tour d'Italie. On ne se dope pas plus sur Paris-Roubaix que sur le Tour de Lombardie ! Seulement, le Tour de France étant universellement reconnu comme la plus prestigieuse organisation cycliste du monde, il rassemble tous les médias du monde, lesquels, en contrepartie, amplifient ses grandeurs ou amplifient ses misères. Et parmi ces misères, parmi les dangers qui nous guettent, il y a, certes, le gigantisme — Mathurin sera content ! Le Tour de France ne peut plus continuer à grandir indéfiniment.

C.P. — « Tant que je serai là, le Tour de France ne s'éloignera pas de ses grands équilibres »[17], disiez-vous en 1995, à José-Alain Fralon. « Nous maîtrisons : il n'y a pas de débordements. Voilà quelques années, nous avions le sentiment que cela grossissait trop. Alors nous avons dit "stop" »[18], ajoutiez-vous pour Benoît Hopquin, deux ans plus tard. Que signifient ces notions d'équilibre et de maîtrise qui reviennent souvent dans vos discours ?

Jean-Marie Leblanc. — Ce sont des repères. Ce sont des mots clés que nous devons sans cesse opposer au mot « gigantisme »...

Je veux m'expliquer là-dessus. Comme je viens de le dire, le Tour rassemble tous les médias du monde. Grâce à cette médiatisation, il obtient *plus* [il insiste] de notoriété, *plus* [même jeu] d'audience, *plus* [même jeu] de spectateurs sur les routes, bref ! plus de tout. Alors, bien sûr, plus le Tour réalise de l'audience, mieux Jean-Claude Killy peut commercialiser les droits de télévision qui font, avec les sponsors, la prospérité du Tour ; mais il arrive un moment où «plus de tout» risque d'amener «trop de tout». D'où cette notion d'équilibre que nous nous efforçons de maintenir.

C. P. — En 1995, Pierre Chany jugeait convenable «l'équilibre, forcément précaire, entre l'aspect sportif et l'aspect financier»[19]. Aurait-il pu l'écrire à propos du dernier Tour de France du siècle?

Jean-Marie Leblanc. — Je suis hélas persuadé qu'il ne l'aurait pas écrit avec le même enthousiasme, car depuis 1995, c'est-à-dire depuis ce que j'appelle la fin des «années Indurain», le Tour de France souffre — et c'est un paradoxe! —, de sa notoriété... Il faut être lucide là-dessus : les derniers Tours de France du siècle ont été victimes de leur immense succès. Même s'ils furent de très bons Tours sur le plan émotionnel, nous, les organisateurs, sentions que trop de monde et trop de matériel y étaient rassemblés. À cet égard, Philippe Sudres explique volontiers que là où les journalistes allemands venaient à dix en 1995, ils sont arrivés à quatre-vingts en 1998; ils ont loué eux-mêmes un avion pour ramener hommes et matériel d'Irlande jusqu'en France!

Je vais prendre un autre exemple : tant sont nombreux ceux qui rêvent de venir sur le Tour, que les sponsors des équipes professionnelles nous demandaient, d'année en année, toujours plus d'accréditations, ce qui a fini, évidemment, par saturer les aires de départ et d'arrivée des étapes. Alors, pour les satisfaire, parce que nous sommes conscients des efforts qu'ils font en investissant dans une équipe cycliste professionnelle, nous avons créé, en 1998, un village qui s'appelle le «relais-étape», village que nous leur vendons, bien entendu, et qui leur permet d'accueillir leurs invités dans de très bonnes conditions. Mais, rentabilité ou non, c'est la dernière concession que nous pouvions leur faire, car le XXIe siècle doit être celui du retour aux points d'équilibre.

C. P. — «De cet enfant du Nord, le groupe Amaury, propriétaire du Tour de France, attendait qu'il apporte à l'épreuve sa chaleur. Jean-Marie Leblanc fera bien mieux. Il fera exploser le chiffre d'affaires d'une épreuve dont il est l'un des rares à connaître les comptes exacts»[20], signalait, en pleine tourmente Festina, Michel Dalloni...

Jean-Marie Leblanc. — [Il coupe.] Dalloni me fait trop d'honneur. Stricto sensu, on ne peut pas citer les chiffres exacts du Tour de France pour la raison très simple que la plupart des sponsors du Tour sont aussi les sponsors des autres courses que nous organisons : Paris-Tours, Paris-Roubaix ou le Grand Prix des Nations. De la même façon, parce que nos contrats sont passés pour plusieurs épreuves à la fois, il est difficile de connaître le poids exact du Tour de France. Ce doit être quelque chose comme soixante-dix ou soixante-quinze pour cent de la société.

C. P. — D'après Eric Wattez qui avait interrogé Jean-Claude Hérault, votre plus proche collaborateur, ce chiffre d'affaires se situait « entre 85 et 90 millions de francs »[21] en 1989, l'année où vous avez pris les commandes avec Jean-Pierre Carenso. Selon Philippe Le Cœur, il était passé à « 250 millions de francs[22] » en 1998, les recettes se répartissant de la manière suivante : quatorze pour cent provenant des villes-étapes, trente pour cent de la vente des droits télévisés, cinquante-six pour cent de vos sponsors privés. Quels seront les chiffres exacts des premiers Tours du troisième millénaire ?

Jean-Marie Leblanc. — Juste une mise au point qui n'est pas un détail : les chiffres que vous citez ne sont pas ceux du Tour de France, mais ceux de la Société du Tour de France, toutes épreuves confondues.

Maintenant, pour en venir à votre question, je crois que ces chiffres n'évolueront plus jusqu'au Tour de France 2003, parce qu'ont été apportées progressivement toutes les améliorations de structures qui devaient faire du Tour un événement sportif majeur sur la scène internationale. Désormais, eu égard à sa qualité, il a atteint, sur le plan financier, sa vitesse de croisière.

Ce qui évoluera, en revanche, c'est la répartition de nos revenus, car nous croyons qu'il entre dans la mission sociale du Tour de France d'aller à la rencontre de tous et de toutes. Aussi la part des villes-étapes ne cesse-t-elle de baisser ! En 1989, elle représentait vingt pour cent de nos recettes. Cette part ne représente en 1999 que onze pour cent. C'est le résultat d'une politique que j'ai souhaitée, car l'argent public est compté.

C. P. — Savez-vous que le Groupe Amaury, malgré l'obligation légale qui lui en est faite, refuse, chaque année, de publier l'état de ses bénéfices. Le légaliste que vous êtes ne s'en offusque-t-il pas?

Jean-Marie Leblanc. — Le légaliste que je suis n'ignore pas que c'est un parti pris de la direction de notre groupe qu'il n'a pas à commenter.

C. P. — Qui est cet homme de l'ombre, Philippe Amaury, qui porte l'un des plus grands noms de l'histoire de la presse française, mais que personne ne connaît?

Jean-Marie Leblanc. — Philippe Amaury et son épouse (car il faut lui associer son épouse), sont des gens qui, parce qu'ils pèsent d'un poids important dans le monde de la communication et de la presse, pourraient, bien sûr, être beaucoup plus célèbres qu'un certain nombre de personnalités en vue. Or, ils ont résolument opté pour la discrétion, préférant cultiver une grande courtoisie envers ceux qui leur sont proches. Vous comprendrez que je respecte cette discrétion. Vous comprendrez aussi que je dise d'un mot toute l'estime et la reconnaissance que j'éprouve envers Philippe et Marie-Odile Amaury qui, via Jean-Pierre Courcol, nous laissent une entière liberté de manœuvre pour diriger une société aussi prestigieuse.

C. P. — Face au troisième millénaire, rares sont les empires qui, dans la communication, ne sont pas rachetés. Croyez-vous que le Tour de France, véritable institution nationale, puisse, soit changer de mains, soit être nationalisé au cours du XXIe siècle? Et avez-vous une idée du prix qu'il faudrait payer pour acheter le Tour?

Jean-Marie Leblanc. — Vous m'en demandez beaucoup trop! Comment voulez-vous, en effet, que j'imagine la valeur du Tour?

Je sais bien qu'il existe des règles, en économie, pour dire qu'une société doit être vendue x fois son chiffre d'affaires ou x fois ses bénéfices, mais le Tour de France, qui est un produit unique, ne peut évidemment pas être pesé sur cette balance-là. Donc, personne n'en connaît le prix...

Et puis, pour qu'il ait un prix, il faudrait encore qu'il soit à vendre.

C.P. — Ou qu'un Rupert Murdoch lance une O.P.A....

Jean-Marie Leblanc. — La construction « capitalistique » du Groupe Amaury, à forte majorité familiale, ne se prête pas à ce genre d'opération boursière... Mais vous comprendrez que je ne vous en dise pas beaucoup plus, ce sujet, en toute logique, ne me concernant pas. Je ne suis pas le propriétaire du Tour de France ; je suis l'homme qui trace son parcours et qui a reçu carte blanche de Philippe Amaury pour veiller à ce point essentiel : la pérennité du Tour. Autrement dit, et c'est notre force ! nous avons pleinement conscience, Jean-Claude Killy et moi, que nous sommes de passage dans la grande histoire du Tour de France. Nous n'avons pas d'autre intérêt que de servir — de servir avec toutes nos forces, toute notre intelligence et tout notre cœur...

Quand même, deux remarques qui n'engagent que moi : premièrement, il me semble que le Tour de France se sent bien dans son groupe de presse puisqu'il y trouve, non seulement ses racines, mais aussi une grande cohérence au niveau de la communication. Deuxièmement, il me paraît que les privatisations ne sont plus dans l'air du temps ! Quoi qu'il en soit, à ceux qui voudraient s'approprier le Tour de France sous le prétexte qu'il est, aujourd'hui, en excellente santé financière, je voudrais poser la question suivante : qu'avez-vous fait, entre 1947 et 1987, pour maintenir un Tour de France qui était alors régulièrement déficitaire ? Rien. Vous avez laissé les journaux organisateurs, c'est-à-dire *l'Équipe* et *Le Parisien Libéré*, éponger dettes après dettes ! Alors, laissez-les dorénavant toucher les dividendes de leur pugnacité ! Encore une fois, ce sont les principes mêmes du libéralisme !

C. P. — Jamais la réalité du Tour de France ne fut mieux expliquée qu'en mai 1988, lorsque Jean-François Naquet-Radiguet, répondant à un journaliste qui s'appelait... Jean-Marie Leblanc [il opine d'un mouvement de tête], exprimait dans une langue nouvelle : « Le Tour a plus que jamais un horizon mondial et des perspectives de développement complètement modernes, fondées sur la communication et l'image [...]. Le Tour, c'est un événement autour duquel nous devons fédérer toute une série de ferveurs : celles de nos partenaires commerciaux, celle du public, celle des collectivités locales. C'est une sorte de coupole constituée de ces convergences au sommet de laquelle se placent la course et les champions [...]. Nous allons beaucoup changer le look des installations d'arrivée. Il était scandaleux et nul de donner le maillot jaune du leader du Tour sur quelque chose qui était entre la guitoune de cantonnier et la baraque du vendeur de merguez. Il faut faire un vrai podium-protocole [...]. Ça vaut un million et demi de francs. Le groupe Amaury a compris que c'était indispensable. Nous investissons dans la ligne de la performance et de l'excellence, qui doit être celle du Tour de France. Personne n'a jamais fait ça [...]. Dernier détail, mais ce n'est pas sans importance, tous les membres de la Société du Tour de France présents sur la ligne d'arrivée auront une tenue blanche [...]. Il s'agit de soigner notre image, notre style [...].

Voici un autre [changement] important pour l'image du Tour de France qui sera l'installation d'un village-départ pour l'échelon course, la presse, les sponsors. Ce village sera monté et démonté d'une étape à l'autre. Il sera propre [...]. Il comprendra dix pavillons, concédés à des sponsors. » Et cet homme ajoutait ces mots qui ne pouvaient que vous convenir : « Pas guindé ni snobinard, mais quelque chose qui ait de la tenue... »[23]

Vous le savez : Jean-Claude Killy a rendu à Félix Lévitan la dignité qu'il méritait. Rendez-vous maintenant à Jean-François Naquet-Radiguet la dignité qu'il mérite, et reconnaîtrez-vous, Jean-Marie Leblanc, que cet homme, passé par la trappe de l'histoire, fut, en moins de douze mois, le véritable rénovateur du Tour de France ?

Jean-Marie Leblanc. — En mai 1988, lorsque j'ai entendu Jean-François Naquet-Radiguet nous expliquer ce qu'il comptait faire du Tour de France — je dis «nous» parce que Philippe Brunel et Jean-Michel Rouet assistaient également à cet entretien —, j'ai été littéralement emballé, et je lui ai aussitôt décerné «le prix d'excellence» qu'il appelait pour sa course. Alors, oui! Jean-François Naquet-Radiguet était un visionnaire. Oui! Jean-Pierre Carenso et moi-même nous sommes beaucoup inspirés de cette révolution culturelle qu'il avait mise en route. (Un détail : plutôt que les combinaisons blanches, Carenso a préféré adopter des costumes bien coupés, ce dont je lui sais gré, étant donné que j'aime effectivement la tenue.) Oui! Jean-François Naquet-Radiguet mérite un hommage, et je suis heureux que vous me donniez l'occasion de le lui rendre.

C.P. — Pourquoi ce visionnaire, diplômé d'HEC et de la Business School d'Harvard, a-t-il été brusquement licencié quinze jours après vous avoir accordé cet entretien : parce que les gens du cyclisme se méfient instinctivement des apports extérieurs ou parce que l'homme était trop rude et trop froid?

Jean-Marie Leblanc. — C'est une question qui m'ennuie, non pas parce que je ne veux pas y répondre, mais parce qu'elle m'oblige à porter un regard sur un homme qui était respectable... Alors, je vous dirai seulement ceci : il ne suffit pas, dans la vie, d'avoir de très bonnes idées; il faut être à même de les transmettre. Il faut être à même d'apprécier justement les capacités de réforme et les capacités de résistance des uns et des autres. Et puis, aussi, il faut rallier ses troupes à l'opération...

C.P. — Dans le cyclisme, ce sont toujours les mêmes visages que l'on rencontre puisque les anciens coureurs deviennent masseurs, soigneurs, chauffeurs, attachés de presse, directeurs sportifs, publicitaires, quand ce n'est pas, les fonctions étant parfaitement cumulables, pourvoyeurs de produits dopants — tous les juges qui s'occupent de dopage nous le démontrent depuis 1998! Autrement dit, depuis un siècle et demi, jamais un regard neuf, une sensibilité neuve, ne sont entrés dans le peloton.

Combien de fois avez-vous songé que le cyclisme, à force de consanguinité, n'offrait plus qu'un sang gâté, à l'image des rois fous des vieilles monarchies?

Jean-Marie Leblanc. — [Enthousiaste.] Ah! la bonne question! Elle me permet de vous dire que Naquet-Radiguet a précisément essayé, en 1988, d'apporter au Tour un sang neuf, mais sa transfusion fut si rapide qu'elle a échoué à cause d'un phénomène de rejet.

Alors, qu'avons-nous fait, Carenso et moi? Une deuxième transfusion, plus lente, plus patiente... Lorsque Jean-Pierre Carenso est parti, j'ai poursuivi cette deuxième transfusion seul, sous le regard d'une holding — ASO — qui proposait justement, pour la première fois, un sang nouveau sans rapport avec celui de la famille cycliste. Si bien que, depuis 1993, des hommes comme Jean-Claude Killy, premier président d'ASO, ou comme Alain Krzentowski, son successeur, et Jean-Claude Blanc, le directeur général, n'ont eu de cesse de «labelliser» et protéger le Tour de France, lequel Tour est désormais un mythe parfaitement adapté aux exigences du monde moderne.

[Sourire.] Je vais être franc : même cette transfusion-là n'a pas été facile! Les hommes d'ASO, parce qu'ils venaient directement du comité d'organisation des Jeux Olympiques d'Albertville, sont arrivés chez nous avec l'assurance que le sport, eh bien! ils le connaissaient! Partant de là, il a fallu leur rappeler que le Tour était un monsieur très respectable qui marchait tout seul, depuis cent ans, à la tête d'un cyclisme qui avait lui-même des lois. Et il a fallu admettre, pour notre part, que nous avions des côtés conservateurs qu'il était temps d'oublier... Bref! pendant des mois, nous avons été comme deux chiens qui se reniflent, puis, grâce à Jean-Claude Killy, grâce à l'intelligence des uns et des autres, nous nous sommes rendus compte que nous pouvions harmoniser nos deux cultures. J'ai dit à mes copains d'ASO :

«Ah! ce n'est pas mal ce que vous faites...

— Oui, mais ne vous inquiétez pas, nous ne sommes pas pressés!» m'ont-ils répondu. Depuis, je me flatte que le Tour de

France, locomotive du cyclisme mondial, soit entré dans l'ère moderne.

C. P. — Patrick Hollebecque le signalait dès 1990 : « Quelle chance il a ce Leblanc ! Il prend le Tour : LeMond bat Fignon de huit secondes à la dernière étape. Paris-Roubaix : Planckaert bat Bauer d'un millimètre. Il ne pouvait rêver de meilleurs suspenses... »[24]

Jean-Marie Leblanc. — Bien sûr que j'ai eu de la chance ! Mais si vous me demandez, au niveau sportif, quel Tour a été le plus beau, vous allez être déçu. Dans ma mémoire, depuis le premier que j'ai tracé en 1990 (le Tour 1989, que j'ai dirigé, avait été tracé par Xavier Louy), tous les Tours de France se mélangent parce que je considère le résultat, c'est-à-dire la victoire de tel ou tel champion, comme étant *absolument* [il insiste] extérieure à mon travail. Mon rôle consiste à organiser du mieux possible. Je n'ai pas à marquer d'autre préoccupation.

C. P. — « Le pouvoir sportif était un peu méconnu sur le Tour de France. Le pouvoir, ce sont les commissaires. C'est l'équivalent des arbitres en foot [...]. Eh bien, j'ai voulu revaloriser et responsabiliser les arbitres du Tour de France [...] en m'asseyant, moi, directeur de l'épreuve, à côté du président du jury dans la voiture de direction [...]. Lui avec la responsabilité de faire respecter le règlement sportif, et moi, à côté de lui, avec pour mission, pour devoir, de préserver la bonne marche de la caravane »[25], expliquiez-vous à Henri Montulet, en 1989. N'est-ce pas cette réforme fondamentale qui restera lorsqu'on soldera votre bilan ?

Jean-Marie Leblanc. — C'était effectivement une réforme fondamentale parce qu'elle tranchait avec l'attitude des anciens patrons du Tour qui dirigeaient eux-mêmes la course sans trop s'embarrasser des commissaires. Or, cela était contraire aux règles sportives, et j'y ai donc remédié.

Est-ce la seule qui restera ? Me permettrez-vous d'espérer, en tant que passionné de la piste, qu'on daignera se souvenir qu'en 1988, le cyclisme sur piste était si moribond que M. Samaranch voulait le sortir du programme olympique. Alors, au sein d'une commission mandatée par l'UCI, j'ai travaillé pour définir une nouvelle grille de compétitions. Celle-ci, sans le tandem et le demi-fond, mais avec la vitesse par équipe, l'américaine, le keirin et le cinq cents mètres féminin, a été essayée aux championnats du monde puis présentée à M. Samaranch : « Messieurs, bravo ! a-t-il répondu. Nous l'adoptons, dans son intégralité, pour les Jeux Olympiques. » Eh bien ! franchement, je suis fier d'avoir été l'artisan de cette réforme dont tout le monde se moque, mais qui, à mon sens, perdurera. J'ai la conviction que la piste présente tous les atouts pour devenir l'un des grands spectacles sportifs du XXIe siècle...

Mais ce que j'espère plus que tout, c'est qu'on se souviendra que l'homme de passage que j'aurai été dans l'histoire du Tour de France, a considérablement amélioré la condition du coureur cycliste. Dès ma prise de fonction, j'ai veillé sur la qualité des hôtels qui accueillaient les coureurs ! Dès ma prise de fonction, c'est-à-dire dès 1989, j'ai humanisé les charges de travail des coureurs. Toutes les archives en font foi : j'ai diminué par deux le nombre des challenges sportifs qui sont passés de douze à six ; j'ai aussi divisé par deux le nombre de maillots mis en jeu qui sont passés de six à trois, puis diminué le nombre de transferts, de cols et d'arrivées en altitude.

Pourquoi ces mesures ? Non pas pour édulcorer le Tour comme certains me l'ont reproché, mais pour que le Tour ne donne plus lieu à la tentation du dopage !

C. P. — Savez-vous ce qu'écriront les historiens du cyclisme ? Que depuis la généralisation des contrôles contre le dopage, à partir de 1968, personne ne s'est franchement donné les moyens de le combattre, ni Jacques Goddet, ni Jean-Marie Leblanc, ni Hein Verbruggen, ni aucun des hommes qui ont eu en charge le cyclisme...

Jean-Marie Leblanc. — Faux ! Vous vous trompez ! C'est d'ailleurs ce que j'ai répondu aux juges et aux policiers lorsqu'ils m'ont interrogé, le 1er avril 1999, pour me demander pourquoi le

Entre ses parents, lorsque le Tour de France 1991 traversa son petit village de Fontaine-au-Bois. « C'est un petit bonheur de plus que je devrai au cyclisme », dira-t-il.

Jean-Marie Leblanc à la clarinette, tandis que Philippe Sudres est au saxophone. La musique est la seule passion qu'il veut bien revendiquer.

Tour de France, pourquoi les fédérations et les ligues, ne luttaient pas plus efficacement contre le dopage. Mais les fédérations ont toujours lutté! La preuve : en 1968, les contrôles étaient si efficaces que tout le monde était contraint de rouler à l'eau claire! Mais vous connaissez le problème; nous en avons suffisamment parlé : depuis 1970, les coureurs ne cessent de trouver de nouveaux produits échappant aux contrôles. En clair : les voleurs ont toujours une longueur d'avance sur les gendarmes! Ce qui revient à dire que, tant que les scientifiques ne permettront pas aux fédérations de combler cette longueur de retard, la lutte contre le dopage sera toujours un échec! Vous m'entendez bien : pour que le sport redevienne un jeu, pour qu'il n'échappe plus à l'humain, il faut que des médecins véreux cessent de parier contre la morale! Ce sont eux les véritables coupables, et non ces coureurs qui, par ambition, par vénalité ou par peur, se sont jetés dans des abreuvoirs d'EPO!

C. P. — Ce n'est pas la longueur de retard que l'histoire vous reprochera; c'est de n'avoir cessé de la nier! C'est de n'avoir jamais voulu croire les alarmes publiées dans la presse! C'est d'avoir oublié cette vérité que Jacques Got, expert en santé publique, exprimait : «La culpabilité politique commence avec le refus de savoir.»[26]

Jean-Marie Leblanc. — De quelles alarmes parlez-vous? Des dossiers publiés dans les journaux? Je vous ai dit ce que j'en pensais : ils n'étaient pas assez étayés par des preuves! Or, tant que les fédérations n'ont pas disposé de preuves formelles, aveux ou contrôles positifs, elles n'ont pas eu le droit d'intervenir. C'est le principe, encore une fois incontournable, de la présomption d'innocence!

Enfin, vous savez bien qu'il a fallu attendre 1998 et l'«affaire Festina» pour que des coureurs passent aux aveux! Et vous savez que le cri d'alarme jeté par Daniel Baal, par Roger Legeay et moi-même, en octobre 1996, n'a servi à rien! Nous savions pourtant que l'EPO était dans le peloton, mais nous étions incapables de le prouver puisque les scientifiques étaient incapables de la trouver!

C. P. — Président de la Ligue du cyclisme professionnel français, Roger Legeay était aussi directeur sportif de l'équipe Gan en 1996. Croyez-vous qu'il ait pu ignorer que des centrifugeuses — machines à mesurer, en quelque sorte, les taux d'EPO — circulaient dans toutes les équipes à cette époque ? Daniel Baal n'a jamais caché qu'il s'était lui-même posé la question...

Jean-Marie Leblanc. — Depuis quelques années, parce qu'il est ce qu'on appelle un « homme de pouvoir », l'on critique beaucoup Roger Legeay, mais on oublie qu'il a fourni, depuis 1987, plus de travail au sein des instances françaises que n'importe lequel de ses prédécesseurs. Et si le cyclisme est considéré comme un sport moderne, il le lui doit en partie...

[Il marque une pause et parle à voix basse.] Je sais que vous ne croyez pas comme moi aux vertus de Roger Legeay, et j'en suis désolé, parce que Roger Legeay est mon ami. Il fait partie de ces hommes courageux qui ont mon estime parce qu'ils se battent, non pour détruire, mais pour construire, pour construire le cyclisme de demain.

C. P. — Savez-vous, Jean-Marie Leblanc, quelles furent les toutes dernières paroles que Pierre Chany, l'auteur de *La Fabuleuse histoire du cyclisme*, prononça, juste avant de sombrer dans le coma qui l'a emporté : « J'ai bien réfléchi : le dopage va tuer le cyclisme*... »

Jean-Marie Leblanc. — [Marqué, il reste longtemps silencieux avant de répondre.] S'il m'entend, je voudrais que Pierre sache qu'il se trompe, que le cyclisme, bel et bien, aura un avenir. C'est vrai : Pierre savait tout du cyclisme ; il savait aussi beaucoup de choses sur les hommes, mais il lui manquait cette foi que j'ai dans la conscience, dans l'incommunicable, pour croire, comme moi, en l'avenir...

---

* Témoignage formel de Jacques Marchand à l'auteur, confirmé par la compagne de Pierre Chany, seule personne présente avec les deux hommes.

C. P. — S'il revenait parmi nous pour remettre à jour ses ouvrages, que devrait-il écrire sur Greg LeMond, Miguel Indurain, Bjarne Riis, Jan Ullrich et Marco Pantani, tous vainqueurs durant les années quatre-vingt-dix, celles que les historiens appelleront les « années EPO » ?

Jean-Marie Leblanc. — Que le cyclisme de ces années-là était la proie de médecins monstrueux qui, parce qu'ils dopaient les coureurs, enlevaient toute signification aux performances. Il devra écrire également que, l'EPO n'étant pas détectée, on n'a jamais pu savoir, de manière formelle, si les vainqueurs de telle et telle course étaient dopés ou non, mais que les officiels et les spectateurs, selon toute morale, leur ont accordé la présomption d'innocence. Enfin, pour être complet, il devra écrire que des hommes et des femmes, dont les organisateurs du Tour de France, ont cherché par tous les moyens, y compris des moyens policiers et judiciaires, à rendre au cyclisme la dignité dont il avait besoin pour se développer au XXIe siècle.

C. P. — L'EPO n'ayant pas été détectée avant le départ du dernier Tour du siècle, faudra-t-il écrire également que la performance de son vainqueur était alors sujette à caution ?

Jean-Marie Leblanc. — Si l'on rappelle que les institutions, au départ du dernier Tour de France du siècle, avaient mis en place le suivi médical longitudinal, garde-fou qui nous garantit déjà qu'il y aura beaucoup moins de dopage en l'an 2000, et encore moins en 2001, en 2002, en 2003, oui, on pourra l'écrire. Mais ce ne sera plus qu'un épiphénomène par rapport à la victoire que nous aurons obtenue contre le dopage. C'est cela qui compte : l'avenir !

C. P. — Quel homme êtes-vous donc pour toujours croire en l'homme ?

Jean-Marie Leblanc. — Je crois que j'ai essayé de vous le dire au cours de nos entretiens...

C. P. — Pourquoi n'avez-vous jamais dit que votre père, lorsqu'il apprit votre nomination à la tête du Tour de France, ne voulut pas vous parler?

Jean-Marie Leblanc. — [Surpris.] Mais non! Je me souviens très bien comment les choses se sont passées : le soir, après ma nomination, j'ai téléphoné à mes parents pour leur dire : «Je ne voudrais quand même pas que vous l'appreniez demain par la presse; alors, je vous l'annonce tout de suite : on m'a nommé aujourd'hui directeur du Tour de France.» Mais je n'ai jamais eu mon père! C'est ma mère qui avait décroché...

C. P. — Votre père écoutait... Il aurait voulu vous parler, mais il en était incapable : il pleurait...

Jean-Marie Leblanc. — [Songeur.] C'est curieux que ma mère vous l'ait raconté... À moi, elle ne l'avait jamais dit... Mais je suis heureux de l'apprendre. C'est un petit bonheur de plus que je devrai au cyclisme.

NOTES

Premier entretien

[1] Jean-Marie Leblanc, *Les pavés du Nord*, Paris, La Table Ronde, 1982, p. 9.

[2] Outre *Les Pavés du Nord*, Jean-Marie Leblanc a écrit *Le Quesnoy. Les clés du bocage avesnois*, Saint-Malo, Éditions Cristel, 1999.

[3] Jean-Marie Leblanc, *Les pavés du Nord*, *op. cit.*, p. 7.

[4] J.P. Beaumarchais, Daniel Couty, Alain Rey, *Dictionnaire des littératures de langue française*, Paris, Bordas, 1984, t. 1, p. 236.

[5] Rapporté par Philippe Brunel, «Jean-Marie Leblanc. Sa vie est une course par étapes», in *l'Equipe Magazine* du 19 juillet 1997.

[6] *Le Quesnoy. Les clés du bocage avesnois*, *op. cit.*

[7] Philippe Brunel, *op. cit.*

[8] Christophe Penot, *Devoirs cyclistes d'un petit cancre*, Mayenne, Vélodition, 1985, p. 114.

[9] Philippe Brunel, *op. cit.*

[10] Interview de Jean Bobet par Christophe Penot, in *Cyclo-Passion* n° 2, janvier 1995.

[11] In *Vélo Magazine* de janvier 1981.

Deuxième entretien

[1] Pierre Bilic, «Partout un ami», *Sport 90*, 4 juillet 1990.

[2] Philippe Brunel, *op. cit.*

[3] Jean-Emmanuel Ducoin, «Pascal Lance, neuf ans ordinaires de peloton», in *L'Humanité*, 5 juillet 1997.

[4] Philippe Brunel, *op. cit.*

[5] Pierre Chany, *La Fabuleuse histoire du Tour de France*, Paris, O.D.I.L., 1983, p. 623.

[6] Christophe Penot, *Pierre Chany, l'homme aux 50 Tours de France*, Saint-Malo, Éditions Cristel, 1996, p. 22.

[7] Pierre Chany, *Les Rendez-vous du cyclisme ou Arriva Coppi*, Paris, La Table ronde, 1960, p. 208.

[8] *Ibid.*, p. 210.

Troisième entretien

[1] In *L'Equipe* du 22 mars 1967.

[2] In *L'Equipe* du 20 février 1967.

[3] In *L'Equipe* du 27 mars 1967.

[4] In *L'Equipe* du 28 mars 1967.

[5] André Leducq, *Une fleur au guidon*, Paris, Presses de la Cité, 1978, p. 52.

[6] *Ibid.*, p. 54.

[7] André Malraux, *Musée imaginaire de la sculpture mondiale*, Paris, Gallimard, 1952, introduction.

[8] Témoignage de Pierre Le Bars à l'auteur.

[9] In *L'Equipe* du 31 décembre 1966 et 1er janvier 1967.

[10] In *L'Equipe* du 18 janvier 1967.

[11] In *L'Equipe* du 23 janvier 1967.

[12] In *L'Equipe* du 1er février 1967.

[13] Lettre du 20 février 1999 à l'auteur.

[14] Témoignage de Jean-Paul Vespini et lettre du 15 avril 1999 à l'auteur.

[15] Jean-Marie Leblanc, « Michel Scob le visionnaire », in *Vélo Magazine*, janvier 1983.

Quatrième entretien

[1] In *L'Equipe* du 22 avril 1968.

[2] Christophe Penot, *Pierre Chany, l'homme aux 50 Tours de France*, *op. cit.*, pp 212-214.

[3] *Ibid.*, p. 234.

[4] Témoignage de Roger Bastide à l'auteur.

[5] Jean-Marie Leblanc, *Les pavés du Nord*, *op. cit.*, p. 156.

[6] In *L'Equipe* du 8 avril 1968.

[7] In *L'Equipe* du 2 mai 1967.

[8] Interview de Jacques Goddet par Christophe Penot, in *Cyclo-Passion* n° 12, décembre 1995.

[9] In *L'Equipe* 9 juin 1967.

[10] In *L'Equipe* du 14 juillet 1967.

[11] *Ibid.*

[12] *Ibid.*

[13] In *L'Equipe* du 4 août 1967.

[14] Christophe Penot, *Pierre Chany, l'homme aux 50 Tours de France*, *op. cit.*, p. 92.

[15] In *L'Equipe*.

[16] In *L'Equipe* du 2 août et du 8 août 1967.

[17] In *L'Equipe* du 3 août 1967.

[18] In *L'Equipe* du 19 août 1967.
[19] In *L'Equipe* du 8 août 1967.
[20] In *L'Equipe* du 5 août 1967.
[21] In *L'Equipe* du 24 août 1967.

Cinquième entretien

[1] Michel Le Bris, *Fragments du royaume*, propos recueillis par Yvon Le Men, Vénissieux, Paroles d'Aube, 1995, p. 163.
[2] In *l'Équipe* du 2 février 1999.
[3] Interview de Théodore Monod par Anne Muratori-Philipp, in *Le Figaro littéraire* du 3 février 1997.
[4] Nicolas Guillon et Jean-François Quénet, *Les Secrets du « dossier Festina »*, Paris, Solar, 1999, p. 56.
[5] Témoignage de Thierry Cazeneuve à l'auteur.
[6] Témoignage de Nicolas Guillon et Jean-François Quénet à l'auteur.
[7] In *l'Équipe* du 29 juin 1987.
[8] In *l'Équipe* du 21 octobre 1986.
[9] Témoignages de Thierry Cazeneuve, Hervé Mathurin et Jean-François Quénet à l'auteur.
[10] In *l'Équipe* du 22 juillet 1988.
[11] In *l'Équipe* du 23 juillet 1988.
[12] Ibid.
[13] Témoignage de Jean-Paul Vespini à l'auteur.
[14] Interview de Jean-Marie Leblanc par Bruno Deblander, in *Le Soir*, 24-25 décembre 1998.
[15] In *l'Équipe*.
[16] In *l'Équipe* du 25 mars 1999.
[17] In *l'Équipe* du 28 février 1968.
[18] In *l'Équipe* du 22 juillet 1968.
[19] In *l'Équipe* du 8 juillet 1968.
[20] In *l'Équipe* du 9 juillet 1968.
[21] In *l'Équipe* du 8 juillet 1968.
[22] In *l'Équipe* du 22 janvier 1997.
[23] Témoignage de Thierry Cazeneuve à l'auteur.
[24] Témoignage de Jacky Hardy à l'auteur en 1987.

Sixième entretien

[1] Lettre d'Emile Besson à l'auteur (mars 1999).
[2] Philippe Brunel, *op. cit.*
[3] Christophe Penot, *Pierre Chany, l'homme aux 50 Tours de France, op. cit.*, p. 61.
[4] In *Vélo Magazine*, décembre 1985.
[5] In *l'Équipe* du 25 juin 1986.

[6] In *l'Équipe* du 18 avril 1985.

[7] Charles-Augustin Sainte-Beuve, *Chateaubriand*, Paris, Librairie Garnier Frères, 1932, p. 162.

[8] In *Le Monde* du 23 mars 1999.

[9] In *Libération* du 20 juillet 1998.

[10] In *La Croix* du 29 juin 1996.

Septième entretien

[1] In *l'Équipe* du 20 octobre 1988

[2] In *La Voix du Nord* du 21 octobre 1988.

[3] In *Le Monde* du 15 juillet 1998.

[4] In *Le Figaro* du 16 juillet 1998.

[5] In *l'Équipe* du 15 juillet 1998.

[6] In *Ouest-France* du 19 juillet 1998.

[7] In *l'Équipe Magazine* du 15 mai 1999.

[8] In *Le Monde* du 14 mai 1999.

[9] In *La Croix* du 29 juin 1996.

[10] In *l'Équipe* du 18 octobre 1984.

[11] In *l'Équipe* du 16 décembre 1987.

[12] In *l'Équipe* du 10 septembre 1986.

[13] In *l'Équipe* du 25 juillet 1998.

[14] In *l'Équipe Magazine* du 5 septembre 1998.

[15] In *Sud-Ouest*, 1997 (date exacte non précisée).

[16] Témoignage de Jean-Pierre Carenso à l'auteur le 13 juillet 1994.

[17] In *Le Monde* du 25 juillet 1995.

[18] In *Le Monde* du 19 juillet 1997.

[19] Christophe Penot, *Pierre Chany, l'homme aux 50 Tours de France*, op. cit., p. 237.

[20] In *Le Monde* du 2 août 1998.

[21] In *l'Équipe* du 5 juillet 1989.

[22] In *Le Monde* du 2 août 1998.

[23] In *Vélo Magazine* de juin 1988.

[24] In *Nord Eclair* du 1ᵉʳ juin 1990.

[25] In *Cyclisme International* de juillet 1989.

[26] In *Le Monde* du 10 février 1999.

TABLE DES MATIÈRES

L'attention pour les proches – La boutique, c'est Félix – Deruyk comme maître – Jacques Marchand l'idéal – Chany intrépide – Sous le charme de Tapie – Leurs bulletins de salaire – Du dogme et de Dieu – Segundo euphorique – Compagnon et stagiaire.

DANS LA MÊME COLLECTION

Pierre Chany,
l'homme aux
50 Tours de France

par Christophe Penot

Reconnu comme le meilleur spécialiste mondial du cyclisme, Pierre Chany évoque, par des anecdotes drôles, graves ou cocasses, la vie et la carrière des Coppi, Bobet, Bartali, Koblet, Anquetil, Poulidor, Merckx, Ocaña, Thévenet, Hinault, LeMond, Fignon, Indurain qui furent tous ses amis. Jamais on n'a parlé avec tant de franchise.

118 F, 256 p., 15 x 22 cm,16 pages de photographies, 13 dessins au fusain.

par Christophe Penot

Enfant, Christian Fenioux aimait le sport, la nature et les plantes, et s'il roulait beaucoup à vélo, il s'arrêtait également, cueillant des herbes pour parfaire ses tisanes. Ainsi débuta l'aventure de cet homme, chef d'entreprise devenu un géant de la phytothérapie.

À paraître en novembre 1999

COLLECTION « ART ET VILLES »

Jean-Marie Leblanc

LE QUESNOY

Les clés du bocage avesnois

par Jean-Marie Leblanc

Nordiste, Jean-Marie Leblanc est revenu au Quesnoy pour raconter l'œuvre de Vauban et son influence sur le bocage avesnois. Historique, culturel et social, ce texte est aussi placé sous le signe des souvenirs d'enfance et de cyclisme.

Édition d'art numérotée (tirage limité) illustrée avec des dessins au trait.

95 F, 15 x 22 cm, 48 p.

COLLECTION « ART ET VILLES »

- Louis Nucéra, *Saint-Malo. Le rêve breton d'une enfance niçoise.*
- Francine Szapiro, *Bécherel.*

À paraître :
- Bernard Heudré, *Fougères.*
- René Le Clech, *Morlaix.*
- Noël Couëdel, *Lorient.*
- Gérald Massé, *Chartres.*

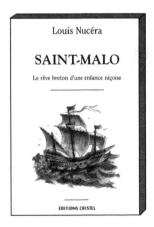

COLLECTION « BIBLIOTHÈQUE CHATEAUBRIAND »

- Charles du Boishamon (1813-1885), *Chateaubriand intime.*
- Christophe Penot, *Chateaubriand aujourd'hui.* Entretiens avec Jean-Paul Clément, Guillaume de Bertier de Sauvigny, Michel Le Bris, Bernard Heudré, Pierre Riberette, Jean-Claude Berchet, Marc Fumaroli, José Cabanis, Sonia de La Tour du Pin, Jacques Gury.

À paraître :
- Maurice du Boishamon, *Les Bédée et l'ascendance maternelle de Chateaubriand.*
- Guillaume de Bertier de Sauvigny, *Chateaubriand et la politique.*

HORS COLLECTION

- Marie-Joseph Chénier, *Tibère. Caïus Gracchus.* Deux tragédies politiques présentées par Pierre Frantz et François Jacob.
- Christophe Penot, *Devoirs cyclistes d'un petit cancre.*

Achevé d'imprimer
sur les presses de l'imprimerie Jouve
à Mayenne,
pour les Éditions Cristel (Saint-Malo)
Imprimé en France
Dépôt légal : juin 1999